Sebastián Fest

GRACIAS

EL LEGADO DE RAFAEL NADAL

B

Papel certificado por el Forest Stewardship Council®

MIXTO
Papel | Apoyando la silvicultura responsable
FSC® C117695

Penguin Random House Grupo Editorial

Primera edición: noviembre de 2023

Printed in Spain – Impreso en España

ISBN: 978-84-666-7788-2
Depósito legal: B-15.761-2023

Compuesto en Comptex&Ass., S. L.
Impreso en Rotativas de Estella, S. L.
Villatuerta (Navarra)

BS 7 7 8 8 2

Al tenis, que me abrió las puertas de la amistad, el periodismo y el mundo

Introducción

Blanca, blanquísima se veía esa habitación. Tan blanca como insoportable era el ambiente saturado por el olor a pintura fresca. Yo estaba solo, esperaba a que llegara alguien al que había visto mucho, pero con el que no había conversado hasta entonces. Era el 17 de agosto de 2004, en plenos Juegos Olímpicos de Atenas, y Carlos Moyá abrió la puerta trayendo prácticamente de la mano a un prodigio: Rafael Nadal.

En aquella noche griega fue Moyá el que llevó el peso de la conversación. Número uno del mundo por dos semanas en marzo de 1999, meses después de aquel gran título en Roland Garros 1998, con Moyá nos conocíamos bien: hacía años que lo seguía en el circuito y que escribía sobre él para la agencia de noticias DPA, en la que trabajaba en aquellos tiempos.

A Moyá lo había visto ganar en 1995 su primer torneo de la ATP. Fue en mi ciudad, en Buenos Aires. Casi nadie lo conocía, pero nadie lo olvidaría: Moyá pasó a ser adoptado por los argentinos, una gente y un país entre los que se sintió siempre muy cómodo.

El joven Rafael estaba ante un momento similar al de aquel de Moyá nueve años antes. Venía de ganar en Polonia, en el balneario de Sopot, su primer título en el circuito mayor. Tenía bastante para contar, pero Nadal respetaba a sus mayores, en este caso, a Moyá, que fue mentor, rival y luego entrenador, además de siempre amigo. Nadal, semblante serio y ojos bien abiertos, habló poco y escuchó mucho.

«Para mí era una meta estar aquí, también en individual. No pudo ser porque en España hay muy buen nivel, no pude estar entre los cuatro primeros y, bueno, es lo que hay».

Enternece, casi dos décadas después, la frase de un Nadal que venía de perder en la primera ronda de dobles de Atenas 2004 junto a Moyá.

Era imposible imaginar todo lo que lograría el mallorquín, pero sí estaba claro que allí había algo especial, alguien muy especial.

Aquel Nadal de los inicios aún miraba con frecuencia al suelo, aplastado por una timidez que se evaporaba en el instante de pisar las pistas.

Ya era otro, menos de tres años después, cuando nos encontramos en la cafetería del Aviation Club de Dubái, en una tarde de marzo de 2008 en la que armó en medio minuto y sin dudar su equipo ideal de futbolistas del momento. Demostró saber mucho, porque tras ubicar a Robinho en la punta derecha tachó el nombre y lo sustituyó por otro: Messi.

El brasileño era jugador del Real Madrid, y Messi, del Barcelona, aunque eso nunca le importó a Nadal, que tiene sus momentos *hooligan*, pero que ve y entiende el fútbol en profundidad y más allá de los colores. Y que lo juega demasiado bien, de hecho; basta con darse un paseo por YouTube para admirar algunos de sus goles y jugadas en los tiempos de juventud en los que aún podía permitirse jugar.

Nadal ya parecía más adulto en aquella charla en el club que lo vio nacer como tenista en Manacor, o en el restaurante familiar de Porto Cristo, en Mallorca. Estaba de mal humor y sin dormir en el vestíbulo del hotel Intercontinental de Miami, chispeante junto a su novia en la fría y gris sala de jugadores de París-Bercy, relajado al aire libre en medio de la exuberancia del hotel Princess de Acapulco y serio y cansado en el Monte Carlo Country Club mientras charlábamos perdiendo la vista en el Mediterráneo.

Y muy amable en 2015. Tras dieciocho años viviendo en España, yo había vuelto a Buenos Aires para asumir la dirección de Deportes del diario *La Nación*. Vueltas que da la vida: en realidad debía irme a Washington como corresponsal de la agencia DPA, pero algo sucedió, los planes cambiaron. En enero de 2015, convencido de que en breve mi mente periodística debía apuntar a la Casa Blanca y no a Roland Garros, cubrí el Abierto de Australia de aquel 2015 y le expliqué a los Nadal que me despedía del tenis, al menos del intenso seguimiento que había hecho hasta entonces. Toni Nadal, genuinamente impactado por mi cambio del deporte de primer nivel a la alta política, me dedicó unas palabras muy amables, y poco después me llegó un regalo impensado: la raqueta de Nadal. Durante cuatro años no la toqué, me parecía un sacrilegio que mi tenis se juntara con esa raqueta. Pero un día decidí probarla. Me sorprendí.

Cinco meses después, en junio, ya archivados por un tiempo los planes washingtonianos, asistí a la rueda de prensa de Nadal en Wimbledon tras una sencilla victoria en primera ronda sobre el brasileño Thomaz Bellucci.

Un mes antes se había publicado *Sin red*, el libro en el que desmenuzo la rivalidad de Nadal y Roger Federer, la más trascendente que haya dado nunca el tenis masculino.

Termina la rueda de prensa, Nadal sale de detrás del escritorio ante el que habitualmente hablan los jugadores y se acerca a mi asiento a saludarme, ante el estupor de varios colegas anglosajones en la sala. Sabía que estaba viviendo nuevamente en Buenos Aires. Gentilmente, me saludaba en mi nueva vida.

Yo le había hecho llegar un ejemplar de *Sin red*.

—¿Te llegó, lo leíste?

—Sí, sí. Lo tengo. Y debo decir que he leído bastante, bastante para mí.

—¿Qué te pareció?

—Me he divertido...

Siete años más tarde, en noviembre de 2022, en Buenos Aires, Nadal estaba en modo jocoso. Reciente padre primerizo, había viajado a Argentina para jugar una exhibición con el noruego Casper Ruud. Mientras esperaba el momento de sentarme a hablar con el nórdico, que venía de una sorprendente temporada, una voz sonó a mis espaldas y junto a mi oreja.

«Sebastián, deja de mentirle a la gente».

Era Nadal. Hacía un tiempo que no nos veíamos, lesiones y pandemia mediante, y esa aproximación, a mitad de camino entre la calidez y la ironía, era muy nadaliana, llevaba su sello. Y era una buena forma de saludarnos sin decirnos mucho más.

Tengo la suerte de haber podido hablar en español con Nadal, la lengua materna que compartimos, y en alemán con Roger Federer, también su lengua materna. De esos diálogos surgen matices que, cuando el ida y vuelta se produce en inglés, la lengua franca en el mundo del tenis, se pierden. No es el caso en este libro.

Matices había muchos en la madrugada del 14 de septiembre de 2010, una madrugada vibrante.

«Eh, felicitaciones, es increíble lo que hiciste». Probablemente no fue mi frase más ingeniosa ni cálida, seguramente podría haber dicho algo más sustancioso. Pero era la una y media de la madrugada, yo estaba en la fila media de asientos de una furgoneta blanca en un oscuro estacionamiento de Queens, en Nueva York, y la emoción y la tensión de las últimas horas golpeaban no sólo en mi cuerpo: también habían hecho mella en mi agilidad mental. Tan poca luz había en ese estacionamiento al aire libre en aquella noche cerrada del final del verano neoyorquino, que, de no haber subido a la furgoneta junto a él, sencillamente no habría sabido con quién hablaba. Casi no podía distinguir su rostro en esa fila contigua.

Pese a que llevo treinta años cubriendo grandes eventos, esos detalles del deporte de alta competición no dejan de estremecerme: en el momento del triunfo (o de la derrota) hay mucha luz, incluso demasiada, hay miles de espectadores y decenas o cientos de millones de televidentes. Todos pendientes de la estrella. Pero antes o después, esa estrella se queda sola y a oscuras. Y así estaba él, prácticamente solo. Y a oscuras, sin duda. «Gracias, gracias», fue la respuesta que se deslizó entre el hueco del apoyacabezas que oficiaba de «frontera» entre ambos y nos permitía mantener cierta distancia. Así fue que optamos entonces por el silencio, cada uno intentando ordenar su particular torbellino de las últimas horas —incomparable el suyo, meramente periodístico el mío—, respetuoso yo además de un joven que venía de cuatro horas de batalla sobre el cemento, de una extensa rueda de prensa y varias entrevistas con los periodistas acreditados en el torneo. Una intensa jornada laboral de más de doce horas. Eso, y la barrera que siempre me autoimpongo: la de una cercanía distante con los protagonistas. Muy lejos te enfrías, pero muy cerca te quemas.

En ese minuto escaso que pasamos solos en la furgoneta, yo era un privilegiado, la envidia de casi cualquiera: estaba a solas con Nadal, el hombre que acababa de conquistar el US Open, el número uno que podía ya decir que había alzado los trofeos de los cuatro grandes, el joven que era leyenda al nivel de Fred Perry, Rod Laver, Donald Budge, Roy Emerson, Andre Agassi y Roger Federer. Y desde esa noche, también Nadal. Luego se sumaría Novak Djokovic.

¿Qué hacía yo ahí con Nadal? La furgoneta era el escenario de su última entrevista de aquella noche, un sitio tan inusual como ideal, porque mientras cruzábamos la autopista vacía rumbo a una calma Manhattan, ya muy locuaces y reenergizados ambos, Nadal me dio una de las mejores entrevistas que le haya hecho. Si para una buena entrevista se necesita un buen entrevistador, pero también un entrevistado predispuesto, Nadal era la contraparte ideal aquella noche. Tanto que neutralizó el obstáculo que seguía representando aquel apoyacabezas, por cuyo costado yo había colado mi grabadora. «¿Quieres que la sujete yo? Así será más cómodo». Y durante los siguientes veinte minutos, con la furgoneta blanca cortando la oscuridad de la noche, el que ya era uno de los más grandes tenistas de todos los tiempos mantuvo la grabadora alzada junto a su boca. Mientras hablábamos de raquetas de madera, del miedo que le da el mar cuando no ve el fondo o de si es posible «odiar» el tenis, un séquito nada habitual en una entrevista escuchaba en absoluto silencio: su padre, su novia, su agente, su jefe de prensa, su hombre en Nike y su fisioterapeuta. Al final, y antes de que me dejaran en la esquina de mi hotel, terminamos hablando de fútbol. Al fin y al cabo, dos meses antes Nadal y yo habíamos estado en Johannesburgo, en el Estadio Soccer City —él como aficionado, yo trabajando—, aquel en el que España se consagró campeona mundial por primera vez en su historia. Al fin y al cabo, Argentina, mi país, había goleado sorprendentemente días antes a España 4-1 en un amistoso en Buenos Aires. «Campeones mundiales de los amistosos», me provocó Nadal entre risas. No era una mala definición, sobre todo viniendo de un hombre que tanto sabe de fútbol, aunque la broma caducaría en Qatar 2022. Dos minutos después los Nadal me dejaron en la Segunda Avenida con la calle Cincuenta, a veinte metros de mi hotel.

Madrugada de calles vacías en la ciudad por excelencia de Estados Unidos. Un país en el que, cuando se trata de deporte, ofrece estadísticas para todo. Todo es mensurable, siempre hay una cifra para explicar lo que sucede. Eso lleva en muchas ocasiones a crónicas deportivas en las que sobran los números y escasean el alma, el corazón, la vida, que de eso va (también) el deporte.

Pero los estadounidenses se olvidaron de una estadística, dejaron pasar una oportunidad de medir un fenómeno extraño, novedoso: el de la máquina de decir gracias.

Puede sonar a *boutade*, pero no lo es: difícilmente en la historia del deporte alguien haya dicho más veces «gracias» que Nadal.

Gracias al público, gracias a los organizadores, gracias a los rivales, gracias a los recogepelotas, gracias a los periodistas, gracias a los choferes, gracias a los empleados de los restaurantes, gracias a las azafatas de las líneas aéreas, gracias a los empleados de los hoteles.

Gracias.

Una, diez, cien y miles y miles de veces a lo largo de más de dos décadas de exposición pública. Hermosa palabra, porque dice mucho del destinatario, pero mucho más del emisor. De ahí que la eligiéramos para bautizar este libro.

Gracias, dice Nadal.

Y gracias, les digo yo. Gracias por leer.

1

El joven

París, 4 de junio de 2023. Noche de domingo, Carlos Alcaraz cena con su círculo más estrecho. Familia, cuerpo técnico y poco más.

Lo suyo en Roland Garros estaba siendo espectacular, pero el resto de la mesa lo miraba extrañado: el español no estaba contento.

«Lo que dije no fue lo que quería decir», argumentó.

¿De qué estaba hablando Alcaraz? ¿Qué no había querido decir ese prodigio de veinte años que llegó a París como número uno del mundo y con aura de favorito? ¿Cómo podía estar inquieto, si la vida le sonreía?

Aquella edición del Abierto de Francia era especial, porque faltaba Rafael Nadal. El catorce veces campeón del torneo había anunciado semanas antes, durante una conferencia de prensa de ribetes inquietantes en Manacor, que ponía un «punto y aparte» en su carrera. Se dedicaría a acondicionar su cuerpo, su físico. Quería concentrarse en arreglar lo que había que arreglar —lo que se pudiera arreglar, si es que se podía— en esa armadura que fue su mayor aliada y, a la vez, la gran traidora.

Lo explica Toni Nadal, su tío y entrenador desde la infancia hasta 2016: desde que comenzó a competir en el alto nivel, en 2003, hasta finales de 2023, Nadal se perdió dieciséis torneos de Grand Slam por lesiones. En veintiún años estuvo cinco sin jugar. Y, así y todo, compite por el título de jugador más exitoso de todos los tiempos.

El tenis venía preguntándose hacía ya años por lo que vendría tras el «Big Three», la trilogía Federer-Nadal-Djokovic. Los tres le dieron forma a una época única, irrepetible del tenis, pero como suele suceder, cuando algo dura mucho, no importa si es sublime, muchos se preguntan: «¿Y ahora qué, quién viene ahora?».

La respuesta estaba clara en ese junio de 2023: ahora Alcaraz, el que viene es Alcaraz, campeón del US Open 2022 a los diecinueve años y de Wimbledon 2023 a los 20. El número uno del mundo más joven de la historia desde que la ATP comenzó a publicar en 1973 su ranking mundial. El primer *teenager* en la historia en cerrar una temporada como número uno.

De Nadal, en aquel Roland Garros, quedaba el recuerdo, su estatua junto al estadio y una pregunta incómoda, casi angustiante: ¿y si nunca más volvía, y si todo había terminado?

En ese contexto de efervescencia por el *new kid on the block* y la nostalgia anticipada ante la posibilidad de que París ya no volviera a ver a su abrumador campeón, la sucesión simbólica de Nadal a Alcaraz se aceleró.

Una periodista francesa le preguntó a Alcaraz, en español, si creía que los fans de Nadal, huérfanos en ese 2023 en París, ahora lo apoyaban a él. Y Alcaraz, audaz veinteañero, contestó que sí, que confiaba en que esos fans ahora estuvieran de su lado.

La pregunta, sencilla, había dado paso a una respuesta de tintes complicados. ¿Estaba acaso Alcaraz instalándose como sucesor de un jugador que aún no se había retirado, como el nuevo poder en lugar del mejor deportista de la historia de España?

Claro que no, pero en vez de responder que no se puede decir algo así, ya que nadie igualará nunca lo hecho por Nadal en París y que su plan era regresar a competir y ganar, Alcaraz respondió que sí, que esperaba ese trasvase de fans.

Por eso estaba preocupado Alcaraz aquel domingo, una estrellada noche de primavera en París.

«No quiso decir de ninguna manera que se llevaría a los fans de Nadal. Pero se lio en la respuesta, se dio cuenta enseguida», explicó un miembro de su entorno.

Que el nombre de Nadal surgiera casi en cada contacto de Alcaraz con la prensa era natural. La historia era demasiado buena, casi irreal. Dieciocho años después de la explosiva aparición de Nadal en la temporada 2005, otro español, también moreno, también alucinantemente intenso y talentoso, sacudía el tenis. ¿Cómo no compararlos?

Había, además, un consenso en el mundo de este deporte: Alcaraz incluía en su juego un destilado de lo mejor de Nadal, Federer y Djokovic. Lo decían muchos, entre ellos Juan Carlos Ferrero, entrenador de Alcaraz, en una entrevista con el sitio CLAY: «A nivel competitivo, Carlos es buenísimo, a nivel de golpes tiene esa agresividad de Djokovic, ese subir a la red de Roger y la mentalidad, obviamente, de Rafa. Si se los quiere comparar con los tres, iría por ahí».

Alcaraz lo ve de manera algo diferente. En aquellos días del 2023 parisino, el autor de este libro le planteó la pregunta: «Mucha gente ve golpes de Nadal, Federer y Djokovic en tu juego, ¿coincides?».

La pregunta era fallida, no se trataba de golpes, sino de impronta, actitudes y cualidades: lo que dijo Ferrero, competitividad, agresividad ofensiva, fortaleza mental. Y Alcaraz, que a sus veinte años tenía toda la ambición del mundo y no le interesaba en absoluto ocultarla, respondió con lógica:

«Dicen que tengo golpes de Nadal, Federer y Djokovic, porque es lo que la gente ha estado acostumbrada a ver durante veinte años. Pero yo no me defino, no he buscado ser como nadie. Me gusta pensar que soy yo al cien por cien, y no la copia de golpes de ningún otro jugador».

Tiene razón Alcaraz, él no es la copia de nadie. Y eso es tan cierto como aquello de que «la gente ha estado acostumbrada a ver durante veinte años» a Nadal, Federer y Djokovic. La gente... y él.

Antes de que Nadal irrumpiera en el primer plano del tenis, ningún jugador —al menos no un jugador de los grandes— saltaba como un poseso en el túnel de ingreso a las pistas o en la red ante su rival en el momento del sorteo. Las fotos de Roland Garros 2023 muestran a Alcaraz haciendo exactamente eso mismo que hizo Nadal en toda su carrera: saltar, soltar la tensión ante sus rivales, arrojándoles de paso un buen baño de intimidación.

Alcaraz hace eso porque lo hizo Nadal. Creció viéndolo por televisión y lo incorporó como algo natural.

Alcaraz no sería como es de no haber existido Nadal. Lo explica muy bien Toni Nadal.

—De no haber habido un Nadal, ¿habría sido posible un Alcaraz en España?

—Sí, claro, porque un jugador como él nace por generación espontánea. Y todo, evidentemente, siempre sigue una cadena. Al final en la vida, ¿tú qué haces? Alcaraz le pega más fuerte que Rafael. Y Rafael le pegaba más fuerte que Bruguera. Los dos jugaban con efecto, Rafael hacía lo mismo, pero más fuerte. Tú siempre partes de donde ha llegado el otro. Cuando llegamos al circuito y queríamos ganar en tierra, debimos ganarles a Coria, a Ferrero y a Moyá. Es ley de vida, siempre el que llega después tiene que superar. El que quiera superar a Usain Bolt sabe que tiene que correr 9,50, y que lo otro no bastará.

—¿Qué hay de Nadal, Federer y Djokovic en el juego de Alcaraz?

—Yo creo que Alcaraz es más parecido a Rafael que a Djokovic, que juega con menos intensidad que Rafael. Alcaraz juega con alta intensidad. Djokovic juega con gran tranquilidad, sin desmontarse, como Murray.

—¿Y de Federer qué le ve?

—A lo mejor la ambición ofensiva. Alcaraz es muy rápido y

tiene la capacidad de acabar el punto rápido. Creo que Federer le pegaba de manera mucho más elegante, Federer lo hacía mucho más elegante que cualquiera.

Antonio Martínez Cascales, el hombre que llevó a Ferrero al número uno y que ejerce de «entrenador del entrenador» de Alcaraz, al que acompaña por el mundo en algunos torneos, ve las cosas de manera muy similar a Toni Nadal.

«Carlos sobre todo tiene formas de juego, más que golpes, de Nadal, Federer y Djokovic. La tenacidad de Nadal, la transición veloz y los golpes de talento de Federer, la elasticidad de Djokovic».

Y, sí, es verdad que en el joven Alcaraz hay trazas del joven Nadal. «Es cierto que uno ve y copia lo mejor. Es cierto que él salta en el túnel y en la red de la manera que saltaba Nadal, algo que nadie hacía».

Hay, sin embargo, algo en lo que el rey y el príncipe, el consagrado y su sucesor, son muy diferentes. Nadal hizo gala a lo largo de toda su carrera de una modestia a veces lindante con la exasperación. Una modestia que descansaba en aquello que la educación prusiana del tío Toni le había grabado en la mente: respeto, siempre hay que respetar al otro. Sentirse ganador antes de tiempo es, en la mirada de los Nadal, una falta de respeto al rival. Y plantearse en público metas exageradas también. Aunque íntimamente se esté convencido de que se puedan alcanzar.

Ese fue el «método Nadal». El «método Alcaraz» es radicalmente diferente.

En diciembre de 2020, Alcaraz era el número 141 del *ranking* mundial y, en una entrevista con la Cadena SER, habló de sus próximos pasos en el tenis: ser el número uno del mundo.

Dos años más tarde, aquella apuesta era ya insuficiente. «He tenido suerte de conseguir mis sueños muy pronto, ser número uno del mundo, ganar un Grand Slam».

A esas alturas estaba ya claro que Alcaraz no sueña, que a Alcaraz no le «gustaría» nada, Alcaraz no le ofrece espacio a la duda: él se propone y dispone. Y lo anuncia previamente, casi siempre con esa sonrisa de oreja a oreja que muestra con generosidad en las ruedas de prensa y en muchos momentos de partidos en los que se lo ve disfrutar. ¿Sonreía Nadal en las pistas? Muy poco, muy poco. Lo suyo fue siempre de entrecejo fruncido y tensión competitiva. Si Nadal se activó desde la coraza, Alcaraz lo hizo desde la sonrisa.

¿A qué aspiraba entonces Alcaraz dos años después de plantearse y alcanzar objetivos inalcanzables para casi cualquier mortal? «Ahora mismo mi sueño en el tenis es ser uno de los mejores de la historia, como ya he repetido muchas veces. Es posible que sea demasiado ambicioso, demasiado grande, pero en este mundo hay que soñar siempre a lo grande, pensar siempre en grande, ponerse objetivos de alta gama». Absolutamente impensable en Nadal. Hablar de «soñar a lo grande» y de «objetivos de alta gama» está tan lejos de él como la posibilidad de afiliarse al Partido Comunista.

Nadal, en su primer Roland Garros, aquel de 2005, se llevó el título. Tenía diecinueve años. Alcaraz, en su primer Roland Garros, el de 2021, con dieciocho años, perdió en la tercera ronda. Tampoco lo ganó en 2022, ni en 2023.

Hay similitudes, claro. Y muchas diferencias.

Porque Alcaraz es Alcaraz. Y Nadal es Nadal.

2

El error Nadal

Sí, el juego de Rafael Nadal fue un error. Un error con consecuencias. Muy buenas, la mayoría. Y algunas no tanto.

Toni Nadal, un poeta, un lírico, se encontró con un pragmático: Rafael Nadal. Él quería que su sobrino impactara la pelota con «elegancia» (el término lo obsesiona), pero el joven decidió por sí mismo hacer otra cosa.

El primer encuentro entre ambos en una pista de tenis fue en 1989.

«En la pista número dos del Club de Tenis Manacor. Él tenía tres años. Entró, le tiré unas cuantas bolas y no le dije nada más. Su padre, que vivía delante del club de tenis, vino con el niño y yo le hice entrar. No fue deseo de nadie. Fue "A ver, entra". Era un niño pequeño al que ya le gustaba la actividad física, chutar balones, eso».

El niño Rafael (Rafel, en mallorquín) no volvería a entrar a una pista, tomándose ya el asunto en serio, hasta dos años después, con cinco. En aquel primer contacto con la raqueta cuando los ochenta se agitaban, el niño Nadal impactó la pelota con las dos manos. De ambos lados. Revés a dos manos, *drive* a dos manos.

La conversación con Toni Nadal transcurre en un ardiente

día de julio de 2023 en la Rafa Nadal Tennis Academy, un complejo futurista que el tenista hizo construir en las afueras de Manacor, camino a las playas de Porto Cristo, que es donde vive junto a su esposa, Xisca, y su hijo, Rafael.

Una conversación que trae el recuerdo de otra, en una fría tarde de noviembre de 2014 en otro complejo polideportivo de Manacor, que disputa el título de segunda ciudad de Mallorca tras Palma. Nos sentamos a conversar mientras vemos a uno de los hijos de Toni jugar al fútbol. Es una conversación, como siempre, jugosa.

—*Se habla de ciertas «genialidades» de Toni Nadal. Hay una de resonancias míticas: el haber decidido que tu sobrino, pese a ser diestro, jugara con la zurda.*

—Eso no es verdad. Rafael jugaba todo a dos manos. Rafael es zurdo de pie, jugaba al fútbol con la izquierda y cuando le quería pegar fuerte, le pegaba más fuerte con la izquierda. Pensé entonces que debía de ser zurdo. A día de hoy con la zurda sólo juega al tenis, todo el resto lo hace con la derecha. Para nada fue una decisión mía intencionada el hacerle jugar con la izquierda. Él jugaba a dos manos, todo a dos manos, y yo siempre me he movido por la lógica. Él era muy bueno, con ocho años quedó campeón de Baleares sub-12, y cuando tenía diez años le hice jugar con una mano. Él dudaba, y entonces le dije: «Oye, ¿cuántos conoces del *top ten* que jueguen con las dos manos de ambos lados?». «Ninguno», me dijo. «Pues no vas a ser tú el primero».

—*¿Casualidad, entonces? ¿Golpe de suerte?*

—Es que no sé si es un golpe de suerte, porque a lo mejor si hubiera jugado con la derecha, hubiera jugado mejor, yo no lo sé.

—*Si de algo se lamenta desde siempre Federer es del hecho de que Nadal sea zurdo.*

—Bueno, pero el tenis no es sólo Federer. Para ganar tenía que vencer a bastante más gente. Una de las grandes dificultades que tiene con el saque es debido a su condición de zurdo. Para el servicio es donde más se tiene que coordinar, y eso es lo que más le cuesta.

La mención de Toni Nadal a las dificultades en el saque —el golpe menos logrado de su sobrino— trae el recuerdo de una conversación a principios de 2014 con el australiano Ken Rosewall, uno de los grandes tenistas de la historia. Rosewall sostiene que la explicación para su débil servicio es que de niño lo forzaron a jugar como diestro pese a haber nacido zurdo. A la inversa de Nadal.

Toni tuerce el gesto.

—*¿Hay algo de cierto y relacionado con Nadal en lo que dice Rosewall?*

—Puede ser, puede ser... A Rafael ahora tú le haces ejecutar este movimiento con la derecha y lo hace bien, y con la izquierda... A veces cuando lo intentaba, él me decía: «¿Es que no lo ves? Así lo hago natural. Y así no lo hago natural».

—*El reglamento permite sacar con una mano y seguir jugando con la otra.*

—Sí que se puede, pero ahora ya es un poco tarde, no es el momento. Hace años recuerdo que Carlos Moyá quería hacer cambios en su revés y recuerdo que le dije que a los veintiocho años yo no haría ningún cambio. "Creo que te equivocas, tú eres el número cinco o siete del mundo pegándole de *drive*, ¿qué vas a cambiar ahora? Esto, si lo haces a los dieciocho es factible y positivo, a esta edad qué vamos a cambiar". Me lo aplico ahora también a mí.

—*Sin embargo, en el US Open de 2010 Nadal sacó muy bien, fue clave para que ganara el torneo.*

—Por una razón muy simple: así como el ciego oye mejor, en aquel tiempo, cuando llegué al US Open, Rafael estaba jugando bastante mal, y en los entrenamientos no lo hacíamos nada bien. Tenía que sacar mejor, porque si no el tema no iría nada bien. Creo que mentalmente le hizo tomar una decisión. Cogió la raqueta como en Wimbledon. Y Rafael no es que haya sacado siempre mal, lo que no tiene es continuidad, tiene demasiadas oscilaciones. De repente te puede sacar más o menos bien y de repente se pone a sacar bastante mal, porque le falta esa coordinación natural en el movimiento.

—*Si sacara mejor, jugaría peor, dicen Moyá y Jofre Porta.*

—Es posible, es posible. La realidad es que, en el US Open, aparte de sacar muy bien jugó muy bien.

—*Claro, pero aquello fue un torneo, la apreciación se refiere a su juego en general.*

—Sí, lo entiendo. Federer, cuando saca bien, juega también mejor de fondo, porque se le facilitan los golpes de fondo. Es cierto que haría un juego diferente, es cierto, pero no sé si jugaría mejor o peor.

—*¿Son obstinados los jugadores? Federer demoró un buen tiempo en cambiar su raqueta. Una vez que lo hizo, fue un éxito.*

—Los cambios se producen cuando tú entiendes que el cambio es necesario. Si no estás convencido, el cambio no funciona, es muy difícil. Funciona cuando estás convencido de que es necesario. Cuando Rafael venía en 2011 de perder seis veces con Djokovic, acaba la temporada y nos ponemos a hablar. Le digo: «Hombre, hay algunas cosas que tienes que mejorar. Tienes que golpear el *winner* saltando, tienes que hacer esto y lo vamos a entrenar». Él tiene claro que lo tiene que hacer y por eso funciona bien. El cambio de Federer… La raqueta se lo facilita, pero también es su cabeza que le indica que tiene que hacer eso, sabe que es su camino, pero encima hace dos cambios tácticos: ser más agresivo y subir un poco más a la red. Es lo que le hace jugar mejor.

Nueve años después de aquella conversación de 2014, la misma isla y la misma pregunta en el ardiente verano de 2023.

—*Cuando viste a tu sobrino pegarle a la pelota con dos manos de ambos lados, ¿pensaste en hacerlo zurdo?*

—No pensé en hacerlo zurdo, no pensé nada en ese momento. Vino algunas veces más y no volvió con asiduidad hasta que tuvo cinco años. Ahí ya entrenaba dos o tres veces por semana.

—*Alguien me dijo una vez lo siguiente: «Nunca nadie jugó al tenis como Nadal y nunca nadie volverá a jugar así. Es más, no debería hacerlo, porque no se puede jugar así».*

—No sé a qué se refiere.

—*El* drive *de Nadal es muy especial...*

—No, no es cierto. Cuando entrena, Rafael le pega muy bien. Lo que sucede es que cuando juega se asusta y tiende a irse para arriba porque sabe que así él da un pelín de giro más a la pelota. Y tampoco nadie, nunca, pegó el *drive* como Steffi Graf, que le pegaba siempre tarde, y sin embargo ganó no sé cuántos Grand Slam. Todo el mundo tiene una forma de pegar a la pelota, hay mucha gente que le pega de manera complicada y más o menos lo hace bien.

El «cuando juega se asusta» es, probablemente, de las afirmaciones más disruptivas que haya hecho Toni Nadal acerca del tenis de su sobrino. Nadal asustado parece un oxímoron tenístico, pero el tío y exentrenador tiene razones para afirmarlo. Tiene razones, pero eso no le quita un ápice de impacto a lo que dice.

¿Quiere entonces decir que Nadal jugó asustado buena parte de su carrera?

Toni Nadal desbloquea su teléfono móvil y busca entre sus mensajes de WhatsApp un vídeo. En él se pueden ver puntos de la final del *challenger* de Aix-en-Provence 2003, que enfrentó a Nadal con el argentino Mariano Puerta.

«Es que tú coges un hábito, y cuando coges el hábito... Esto se lo enseño muchas veces a los chicos de aquí de la academia. ¿Has visto dónde acababa el *drive*? Y el saque lo hacía mejor... Dieciséis años. Con dieciséis años lo pegaba bastante bien».

Aquella final en el *challenger* francés la ganó Puerta por 3-6, 7-6 (8-6) y 6-4, el único triunfo del argentino sobre Nadal, aunque no cuente para el cara a cara oficial de la ATP, que muestra un 4-0 a favor de Nadal. Entre esos partidos, la final de Roland Garros 2005, el primer gran éxito de Rafa.

Cuánto más habla Toni Nadal, más asombroso es lo que dice. El «con dieciséis años lo pegaba bastante bien» suena a que luego le pegó peor al *drive*, su arma más poderosa, precisamente ese golpe que enloqueció al tenis, porque era lo nunca visto. Y sí, eso es lo que dice. «Rafael entra muy pronto en el circuito...», desliza como justificación. Traducido: Rafael Nadal era muy joven y optó por algo conservador por miedo a perder. El sobrino pragmático se impuso al tío y entrenador lírico.

—Aquella primera final de Roland Garros, la que Nadal le ganó a Puerta, ¿la ganó jugando mucho más atrás que la de Aix-en-Provence?

—Sí, sí...

—¿Porque sintió la responsabilidad?

—Es que si ves todo el partido del *challenger* francés, verás a Rafael pegándole bien. Todo el partido. Porque yo era un exagerado de pegarle muy bien a la pelota, haciendo el movimiento completo, por una cuestión de estética y de sentido común y de lógica. ¡Si yo tiro hacia allí, el brazo va hacia allí!

—¡Pero su marca registrada es otra!

—¡Claro, claro! Es otra porque después empieza a jugar con gente mayor ya asiduamente y... ¡joder! Empieza a pegarle un pelín tarde. Y empieza a levantar la pelota con más giro, para darse más tiempo... ¡y gana! Y como le va muy bien, sigue. Y como le va muy bien, yo no le digo nada. Le digo: «No, no, sigue, sigue».

—Tu objetivo de que Nadal le pegara a la bola haciendo el movimiento completo, con esa elegancia, ¿era entonces un error?

—Bueno, no lo sé, así le fue bien y esa es la realidad. Tú ves al Nadal de dieciséis años y dices: «Joder, este tío cómo le pega, buscando el *drive*, yendo a buscarla adelante, jugando encima de la línea»...

—*¿Estamos de acuerdo en que ese tipo de juego más conservador que adoptó le generó más desgaste?*

—Sí, claro.

—*Y que entonces eso afectó a su físico.*

—Es que no lo sé. No lo sé.

—*¿No sería lógico pensar que sí?*

—David Ferrer hizo mucho desgaste y su físico no estuvo afectado.

—*Le pegaba más plano que tu sobrino David Ferrer…*

—Es que el problema físico de Rafael le viene del problema del pie, que es de toda la vida.

La conversación había entrado en un callejón sin salida. Si el estilo de jugar cuatro metros detrás de la línea de fondo, que es el que Nadal desarrolló en los primeros años de su carrera, le generó más desgaste, entonces claramente afectó a su físico. En todo caso, la lesión en el pie no fue la causa, sino la consecuencia. Lo lógico sería pensar que el problema físico no vino por el problema en el pie, sino que el problema en el pie llegó a partir del problema físico en toda su dimensión: la de un joven que le exigió a su cuerpo lo que ninguno de sus rivales le pidió quizá nunca, y que fue exitoso con esa apuesta, aunque cinco años los pasara en dique seco.

La situación había llegado a un límite difícil de imaginar en junio de 2022. En el teléfono móvil de Feliciano López y otros jugadores aterrizó una foto: la del pie de Nadal. La reacción fue de incredulidad lindante con el espanto. ¿Cómo puede Rafael Nadal jugar (¡y ganar!) en esas condiciones? Era una foto del pie izquierdo, de ese pie afectado por el síndrome de Müller-Weiss, que lleva a que el hueso vaya perdiendo vida. Es una necrosis del hueso, el hueso muere. A los que vieron la foto les asustó el estado del empeine.

Lo llamativo es que ese hueso llevaba muriendo desde octubre de 2005, lo llamativo es que Nadal se convirtiera en uno de los jugadores más exitosos de la historia del tenis jugando en esas condiciones.

En aquel Roland Garros, el de su título número catorce, el de su título de Grand Slam número veintidós, la situación del pie de Nadal monopolizó sus ruedas de prensa. Tras unas dramáticas declaraciones días antes en Roma, donde dijo que no podía seguir mucho tiempo más así, el zurdo había escuchado una y otra vez las mismas preguntas. Hasta que una, diferente, inteligente, directa, le cambió el semblante.

«Te voy a hacer una pregunta de ciencia ficción, Rafa. Si se apareciera el genio de la lámpara y te diera a elegir entre un pie nuevo y ganar este domingo tu décimo cuarto Roland Garros, ¿qué eliges?».

Nadal no les dio tiempo a los periodistas a que apostaran por la respuesta. Abrió los ojos, irguió la cabeza sobre el escritorio mientras seguía presionando con unas servilletas de papel una pequeña herida de la rodilla derecha que le sangraba, y respondió de inmediato.

«¡Un pie nuevo, por supuesto!».

Y ahí, en la respuesta a la pregunta de Javier de Diego, periodista de Radio Nacional de España, quedó claro todo. Lo que quería Nadal era un pie nuevo. «Prefiero perder la final, sin ninguna duda. Un pie nuevo me permite ser más feliz en mi día a día. Ganar es bonito y te llena de adrenalina momentánea, pero la vida continúa y es más importante que ningún título. En el futuro me gustaría jugar con mis amigos, practicar deporte amateur... Un pie nuevo y no tener el dolor que tengo a diario te cambia la vida».

No había pie nuevo en aquel 2022 en París, pero sí había una novedad.

Nadal se iba defendiendo de las preguntas con sus muletillas habituales, frases como: «La realidad es la que es», «Al final esto es tenis», «Yo no te voy a mentir».

Pero las frases hechas ya no podían bloquear el aluvión de preguntas sobre el mismo tema. Hasta que un Nadal en carne viva contó cosas asombrosas. Por ejemplo, que en aquel torneo se anestesió el pie izquierdo por completo antes de cada partido.

El síndrome de Müller-Weiss, que al menos desde 2005 viene necrosando su empeine, era el culpable. Esa enfermedad degenerativa no le provoca dolores para jugar, le genera dolores en la vida diaria.

Así, para Roland Garros apeló a medidas drásticas. Quería ganar el torneo. «Se ha hecho un bloqueo con inyecciones de anestesia en los nervios que repercuten en los nervios sensitivos del pie. Estoy jugando con dolor, pero con cero sensación. No tengo ninguna sensibilidad en el pie, por eso he podido jugar». Esto tiene sus riesgos, explicó. Podría torcerse el tobillo, por ejemplo, ante la nula sensación que tiene de su pie izquierdo mientras juega. Y por si los periodistas no lo hubieran entendido, el mallorquín fue gráfico: «No sé si te han operado, pero seguro que has ido al dentista».

Un año antes, en el torneo de Washington, Nadal fue eliminado antes de lo previsto. Los dolores eran insoportables. Le inyectaron plasma enriquecido en el hueso y poco después volvió a los entrenamientos. Sin embargo, Carlos Moyá comenzó a notar que el ex número uno estaba entrenando sin dar todo lo que podía dar, frenado inconscientemente por ese pie que le martilleaba la mente.

Nadal decidió subir la intensidad, y funcionó. Pudo entrenar cada vez mejor. Así llegó al torneo de exhibición de Abu Dabi a finales de 2021 que terminó con… su positivo en COVID. La CNN había pactado una entrevista con él, que debió suspenderse. Pero el test negativo llegó más velozmente de lo esperado, jugó el ATP 250 de Melbourne, lo ganó, y luego protagonizó un apoteósico Abierto de Australia con la conquista de su vigésimo primer Grand Slam.

La racha continuó con el título de Acapulco y la final de Indian Wells para sellar el mejor inicio de temporada de su vida. Hasta que la fisura en las costillas, que se produjo en la semifinal de Indian Wells con Carlos Alcaraz, lo frenó.

Es por eso por lo que el título en Roland Garros 2022 figura entre sus mayores hazañas. Más allá de las inyecciones, fue su mente la que anestesió el pie: el deseo de ganar fue más poderoso que todo. Y pudo haber logrado en Wimbledon su tercer título de Grand Slam consecutivo de no haber sido frenado en semifinales por una distensión abdominal.

Dos meses después, en el US Open, un hombre que conoce como pocos los secretos del físico del jugador anunció lo siguiente: «Rompió el círculo del dolor».

Aquel tratamiento de dos inyecciones muy especiales al que se sometió tras el título en París funcionó. ¿Era un tratamiento nuevo, arriesgado, experimental? No, dijo el hombre que tan bien lo conoce, sólo «la consecuencia lógica de un trabajo de años, un paso que había que dar ahora».

«Cuando un tratamiento deja de funcionar, se pasa a la siguiente opción», añadió, antes de avanzar en la respuesta con una pregunta: «¿Qué deportista de treinta y seis, treinta y siete años juega sin dolor? Pero Rafa hoy no tiene los dolores que tenía, y eso es una gran diferencia respecto de Roland Garros».

De repente, en Wimbledon, el pie que lo había torturado por diecisiete años se había olvidado de Nadal. Ya no le dolía, tampoco en Nueva York.

Ya no era tan urgente la necesidad de que el genio lo obsequiara con «un pie nuevo».

Un año más tarde, Toni Nadal dio su versión acerca del asombroso pie izquierdo de Rafa.

—¿Cómo se logra una carrera exitosísima con un pie que te duele casi todo el tiempo?

—Porque tiene una mentalidad muy buena... Y porque ha tenido la suerte de que esta mentalidad muy buena la ha podido seguir desarrollando porque iba ganando. Si él hubiera ido perdiendo, probablemente hubiera perdido mentalidad. Pero como iba ganando, esta mentalidad se reforzaba. Si tengo dolor me concentro y tengo opciones de ganar, como tengo opciones de ganar, gano, y como gano, sigo.

—Roland Garros 2022 fue muy dramático, parecía el retiro,

pero entre Roland Garros y Wimbledon se habla de un tratamiento novedoso, se le duerme el pie y estuvo muy cerca de ganar Wimbledon. De no haber tenido el problema, posiblemente hubiera ganado el torneo. ¿Cómo a un problema de tanto tiempo se le encuentra una solución sencilla tras tantos años penando por eso?

—Bueno, es que no es el mismo problema. Me hablas como si yo estuviera presente...

—*Pero el calvario del pie lo has vivido.*

—Sí, el calvario del pie sí que lo he vivido muchos años. Lo que se ha ido haciendo es siempre buscar parches al calvario del pie, pero cuando jugó Wimbledon ni lo sabía. Yo le dije: «¡Joder, te duermen el pie!». Pero no le dormían la planta. Le dije: «Joder, ¿cómo puedes jugar con el pie dormido?». Me explicó que sí tenía sensibilidad, porque si no sería imposible.

Una vez más, las contradicciones entre lo que dice el tío y lo que dice el sobrino. En aquel torneo, Nadal afirmó estar «jugando con cero sensibilidad». En Manacor, su tío aseguró que el sobrino le dijo que sí la tenía.

Nada nuevo. Aunque difieran en muchas cosas, Toni Nadal tiene unas cuantas en común con su sobrino. Una de ellas es el empezar las frases con un «no». Quiso ser tenista y se convirtió en un gran entrenador, pero no se exagera mucho si se dice que su deporte favorito es discutir. No sólo el de él: todos los Nadal son una abrumadora máquina de debatir y argumentar hasta el extremo. Pueden terminar dándole la razón al interlocutor, pero el camino no le será sencillo al «rival»: para ganar la discusión deberá resignarse a lo prometido por Winston Churchill. Sangre, sudor y lágrimas. Y cada dos frases, el «no» que desmoraliza, aunque inmediatamente se entienda que en realidad es un acto reflejo, porque la respuesta termina siendo con frecuencia un «sí», un «estoy de acuerdo». Y el interlocutor, al fin, respira. Toni Nadal explica por qué le gusta tanto debatir, polemizar. «A mí me gusta debatir porque a mí me interesa el mundo, entiendo la discusión como algo positivo, creo que facilita el avance de la sociedad».

—*¿Disfrutas de la esgrima verbal?*

—No, yo disfruto de la argumentación, que tú me digas una cosa y yo te la pueda rebatir. Creo que las cosas no son ni tan blancas ni tan negras. Lo que yo no entiendo es a la gente que no tiene la capacidad de ponerse en el lugar del otro. Yo entiendo al de derechas y entiendo al de izquierdas. Luego me acercaré más a uno o a otro, pero no quiere decir que yo tenga la razón. Aquí el problema es que se ha instalado en la sociedad que si tú no estás conmigo, estás equivocado y además eres mala gente.

«Y no disfruto de argumentar contra una pared, a mí me gusta hablar», insiste. Jofre Porta, que entrenó a Rafael en los primeros años, cree que los Nadal tienen los papeles muy bien repartidos: «El clan Nadal es muy chulo. Toni formó a Rafa como tenista y persona, Sebastián se ocupa de los negocios y Miguel Ángel aporta la experiencia deportiva». Eso sí, cuando se trata de discutir, las cosas se desbordan: «En esa familia nadie rehúye una discusión, pueden llegar hasta lo desagradable». Aquellos que tratan a Toni Nadal desde hace años saben de su feroz apetito por el debate, por la discusión. Así, alguna vez le tendieron una trampa: primero se le acercó un conocido elogiando a Carles Puyol, en esos años estrella del Fútbol Club Barcelona, y definiéndolo como uno de los hombres clave de la selección española. «No tienes idea de lo que estás diciendo», dicen que fue la respuesta de Toni Nadal. Media hora más tarde se le acercó otra persona criticando a Puyol. Toni, aseguran, defendió encendidamente al central.

Quizá ignore aún que fuera sometido a esa pequeña trampa, pero en la conversación en Manacor demuestra tener una memoria excelente, porque recupera un intercambio de siete años antes, una conversación con el autor de este libro en 2007.

«Una vez, hablando tú y yo de política, fui crítico con la izquierda y tú me dijiste: "Joder, pues menos mal que eres de izquierdas". Y es que no, yo procuro ser crítico con lo que defiendo, procuro ser más crítico con lo que yo defiendo que con lo que defienden los otros».

Y así como es crítico con lo que defiende, es crítico y duro, durísimo, con aquellos que quiere.

«Ayer jugaba con mi hijo al tenis y me decía "No me sale". Y yo le decía: "No te sale porque eres malo". Y no pasa nada...».

—*¿Qué edad tiene tu hijo?*

—Diez años.

—*¿Y cómo lo toman él y sus otros hermanos?*

—Bien, porque están acostumbrados.

La dureza con los suyos le viene heredada. Rafael Nadal Nadal —sí, sus dos apellidos eran Nadal— era el padre del tío Toni, de Sebastián y de los otros hermanos del «clan Nadal». En una entrevista con el *Diario de Mallorca* en febrero de 2014, demostró ser, a sus ochenta y cinco años, un Nadal de los pies a la cabeza. Moriría un año y medio más tarde, en septiembre de 2015.

«¿Cuál es el secreto de los Nadal para triunfar en el deporte?», le pregunta el periodista. «No lo sé, hay muchas cosas raras en la vida y no sabes por qué son. Tienen algo que no es corriente. Miguel Ángel sudó la camiseta con el Mallorca, no le vi perderse un entrenamiento nunca. A veces pedía a Cruyff, ya en el Barcelona, si le autorizaba a quedarse media hora porque él entrenaba más que los otros. Rafel —el abuelo utilizaba la forma mallorquina de Rafael— no es una excepción en todo esto. Y Miquel Ángel tiene a su niño, llamado también Miquel Ángel, de diecisiete años, que tiene la misma estructura física que su padre, podría ser un jugador de primera si hiciera lo que hizo su padre, pero de cuatro entrenamientos falla al menos dos, y alguna vez los cuatro...».

Es posible que la nueva generación de «Nadales» no quiera llegar a la selección española de fútbol o convertirse en uno de los tenistas más grandes de todos los tiempos. Quizá su primo, Rafel, les haya contado lo que hace ya muchos años le dijo a su tío. «Toni, no sé más».

La frase, tan escueta como sincera, brotó de los labios de un Rafael Nadal de doce años un día que las críticas y la presión de su tío se le hicieron insoportables. «Es lo máximo que me ha dicho en su vida. Cuando yo le recriminé que fallara me dijo "No sé más"», recordó Toni.

—*¿Y te ablandaste?*

—Sí, ¡ostras! Pero ¿qué es el deporte, la competición? Llegar al límite.

Desde que tomó el control de su tenis, y en buena parte de su persona, Toni Nadal le planteó siempre obstáculos y problemas a Rafael. Quería que estuviera listo para la máxima exigencia, para ser el mejor entre los mejores. Cuando se ve jugar a Nadal, cuando se piensa en los puntos y partidos «imposibles» que ganó en su carrera, está claro que el tío triunfó. ¿Era, así y todo, imprescindible tanta dureza? «Yo creo en la dureza mental. Cuando Rafael era pequeño yo entendía que la dificultad sería grande si él llegaba arriba, entendía que, por la forma de contar del tenis, el 15, 30, 40, tenía uno que tener la cabeza muy fuerte. Yo jugaba al ping-pong, donde los puntos valen prácticamente todos igual. En el tenis, aunque valgan todos lo mismo, hay algunos con carga diferente, con mucha más tensión, el 40 iguales, por ejemplo. Yo entendía que tenía que ser duro mentalmente, y esto es lo que intenté aplicar con mi sobrino. Yo vengo de otra generación en la que la dureza verbal estaba más aceptada. Hoy parece que hay que dar todo el tiempo mensajes de positivismo a todo el mundo, que cuesta mucho decirle a la gente: "Tú no eres suficientemente bueno". Yo creo que esto no es bueno, esto lleva a tener una visión equivocada de ti mismo». Semejante dureza podría ser contraproducente. ¿O no?

«No —dice Toni Nadal—. Nunca sería duro con alguien que

yo no estimara, que yo no apreciara bastante. Yo fui duro con algunos chicos que entrenaban conmigo antes que Rafael, y siempre porque les tenía un gran aprecio. Y nunca sería duro con alguien que no pudiera soportar esa dureza. Yo no le digo lo mismo a mi hijo, este de aquí —dice mientras señala a un niño camino de la adolescencia— que al otro de allí, que sé que no puede soportar según qué cosas. No se lo diría nunca en la vida, no soy tan tonto. La dureza no es un fin, sino un medio, con buena intención. Yo lo que he querido toda la vida es que le fuera lo mejor posible a mi sobrino».

—*¿Te entendieron? ¿Te entendió la madre de Rafael, te entiende tu esposa?*

—Evidentemente he bajado mucho el nivel de agresión verbal. Yo tengo la conciencia tranquila de que lo hice para hacerle un bien. Creo que me entendieron. Supongo que han visto que a mi sobrino le quiero.

—*Y él ¿te entendió?*

—¿Si me entendió? Totalmente.

Se puede decir que los dos Nadal —Toni y Rafael— tuvieron suerte el uno con el otro. Toni se encontró con un niño tremendamente bien educado y, por lo tanto, obediente. Rafael se encontró con un entrenador volcado al cien por cien en él, y además con una especie de segundo padre, bastante más que un tío.

Así se entiende mejor una estampa que rescata Ricardo Rivera, excapitán del equipo argentino de Copa Davis, un hombre fascinado con Nadal —«es claramente más grande que Federer, con mucho menos hizo lo mismo o más»—, pero también por las peculiaridades de la relación entre tío y sobrino, entre el entrenador y su jugador.

«Era una mañana antes del inicio del Abierto de Australia, veo a Rafa que va a la ventanilla correspondiente a buscar las pelotas. Lleva dos botellas de agua. Iba a entrenar con [Juan] Mónaco. Todo, en soledad. El número uno del mundo... Empezaron a las 11 de la mañana, y el tío no venía y no venía. Ellos seguían entrenando. Al final, a las 11.45 aparece el tío Toni con anteojos de sol, ojotas [chanclas] y firmando autógrafos. Rafa no le dijo nada. Toni le comentó algo sobre que pegara el revés alargando más el golpe. Después añadió algo sobre el calor tremendo que hacía. A las 11.53, ocho minutos después de haber aparecido, Toni se fue. Rafa no le dijo nada».

Que Toni Nadal llega con frecuencia tarde a sus citas es algo que repiten muchos de los que tratan con él. Eso sumado a que, en los primeros tiempos en la cristalería familiar, Sebastián Nadal llegó a la conclusión de que su hermano le era más útil entrenando *full-time* a su hijo que generando debates y tertulias en la fábrica, contribuyen a hacer de Toni Nadal una persona especial y no siempre sencilla de tratar.

No es uno más. La mayor parte de la prensa internacional lo ama, ya que habla con gusto sobre todo lo que se le pregunte y ofrece con gran frecuencia revelaciones y titulares. Casi todo lo que los Nadal quieren mantener a salvo del conocimiento público está en peligro si llega en forma de pregunta a Toni Nadal. Es un electrón libre, aunque que Toni se vaya de boca de tanto en tanto quizá no sea tan perjudicial para los Nadal y para Benito Pérez Barbadillo, el responsable de comunicación del jugador: cada vez que habla libera parte de la enorme presión mediática que hay sobre su sobrino. Ofrece novedades y opiniones a los medios y, así, modera la atención sobre la estrella.

Esos titulares que suelta espontáneamente —o tal vez no tanto— brotan de los labios de Toni Nadal en seis idiomas: español y catalán, sus dos lenguas maternas, francés, inglés y, en menor medida, alemán e italiano. Amable con la prensa —salvo que se enoje por algún titular, cosa que sucede muy de vez en cuando y deriva en llamadas telefónicas y debates—, extrema su gentileza con las periodistas, que encuentran en él a un hombre con tiempo y ganas para conversar, sonreír y llevar la charla mucho más allá de la actualidad del tenis. Así, no sorprende que Thinking Heads, una empresa que lo representa y que tiene o tuvo en su cartera de conferenciantes a figuras como Lech Walesa o Felipe González, lo presente como «experto en gestión de la adversidad, superación y valores». Toni Nadal estudió en Barcelona y vivió unos meses en Alemania «por una novia». En el contexto de una familia fuertemente conservadora, típicamente isleña, él fue siempre considerado el «rojo», el «izquierdista». ¿Lo es realmente?

«Yo vivo en un mundo del que formo parte y me interesa todo lo que me rodea», explica cuando se le pregunta si realmente le apasiona tanto la política. «Yo creo que teóricamente iría mejor vivir en una sociedad más igualitaria. No entro en si un partido o el otro, porque yo casi siempre votaría en favor de las personas y de lo que creo conveniente en cada momento. Pero sí creo que la sociedad tiene que ir avanzando hacia la izquierda porque se tiene que avanzar hacia la no desigualdad. No está bien que unos cuantos estén o estemos mucho mejor que los demás».

Tres años y medio antes de la conversación en el crudo otoño mallorquín, en julio de 2011, Toni Nadal dio una rueda de prensa en un fabuloso jardín cercano al All England Club, la sede de Wimbledon. Era la casa que alquilaba la multinacional IMG, y allí Toni Nadal presentó a Banesto, por entonces uno de los principales bancos españoles, como su patrocinador personal, tal como lo era ya de su sobrino. España estaba a esas alturas hundida en una profunda crisis económica que llevaría, cuatro meses más tarde, a elecciones anticipadas por parte del Gobierno del socialista José Luis Rodríguez Zapatero y al triunfo de los conservadores de Mariano Rajoy.

Los bancos, además, eran el eje de la furia de millones de españoles, algunos atrapados por hipotecas que se convirtieron en tenazas e incluso desahucios tras el estallido de la «burbuja inmobiliaria». En ese contexto, presentarse como imagen de un banco no le daba exactamente pátina de izquierdista a Toni Nadal. Cuando se le recuerda el tema reacciona con contundencia: para él, una cosa no tiene que ver con la otra.

Mientras sus hijos jugaban al fútbol y su hija al vóleibol en aquel frío atardecer mallorquín, España vivía de sacudida en sacudida política. La última novedad de aquellos días era el potente ascenso de Podemos, el nuevo partido que galvanizó aquellas manifestaciones de los «Indignados», que amenazaba con liquidar el bipartidismo que llevaba más de tres décadas definiendo el ritmo político del país. Y así sucedería por unos cuantos años. Las huestes de Pablo Iglesias le generaban desconfianza al entrenador del mejor deportista del país.

«Si lo que venden no es demagogia me parece bien, y creo que es bueno que haya gente que entienda otra opción de vida. El otro día leía algunas propuestas suyas, algunas que creo que rayaban la demagogia. Según qué, creo que no es factible del todo. Si después resulta que cuando lo hacen va bien, pues perfecto. Claro, cuando estoy en la oposición puedo decir lo que me parezca y todo queda muy bien. Un brindis al sol siempre va bien, pero después hay que ajustarlo a la realidad que vivimos y eso ya no es tan fácil».

El grupo más fuerte entre los votantes de Podemos está en los jóvenes, y Toni Nadal observaba en esos días una contradicción en ello. «Ayer estaba en una empresa dedicada al reciclaje, en Madrid, y me dijeron que la franja de gente que menos recicla son los de dieciocho a veinticuatro años. Curioso. Curioso que esta gente quiera una sociedad mejor y no hagan algo tan simple como ayudar a que la sociedad sea mejor. Es curioso que esta gente pretenda una sociedad mejor y vayan a un concierto y dejen el solar hecho un desastre. Es muy fácil hacer un brindis al sol, pero hay que aplicárselo a cada uno. Entiendo de todos modos, y desgraciadamente lo vemos con el tema de la corrupción todos los días, que hay un desengaño total de la población. Y aparte de la corrupción, que es gravísimo, está el tema del paro, y ver la exclusión social que tiene bastante gente te lleva a no sentirte muy involucrado». Cuando se escucha al tío de Nadal hablando con tanta convicción y contundencia sobre tantos temas, la pregunta es inevitable: ¿se involucraría en política? La respuesta no deja de asombrar.

«Me gusta la política porque soy un ciudadano más, pero la política tiene un problema, creo yo, que últimamente se ha exagerado y es insalvable. Todo el mundo, sin exclusión, hace un discurso para ganar votos y asegurarse su puesto en las próximas elecciones sabiendo incluso que lo que están diciendo se limita a ser demagógico. ¿Me interesa una cosa así? No, no me interesaría tener la necesidad constante de engañar a la gente».

El comentario de que no todos los políticos engañan a la gente no le hace ni cosquillas. «La mayoría, la mayoría... Supongo que porque nosotros queremos que nos engañen. La mayoría, y no voy a poner ahora ejemplos, porque uno tiene que ir con cuidado con lo que uno dice. Lo que buscan son medidas populares, no las que son necesarias a veces, sino las que serán mejor recibidas por la opinión pública, aun sabiendo que no son lo correcto. Es complicado».

Cuando Toni Nadal dice «uno tiene que tener cuidado con lo que uno dice», sabe bien de lo que habla. En esos días aún pagaba las consecuencias de haberse ido de boca al referirse a Gala León, la primera mujer en la historia de España en acceder al puesto de capitán de la Copa Davis. La cuestionó por su escaso conocimiento del circuito masculino y llegó incluso a interpelarla en un programa de radio preguntándole si se consideraba más capacitada para el puesto que, por ejemplo, Juan Carlos Ferrero.

Aquello era duro, pero estaba dentro de ciertos límites. Fue mucho más allá, en cambio, al plantear la «incomodidad» que generaba una mujer en un vestuario masculino. Con el grabador apagado, el entrenador admite que se equivocó en plantear ese ejemplo, porque arruinó el resto de sus argumentos. Tanto que durante esas semanas les dijo una y otra vez a sus interlocutores: «¡¿Machista yo?! Vamos a ver, por favor, qué dice el diccionario si buscamos la palabra "machista"».

Pero a Toni Nadal le gusta polemizar, le gusta arriesgar. «No puede ser que el único mérito haya sido ser mujer, porque entonces hay mujeres con más méritos como, por ejemplo, Arantxa Sánchez Vicario o Conchita Martínez», insistiría.

Más allá de las explicaciones y argumentos que buscara, el daño estaba hecho. A los ojos de un importante sector de la sociedad le sería difícil, por muchos años, quitarse la etiqueta de «machista». Molesto con un calificativo que cree no merecer, pero sin dejar de mirar el campo de fútbol, analizó una frase que firmó años antes: «Un partido de tenis es una tregua en la vida cotidiana».

No es una afirmación menor, como tampoco lo es el contexto en el que está incluida, un libro titulado *Sirve Nadal, responde Sócrates*. Con el antetítulo «Del filósofo clásico al deportista de élite», Toni Nadal firmó junto con un amigo de Manacor, Pere Mas, unas inusuales páginas que se abren con un breve comentario de Rafael Nadal: «No me importa que me consideren algo parecido a una máquina. Yo sé que, antes que tenista o deportista, soy persona. Cuando la gente nos observa, lo primero que tiene claro es eso: que somos personas por encima de otra cosa».

Mas es licenciado en Filosofía, pero en la breve biografía que se incluye en el libro, su vida parece haber sido bastante más amplia: «Ha sido librero, bombero, cocinero y ha trabajado como conserje de noche, director de hotel y peón. Este es su primer libro porque cree que el amor, los mitos, la filosofía griega y el deporte nos ayudan a ser felices».

La plaza de Na Camel·la está a menos de diez minutos de caminata del estadio en el que transcurre la larga charla con Toni Nadal. En esa plaza está el café Hípica, del que es dueño Mas. Y aunque no esté allí en ese momento, a Mas se lo encuentra por teléfono. El libro que publicó en 2008 con su amigo Toni le dejó una sensación agridulce.

«Este libro, cinco años antes, habría vendido treinta o cuarenta mil ejemplares», asegura. Así, la crisis económica sería responsable de que se vendieran unos seis mil, cifra de todos modos muy respetable en un mercado como el español. Mas, que inició el libro como «un divertimento», está orgulloso de la obra. «He visto contenidos del libro fusilados», asegura. «Y no sé si es por el libro, pero a partir de su publicación hubo un cambio en la televisión y la radio. La palabra "héroes" se vinculó más a la mitología a partir de la aparición del libro. Y también (Josep) Guardiola apeló a ella con el famoso vídeo de Troya que les mostró a sus jugadores».

Aunque firmado por ambos, el libro fue escrito por Mas. «Tuvimos muchas horas de conversación y yo lo redacté. Toni lo leyó, sugirió cambios, cambiamos cosas. Llegó a decirme que debía firmarlo yo solo, pero eso era lo de menos».

Seis años después, sin embargo, da la impresión de que Toni Nadal hubiera hecho de buena gana un par de cambios más a aquel libro.

—*¿Un partido de tenis es una tregua en la vida cotidiana? ¿Es así realmente?*

—Aquí hay un poco de literatura. El partido de tenis, para nosotros, es parte de la vida cotidiana. Otra cosa es cuando tú eres pequeño, cuando estás iniciándote. Pero luego el tenis pasa a ser tu vida y deja de ser una tregua.

—*Hay otra frase en ese libro, bastante llamativa: «Para Federer, el tenis es una profesión, para Nadal es un destino».*

—Es literatura también, es grandilocuente. Es *too much*. Para Rafael el deporte es lo que a él le gusta hacer, pero tiene la capacidad, creo, de que si no hiciera eso, haría otra cosa. A él evidentemente lo que más le gusta en la vida es el deporte, le gusta más el fútbol que el tenis, pero al final haces lo que la vida te permite hacer. Yo encantado de estar en el mundo del tenis, pero si no, pues intentaría hacer otra cosa y estoy seguro de que tendría la opción, porque hay muchas cosas en la vida. No me lo he planteado nunca porque he tenido la suerte de hacer lo que a mí me gustaba, sobre todo enseñar. Entrenar a mi sobrino es lo que más me gusta en la vida.

Semanas antes de esa conversación con Toni Nadal, el sueco Mats Wilander se había enfrascado durante una charla en Nueva York, café de por medio, en el análisis de las diferencias entre Nadal y Federer. Hubo una pregunta que lo divirtió especialmente: ¿Qué serían ambos de no haber sido tenistas?

«Federer... Creo que probablemente sería un periodista, un reportero. No diría un escritor, un escritor de ficción. Pero se interesa por el tenis mucho más de lo que la gente ve. Vive pegándole a la pelota, probando tiros raros. Si la pelota está cerca de sus pies, se la pasa de alguna manera rara o le pega con diferentes efectos y potencia a los recogepelotas. Está más interesado en el juego y en los diferentes aspectos del tenis que ningún jugador que haya visto en la historia. Su amor por el tenis es enorme. Es lo suficientemente inquisitivo para ser un reportero, alguien que quiere saber todo sobre... Irak o lo que sea».

¿Y Nadal? «Nadal también ama el juego, pero con una cultura diferente. Es bastante obvio que haría algo relacionado con el deporte, es más físico que Roger, que es grácil. Federer no necesita hacer dos horas de deporte al día y sudar para sentirse tranquilo. Nadal sí, necesita eso para después... Ufff, respirar tranquilo».

Toni Nadal sonrió ante la mención de Federer como reportero y asintió —esta vez no hubo «no»— ante el análisis de lo que sería su sobrino de no haberse convertido en rey de la raqueta.

«Yo creo que sí. Nadal es, sobre todo, un competidor. A él lo que más le gusta es la competición. Tal vez cuando termine el tenis no juegue más, porque a él lo que realmente le motiva no es en sí el juego, sino la competición. Fuimos a jugar al golf la semana pasada y él se cabreaba conmigo porque no soy competitivo. Él entiende el tema como competición, esto es lo que le va».

—*¿Qué queda de aquel Toni que quiso ser tenista?*

—Yo empecé tarde a jugar al tenis, con catorce años, pero no me engaño, yo no era suficientemente bueno. A lo mejor, si hubiera seguido jugando desde los catorce, a los veintidós o veintitrés hubiera sido bueno. Procuro no engañarme, considero que no es de inteligentes. Yo quería ser tenista, pero cuando vi que no podía... Yo no era malo, era de la segunda categoría nacional. Con revés a una mano, y buen revés.

—*En aquel libro que firmaste junto a tu amigo Pere Mas, dicen que Federer no tiene capacidad de sufrimiento «de verdad».*

—Es que esto yo creo que lo escribiría él. Yo soy un tío vehemente cuando hablo, pero no digo estas cosas. Federer tiene capacidad de sufrimiento menor que Rafael, está claro, menor que la de Djokovic, pero no hubiera ganado tanto si no tuviera capacidad de sufrimiento. No a lo mejor de sufrimiento físico, pero capacidad de sufrimiento mental la tiene que tener, porque si no, no gana.

—*Insistes mucho en el concepto de la elegancia. Si se va a jugar al tenis, que sea bonito. ¿Esa es la idea?*

—Es mejor, es mejor. A mí me gusta que pongan pasión y que sean elegantes. Un juego que no tiene estas dos cosas no me atrae demasiado por muy bueno que sea. Jugar a pasar la pelota por encima de la red... A mí la estética de Federer siempre me gustó mucho.

De regreso en 2023, Toni Nadal recuerda la forma abrupta en que dejó de ser entrenador de su sobrino. Le comentó a un periodista durante un congreso de tenis en Budapest que en la temporada siguiente se concentraría en el trabajo en la academia. La noticia se hizo mundial e imparable.

«Entendí que era una conversación con un periodista local, pero hoy en día todo tiene un eco que yo no esperaba. Se lo expliqué a Rafael... Yo creo que se sorprendió, pero las cosas para mí son mucho más simples».

—*¿Cuál es la mayor hazaña de Rafael Nadal?*

—Jugar con tanto dolor, esa es su mayor hazaña. Que esos problemas no le impidieron continuar, que no se rindiera. Recuerdo el año 2013, cuando él no quería empezar a jugar, porque tenía mucho dolor en la rodilla y no se podía agachar. Le dije a Carlos Costa: «Apúntalo en Viña del Mar, y no le digas nada, porque si no, no vamos a empezar». Aquel año acabó número uno del mundo, creo que hizo uno de los mejores partidos que yo le he visto en pista rápida, en la final del US Open contra Djokovic. Jugó a gran nivel el resto del año. Esta fue su mayor hazaña.

—*¿Qué será Nadal el día que deje de ser tenista y qué sería de no haberlo sido?*

—Una persona parecida, con menos dinero y menos popular. En lo esencial, una persona parecida. Evidentemente competiría. Si no hubiera jugado al tenis, me imagino que hubiera jugado al fútbol. Golf también. Y si no, se dedicaría a llevar los negocios de su padre e intentar hacerlo de la mejor manera posible. Hay gente a la que le gusta hacer las cosas bien, otros que no. Él tiene la ambición de intentar progresar en la vida.

3

Todo comenzó en América

«¡Zamora! ¡Zamoritaaaa...!». Son casi las dos de la madrugada del 27 de febrero de 2005, y los jóvenes de la alta sociedad mexicana se humillan hasta lo inimaginable, se contorsionan desesperados, sudan de pura ansiedad. Son casi las dos de la madrugada y en la puerta de la discoteca se libra la batalla por entrar, por formar parte de la fiesta a la que nadie quiere faltar esa noche.

Desde su rostro cobrizo, desde sus facciones aindiadas y su presencia sombría, Zamora mira a todos esos «güeros» casi sin mover un músculo. Es legítimo pensar que disimula la satisfacción que siente, es razonable imaginar que se divierte haciendo sufrir a esos jóvenes con futuro de universidad estadounidense, a esos niños que al nacer ya tienen todo solucionado. A esos posadolescentes que, de no ser Zamora quien levanta o baja el pulgar, quien franquea el paso hacia el interior de la discoteca más deseada de Acapulco, difícilmente se dignarían a saludarlo.

Dicho claramente: Zamora, Zamorita, disfruta cada fin de semana de vivir un mundo al revés, el de un indio decidiendo el destino de un «güero».

A la vuelta de la esquina un par de grupos se refugian en rincones oscuros con visitas constantes de los «güeros». Mejor tener algo para consumir en una noche que terminará en día, en una ciudad en la que los secuestros, asesinatos y decapitaciones eran ya en 2005 el pan de cada día.

De repente, Zamora sonríe. Un grupo de diez personas se escurre veloz bajo la cuerda ante la que se desgañitan los «güeritos», con paso tan rápido como inexistentes parecen sus dudas de que podrán entrar a la discoteca. Un muchacho fornido, con cara de niño y una camisa a rayas azules y blancas dos tallas más grandes de lo que la moda dicta, mira sin sonreír. Curioso, porque la fiesta es en su honor. Es Rafael Nadal, y el grupo de amigos y conocidos que literalmente lo arrastra por Acapulco desde hace un par de horas quiere celebrar su segundo título consecutivo en dos semanas.

Pero Nadal está un tanto fuera de lugar en esa noche sobre el Pacífico mexicano. A un par de metros de él, una tenista que nunca superará la barrera del número 50 del ranking clava sus ojos azul marino en una sucesión de hombres. Baila envuelta en sudor, parece casi salida de una piscina. No deja de insistir en sus objetivos en esa noche de fiesta, aunque con Nadal, el tímido joven de dieciocho años, no se atreve. El español no parece haberse percatado de su presencia, y la jugadora finalmente se arroja sobre su entrenador, al que le abre la camisa haciendo saltar todos los botones.

Suenan los Black Eyed Peas y la discoteca entra en ebullición. Nadal, no. Probablemente, seguramente, prefiere pensar en lo que acaba de hacer, recordar de dónde viene y adónde va. O quiere ir. Aquel febrero de 2005 en Latinoamérica fue clave en la carrera de un hombre que cambiaría la historia del tenis. Ya tenía dieciocho años y sólo un título, el de Sopot 2004. Aquel éxito en el balneario polaco junto al Báltico le sirvió para darse cuenta de que él también podía ganar trofeos, pero no fue hasta siete meses después que Nadal comenzó a ser Nadal. Un anticipo de ese Nadal arrasador se había visto en la final de la Copa Davis de diciembre de 2004 ante Estados Unidos en Sevilla, pero tres meses después llegó la confirmación en el circuito de la

ATP: tres torneos —Buenos Aires, Costa do Sauipe y Acapulco— y dos títulos.

Nadal probaría el sabor de la derrota sólo en la capital argentina, en una extraña noche de viernes de verano plagada de mosquitos. Fue ante el argentino Gastón Gaudio, que ocho meses antes había ganado una increíble final de Roland Garros. Gaudio pegó decenas de reveses con *slice* para desarmar a Nadal y ganar 0-6, 6-0 y 6-1.

A partir de entonces, Nadal no pararía más. Conquistó los torneos en Brasil y México, saltó del puesto 48 al 30 en el ranking mundial, llevó a Roger Federer hasta el quinto set en la final de Miami y sumó su primer título en Montecarlo. Ya era *top ten*, séptimo del ranking mundial. En julio de 2005 se instalaría como número dos, y durante los siguientes cuarenta y nueve meses no abandonaría esa atalaya. O bien fue número dos, o bien número uno.

La carrera del mallorquín se puede resumir en una cifra, catorce, la cantidad de veces que ganó Roland Garros. O en otra, 912, la cantidad de semanas consecutivas que permaneció en el *top ten* desde el 24 de abril de 2005 al 20 de marzo de 2023. ¡Dieciocho años! Nadie alcanzó eso, ni remotamente. En término de semanas, los que más se le acercan a Nadal son dos jugadores retirados: Jimmy Connors, con 788, y Roger Federer, con 734.

Todo comenzó en aquel 2005, la temporada en la que Nadal ganó once títulos, una cifra que jamás volvería a lograr. Tenía dieciocho años, quizá la justificación para olvidarse el trofeo de campeón de Acapulco en un taxi. Tenía, también, mucho pelo, una cabellera importante.

Para cuando volvió a ganar en Acapulco, ya en 2013, la situación era diferente: la coronilla nadaliana se veía raleada, y el asunto preocupaba al jugador, que pidió al torneo que le enviara un peluquero a su habitación para que manos expertas disimularan ese faltante lo mejor posible. En ese sentido, Rafael tomó el camino de Sebastián, su padre, y no el de su tío Toni, que con los años sumó canas pero mantuvo el cabello. Un tema, el capilar, que a él parece importarle tanto como a su sobrino.

Basta, si no, con atender a esta pregunta que Toni Nadal recibió en 2022: ¿qué fue lo que más le impresionó de Federer en sus inicios?

El británico Simon Cambers y el suizo Simon Graf, autores de *El efecto Roger Federer*, se lo preguntaron a Toni Nadal. «Sorprendentemente, lo primero que recuerda Toni es lo bonito que era el pelo de Roger. Dijo que tenía un pelo estupendo».

4

¿Es que Nadal nació en París?

¿Tiene poder una pelota? Mucho, casi infinito. Una pelota, no importa su tamaño, puede enseñar a correr, a ponerse de pie tras una caída o a entender que los demás son distintos, y no por eso peores o mejores. Una pelota enseña a hacer amigos, a superarse, a conocer el mundo.

A ser feliz. Una pelota puede transformar a un adolescente en hombre, que es lo que le sucedió a Rafael Nadal a las 18.38 del 5 de junio de 2005 en París, en una tarde de nubes bajas y cargadas, escenario ideal para su tenis eléctrico, pleno de energía y urgencias, un tenis que encandiló al mundo en una temporada inolvidable. Esa pelota ya en el atardecer, un *drive* descontrolado del argentino Mariano Puerta, era el punto que Nadal necesitaba para ganar Roland Garros. Era el noveno torneo que sumaba en lo que llevaba de año, pero sería el más importante, porque marcó el punto de inflexión en su carrera. A partir de esa tarde parisina, todo pareció posible en la vida de Nadal. Y todo sucedió: ganó mucho más de lo que él y los suyos se hubieran atrevido nunca a soñar. Es cierto que el zurdo español ya venía demostrando que de niño o adolescente ya le quedaba poco. En la final de la Copa Davis 2004 ante Estados Unidos en Sevilla, por ejemplo, en la que consiguió dos puntos clave. Pero aquella vez nadie lo había «obligado» de antemano al éxito. En las semanas previas a Roland Garros 2005 sí, porque había ganado todo lo que es posible ganar sobre tierra batida. Hacía años que no se veía semejante unanimidad en el pronóstico. Y había que preguntarse si alguna vez un joven de dieciocho años soportó tanta presión como la que toleró Nadal en aquellas semanas, aunque la final la jugara ya con diecinueve. La fecha de su cumpleaños, 3 de junio, es en cierta forma una predestinación: en esas fechas se juega Roland Garros, lo lógico es que Nadal esté en París, la ciudad en la que debería haber nacido de no haberlo hecho en Manacor. Nadal ya asombraba en aquellos días. Se necesita estar hecho de una madera especial para superar tanta presión, salir indemne, cumplir con lo esperado y seguir comportándose como si todo fuera normal. Sobre todo porque «normal» era un término que encajaba muy mal con la figura de Nadal en aquellos años. Y, en el final de su carrera, echando la vista atrás, a todos sus logros, quedaba claro que ningún adjetivo era más absurdo que «normal» a la hora de hablar de él. No es normal un jugador que pega saltos hasta el techo en el vestuario automotivándose al grito de «¡Vamos, Rafa!». Saltos en los que más de una vez se dio con la cabeza contra el techo.

No es normal un jugador que salta como un poseído junto a la red, ante sus rivales, el juez de silla y los encargados del sorteo antes de comenzar a jugar.

No es normal un jugador que quiere ganar desde el primer hasta el último punto, convencido de que parte del honor en el deporte pasa por no ser condescendiente con el adversario.

No es normal un jugador al que cada vez que se le presenta un resumen de sus hazañas responde diciendo que aún tiene mucho que aprender, que todavía debe mejorar.

«No jugué en mi mejor nivel aquel partido», recordaría Nadal ocho años después en Montecarlo. «Pero fue emocionante, sentía que podía correr tres días seguidos, sólo por la adrenalina que llevaba dentro ante la posibilidad de ganar mi primer Grand Slam».

Tanto le gustaba competir al joven Nadal que, en aquellos primeros pasos de su carrera, fue el «salvador» en la despedida de su tío Miguel Ángel Nadal, recordado defensa del Barcelona y durante muchos años integrante de la selección española de fútbol. Nadal integraba junto a su tío el equipo —una peculiar «selección española»— que enfrentaba en aquel julio de 2005 a un combinado de estrellas, entre ellas casi todas las que conformaron el mítico «Dream Team» del Barcelona en los años noventa. Se agotaba el segundo tiempo, la «selección española» perdía y su tío se despedía del fútbol con una derrota. Rafael no podía permitirlo: entró en diagonal al área contraria, se deshizo de un rival con un amague y lanzó un «misil» de zurda que terminó en la red: 1-1 y Nadal que, una vez más, se demostraba incapaz de perder. Su fútbol funciona también fuera de la cancha: años más tarde el presidente del Real Madrid, Florentino Pérez, se apoyaría en su consejo para fichar a un jugador del Mallorca.

Y, una década después, un Pérez ya más cerca de los ochenta que de los setenta años desveló el nombre de la persona a la que imagina como sucesor: Rafael Nadal. Al mallorquín, que es embajador del club desde 2011, alguna vez se le preguntó si le gustaría estar al frente de la «Casa Blanca».

«¿Si me gustaría tener ese trabajo? Mi respuesta no puede ser más que positiva».

Tendrá que esperar, eso sí, hasta el año 2031, cuando sume los veinte años como socio que exigen los estatutos. Presentar avales por un 15 por ciento del presupuesto anual del club no sería, por supuesto, un problema para Nadal.

Entre el Zamora de la discoteca de Acapulco y la Shi-Ting que sonreía servicial en Shanghái había un mundo de distancia: diez torneos conquistados y casi una vida, si se pensaba en lo que fue aquel 2005 de Rafael Nadal. La temporada en la que cumplió diecinueve años caminó a su primer título en Roland Garros, el año en el que el mundo asistió alucinado a un desborde de energía y pasión desconocidos en el tenis. Shi-Ting era en Shanghái una de las jóvenes azafatas encargadas de que cualquiera que ingresase a ese amplio salón se sintiera como en su casa. Un salón más grande que la suite de un hotel, un espacio que se multiplicaba: se podía encontrar uno igual abriendo cada puerta en ese largo pasillo que serpenteaba por las catacumbas del Qi Zhong Tennis Center, donde se jugaba por entonces el Masters de fin de año, el exclusivo torneo que reúne a los ocho mejores tenistas del planeta. Rafael Nadal debió entrar en varios de esos salones en aquella fresca tarde de noviembre. A diferencia de Acapulco, donde muchos en la discoteca no reconocieron su rostro, en Shanghái no existía persona que ignorara quién era. Menos aquel día en que acababa de anunciar que no podía jugar el Masters debido a una lesión en el pie. El pie, ese maldito y bendito pie izquierdo de Rafael Nadal.

Fue el colofón de un día trágico para el torneo, que vio también la renuncia de Andre Agassi. Pero mientras el ex número uno estadounidense se escabullía para renunciar al torneo en forma casi clandestina, Nadal dedicó varias horas a una maratón de relaciones públicas visitando patrocinadores, hablando con el público y dando entrevistas para explicar por qué no jugaba. Ese respeto es agradecido por los organizadores y el público de cualquier torneo, pero para los chinos es fundamental. Agassi perdió imagen —también dinero— en Shanghái; Nadal, en cambio, se ganó unos cuantos amigos. El hombre que comenzó el año en el puesto 50 y lo terminaba en el segundo, el hombre que conquistó once torneos en 2005, ya era eso, un hombre. Y ya nunca más se lo vería con aquella camisa a rayas tan poco a la moda.

Cuatro meses más tarde, en Miami, el amarillo fluorescente de la camiseta de Nadal hería los ojos bajo la resolana del mediodía caribeño de marzo. Ya vestía camiseta sin mangas y, sobre todo, bien ajustada al cuerpo, como exigía la última moda del tenis. Pero el que estaba jugando no parecía Nadal, un detalle no encajaba: estaba perdiendo. Era Carlos Moyá, su amigo, el que lo estaba matando a derechazos. Y Nadal, apagado como pocas veces, dejaba en evidencia lo duro que era para él enfrentarse al jugador que tanto admiró y que tanto lo ayudó, aunque fuera precisamente Moyá su víctima en la segunda ronda de Hamburgo 2003, cuando apenas tenía dieciséis años.

Moyá era el amigo que se convertiría en su entrenador en los años finales de su carrera, aunque en ese momento ninguno de los dos podía saberlo. Nadal perdió 2-6, 6-1 y 6-1 aquel partido en marzo de 2006 en Miami. Cabizbajo, tomando un Gatorade, entró a la sala de conferencias de prensa, helada por exceso de frigorías, tal como exige el manual de cualquier evento organizado en Estados Unidos. «Para mí era un partido como cualquier otro, nada especial. Él es mi mejor amigo en el circuito», aseguró. Evitó hablar del tobillo que se torció en las semifinales de Indian Wells una semana antes, pero estaba claro que no había jugado en su mejor forma física. Prefería hablar de lo que se venía, eso sí lo entusiasmaba: «Ahora me voy a preparar con mis seis sentidos para Montecarlo». Benito Pérez Barbadillo, un español que por entonces trabajaba en el Departamento de Comunicaciones de la ATP y que con los años se convertiría en su jefe de comunicaciones e inseparable compañía de Nadal, se retorcía de risa en su asiento.

«¿Con cuántos?», le preguntó ante la hilaridad de los periodistas.

«Bueno, ¿cuántos hay?», repreguntó Nadal. «¿Cinco? Mejor, me agregaré uno, porque esta temporada lo voy a necesitar».

Veinticuatro horas más tarde, Nadal estaba fuera de sí. Tras horas de juerga por Miami hasta prácticamente las seis de la madrugada, casi no había tenido tiempo de hacer la maleta, y su habitación era un auténtico caos. Nada nuevo en su caso, aunque aquella vez estaba asustado porque no lograba encontrar su pasaporte por ningún lado. En menos de dos horas despegaba su vuelo a Madrid, Pérez Barbadillo lo esperaba en el vestíbulo del hotel y comenzaba a desesperarse también, porque aún tenía compromisos por cumplir. Dos periodistas tenían agendada una cita con Nadal y esperaban ya desde hacía una hora. Uno quería entrevistarlo para *Tennis Magazine*, la tradicional revista estadounidense de tenis, el otro, de la agencia alemana DPA, el autor de este libro, quería hablar con Nadal de una faceta novedosa para él: la de columnista. Nadal comentaría el Mundial de fútbol de Alemania 2006 para esa agencia, pero antes que nada tenía que encontrar el maldito pasaporte. Cuando el documento por fin apareció, surgió también el otro Nadal. Nervioso, huidizo y clavando la mirada en el suelo, resolvió la conversación sobre fútbol en el vestíbulo y la entrevista sobre tenis en la furgoneta que lo llevó al aeropuerto. En el camino quedó una noticia: la revista *People* le ofrecía aparecer como uno de los «cincuenta hombres más atractivos del mundo» en su tradicional edición anual. Pero Nadal dijo que no. Por un lado, porque se sentía un joven y no un hombre, aunque el título de Roland Garros le diera ese status. Por el otro, porque la estrategia de imagen y comunicación de aquellos primeros años apuntaba a eso: Nadal debía transmitir juventud, energía, frescura. Contraste ideal con Federer, además. Ya habría tiempo para aparecer en *People*.

El joven Nadal jamás rompería una raqueta, jamás le hablaría mal a nadie, jamás haría un mal gesto. Cualidades en buena parte genuinas, porque la educación que recibió de su familia tuvo más tintes prusianos que latinos, de tanto que le insistieron en el valor de las cosas y en la importancia de decir «gracias».

Nadal era ya en aquellos años una máquina de decir «gracias», incluso a los recogepelotas durante un partido, algo absolutamente impensable para la inmensa mayoría de sus colegas, que devuelven la toalla sin mirar, incluso con desprecio, y que demasiadas veces apenas saludan al público.

Pero además de esa educación, Nadal y su entorno sabían ya por entonces algo: Fernando Alonso, que sería dos veces campeón mundial de Fórmula 1, era su rival directo en el espacio del no fútbol en el deporte español, y nada podía brindar mejores resultados que ser educado, ser un buen chico y ser agradecido, porque Alonso iba en esos años en un sentido algo diferente. Nadal tenía entusiasmo por conocer al joven Alonso, que, como él, triunfaba e impactaba en el mundo con una intensidad desconocida para un español. Pero los dos nunca llegaron a trabar una relación como la que el tenista sí tuvo y tiene con el baloncestista Pau Gasol.

Un mes más tarde, el *club-house* del Real Club de Tenis Barcelona bullía. La alta burguesía catalana estaba en una de sus semanas predilectas del año, la del Conde de Godó, un torneo de tradición y sobre tierra batida que se juega siempre en el inicio de la luminosa primavera de la ciudad marcada por Antoni Gaudí.

En ese *club-house*, asimilable al de tantos clubes de tenis en el mundo con raigambre británica, se conversaba sobre tenis y fútbol frente a maravillosos bocadillos de *pa amb tomàquet* y croquetas, todo alineado con prolijidad sobre la barra. Uno de los socios recordaba la anécdota de Rafa —así lo llamaban ya— Nadal un año antes, cuando aún se paseaba con cara de niño por el Conde de Godó.

Una adolescente se le acercó y le pidió tímidamente un autógrafo. «Soy Julia», le dijo, sugiriéndole implícitamente de ese modo el nombre que debía figurar junto al autógrafo. Servicial, Nadal sonrió a la joven inclinando levemente la cabeza. «¡Qué tal, soy Rafa!». Como si Julia hubiera necesitado en aquel 2005 que se lo dijeran.

Aquel Rafa, Rafael o Rafel que comenzó su carrera firmando autógrafos, la terminaría tomándose selfis. El mundo que existía cuando él empezó a soñar raqueta en mano era muy diferente cuando decidió que bien podía haber sueños fuera del rectángulo. Doce meses más tarde, en abril de 2006, Nadal ya había aprendido que todos sabían quién era. Estaba en la cancha central del Real Club de Tenis Barcelona enfrentándose en cuartos de final al finlandés Jarkko Nieminen, un luchador, un jugador más que correcto, pero no un gran talento.

Era una tarde inusual, porque el español atravesaba uno de sus muy contados momentos de sufrimiento ante rivales menores sobre tierra. Nieminen, de brazo veloz y piernas ligeras, le estaba ganando 6-4 y 4-1 en los cuartos de final, rompiendo la placidez que debía vivir bajo el sol del barrio de Pedralbes.

«*Va aquest joc, va aquest joc!*», repetía un Nadal casi poseído mientras caminaba en círculos detrás de la línea de fondo. «Va este juego», decía en su catalán con cerrado acento mallorquín de Manacor. A ganar ese juego. Cinco días antes había derrotado a Federer en la final de Montecarlo, y ahora estaba sufriendo ante un jugador sin cartel. Eso es, también, el tenis.

«Hostia, ¡cómo está jugando este tío!», comentó Nadal al pasar cerca de la fila que agrupaba a los periodistas. Consiguió llevarse el segundo set, pero en el tercero estaba otra vez en desventaja, 3-1 abajo. «¡No falla una puta bola!», se desesperaba. En el banco de prensa, algún periodista se las tomaba con Mariano Rajoy, líder del Partido Popular (PP) y años después presidente del Gobierno español. Rajoy seguía el partido desde el palco de honor. «¡Este tío es gafe!», decía, mezclando sus convicciones nacionalistas catalanas y de izquierda con el supuesto poder destructor del conservador Rajoy. A su lado, un argentino se entusiasmaba con otro asunto: «Va a seguir vivo el récord de Vilas». Se equivocaría, porque Nadal luchó sin tregua y llegó al *match point*.

«*Va aquest joc*», volvió a murmurar entre dientes. Y ganó el partido.

Un rato después sonaban carcajadas. Nadal estaba protagonizando una vez más el *show* de espontaneidad y seducción con que condimentaba las ruedas de prensa en sus primeros años. El tema era el de sus cuarenta y cinco triunfos consecutivos sobre tierra batida, sólo a uno del récord del sueco Björn Borg y a ocho del argentino Guillermo Vilas. Pero Nadal prefería reírse de sí mismo y pronunciar en «mal inglés» uno de sus chascarrillos preferidos.

A diferencia de compañeros de circuito en aquellos años, como el argentino Guillermo Coria, que no quería hablar inglés hasta que no lo hiciera a la perfección y cerró su carrera sin hacerlo, Nadal era un kamikaze. Un joven que, ajeno a la gramática y las reglas del idioma, hablaba, hablaba y hablaba en la lengua de Shakespeare —o algo parecido—. Si fallaba, sonreía, con lo que sus diálogos con la prensa iban de sonrisa en sonrisa. Para conocerlo mejor, para acercarse a sus obsesiones, había que escucharlo hablar en castellano. Entonces asombraba, porque recurrentemente volvían las cifras, los puntos, el ranking. Nadal guardaba en la cabeza todos los resultados, todos los puntos ganados y por ganar, todo lo que hacían sus rivales directos en la lucha por la cima del tenis. Enumeraba, sin mirar un papel, todos los torneos ganados sobre tierra batida hasta entonces, analizaba los resultados con sus potenciales rivales del día siguiente y volvía a recordar lo injusto que puede ser el tenis.

«Con los puntos que gané en 2005 habría sido número uno en casi cualquier temporada. El problema es que tengo por delante a Federer, que es el mejor de todos los tiempos».

Tres semanas más tarde, las mussolinianas estatuas del Foro Itálico parecían tener ganas de aplaudir. Lo que se estaba viendo en ese escenario tan peculiar en el que se juega el Abierto de tenis de Italia era un partido de los que hacían historia. Federer tenía dos *match points* sobre Nadal para llevarse el título. Pero el español reaccionó y sumó un nuevo éxito. Acababa de igualar el récord de Vilas —cincuenta y tres victorias consecutivas sobre tierra—, y otra vez era el indiscutible candidato para ganar Roland Garros. Federer no lo sabía aún, pero aquella tarde fue la vez que más cerca estuvo de conquistar Roma, el segundo torneo más importante del mundo en el tenis sobre tierra batida. Necesitó siete años para volver a llegar a la final, y aquella vez, con un 6-1 y 6-3, Nadal no le permitió ni soñar con la victoria.

En aquel 2006 todos querían saber todo sobre Rafael Nadal. ¿Tiene novia?, preguntaban. Poco se conocía por entonces, aunque comenzó a saberse que el jugador estaba feliz por haber empezado a salir con una excompañera de colegio en Manacor. Lo que más le gustó de ella —aseguraron en su entorno— fue que nunca se interesó por el Nadal estrella. De hecho, se le había vuelto más elusiva cuanto más famoso él se hacía. Pero al final Nadal se salió con la suya, confirmando que no quería perder a nada, que estaba en la edad de ganar en todo.

Cuatro semanas más tarde, Nadal se retorcía otra vez emocionado, llenando de polvo naranja su camiseta verde. Ya era bicampeón de Roland Garros, y otra vez, como en Roma, tras liquidar a Federer en una final. Era el mejor colofón para dos semanas verdaderamente perfectas en las que el español disfrutaba de ser el chico de moda del deporte mundial. Había debutado con un blog en aquel Roland Garros. En él relataba en detalle lo que pasaba por su cabeza y cómo eran sus días en un gran torneo. Aquel blog de Nadal incrementó notablemente el tráfico en la página web de la ATP y se convirtió en una pieza de lectura habitual para muchos aficionados al deporte. Con los años irían desapareciendo las ganas de escribir —o incluso de dictar— blogs. Todo sería mucho más hermético y comercial. Pero en ese 2006 todo era nuevo y fresco, Nadal era un joven feliz y espontáneo. Al día siguiente del festejo en París debía salir para Londres. Optó por el Eurostar, el tren que cruza por un túnel el canal de la Mancha. Pero, como tantas veces, llegó tarde, perdió el tren y tuvo que esperar dos horas hasta el próximo. En ese rato escribió su primera columna sobre Alemania 2006 y la envió desde un miniordenador desde el propio tren. No había *smartphones* ni tabletas. Aunque sí teléfonos móviles. Cuando sonó el suyo, del otro lado estaba el príncipe Felipe, por entonces heredero de la corona española, rey desde 2014. Hablaron largo y distendidamente, Nadal se permitía bromas. Acababa de cumplir veinte años y vivía sus días con una confianza sin límites.

Rostro anguloso y color aceituna, extremidades de gigante, músculos que parecen por momentos estallarle, cabello largo, gesticulaciones extremas, genuino asombro ante las preguntas que de tanto en tanto le plantean los periodistas e invariable amabilidad: todo convertía por aquellos días a Nadal en un personaje peculiar, todo transformaba a Nadal en inevitable y bienvenida estrella. El récord de Vilas en tierra batida había sido hecho —precisamente— polvo. Ya era el récord de Nadal, y el tenis se preguntaba hasta dónde quería y podía llegar ese chico.

5

La rivalidad perfecta

En esos meses en que Nadal explotó como estrella del tenis, Roger Federer ya había adoptado una costumbre: calzarse una gorra con visera y caminar con la mirada rastreando el suelo. «No es lo mejor, pero a estas alturas, en los torneos, todos saben quién soy. Si voy con la mirada al frente casi no puedo caminar, no pararía de saludar a la gente», le explicaría en 2007 en Dubái al periodista y escritor suizo Bruno Ziauddin.

Esa gorra omnipresente llegó cuando Federer estaba en la cima de las cimas. Entre 2004 y 2007 el suizo ganó cuarenta y cuatro torneos, la mitad de los que conquistaría hasta finales de 2014. Once de aquellos títulos fueron de Grand Slam. Aquel cuatrienio mágico fue la base sólida para su estatus de leyenda.

El helvético tuvo cierta fortuna de que Nadal acabara de despuntar en 2005, también de que no fuera antes de 2008 que ganase su primer Grand Slam fuera de la tierra batida de Roland Garros. Cinco años menor que Federer, el español fue tanto un obstáculo como un impulso para la carrera del suizo, pero este gozó durante un par de años de rivales menos duros que Nadal para impulsar un lustro de excepción.

Por eso, en el contexto de esa rivalidad, el encuentro que se produjo en octubre de 2005 fue curioso. O más que eso.

Dos golpes secos y discretos sonaron en la puerta de la habitación 449 de un lujoso hotel de Basilea. Nadal abrió la puerta.

—¡Hola, Rafa!

Nadal estaba asombrado. Impactado. Tardó un microsegundo en reaccionar.

—¡Eh…! Hola, *how are you?*

Nadal no podía creer que tenía frente a él al número uno del ranking.

Federer, recuperándose de una lesión y en su primer día sin muletas, había decidido darle una sorpresa al hombre con que se repartía ya el dominio del tenis mundial. Nadal había llegado una hora antes a Basilea para cenar con responsables del torneo local, al que debió renunciar por una tendinitis en las rodillas, una articulación que, junto a su pie izquierdo, le generaría los mayores problemas a lo largo de su carrera.

«Roger me llamó y me preguntó dónde se alojaba Rafa», explicó el italiano Vittorio Selmi, en aquellos años *tour manager* de la ATP y de gran influencia en los jugadores. Cuando le dije el hotel, no dudó: "Voy para allá"».

Federer es de Basilea, lo que facilitó aquel encuentro, probablemente el primer hito en la inusual relación que fueron construyendo el suizo y el español, dos hombres que bien podrían haberse odiado, tal como fue el caso de John McEnroe y Jimmy Connors, o del propio McEnroe con Ivan Lendl. Quizá no era odio, pero no había un ápice de simpatía entre Pete Sampras y Andre Agassi. Ni hablar de Boris Becker, al que el australiano Pat Cash aún recuerda con rabia por lo mal que, dice él, lo trató.

Pero lo de las dos «R» es incomparable: exceptuando la de Nadal con el serbio Novak Djokovic, ninguna rivalidad ha sumado tantos partidos ni finales de Grand Slam como la que ellos encarnaron. Podrían haber tenido motivos de sobra para mirarse mal, para criticarse el uno al otro. Y ese peligro lo olieron algunas de las personas que más cerca estaban de ellos. Selmi y Benito Pérez Barbadillo no fueron ajenos a la preparación de esa reunión que dejó impactado a un Nadal de diecinueve años y feliz a un Federer de veinticuatro.

«Fue un detalle, evidentemente, de Vittorio, que se lleva muy bien con los dos», recordaría Nadal años después. Aquello fue el inicio de una era de «paz y amor» en el tenis que se prolongaría por varios años.

El encuentro había tenido un anticipo horas antes, poco después de que Nadal ganara en la noche del domingo el Masters Series de Madrid, uno de los éxitos más importantes de su carrera hasta entonces, porque implicaba conquistar un gran torneo bajo techo y en superficie rápida. Un rato más tarde de la victoria su teléfono vibró con la entrada de un SMS. En aquellos años no existía WhatsApp.

«¡Hola, hombre! ¡Rafa, bueno tenis y Madrid! Muchos contento Rogelio por te».

La frase era una absurda mescolanza de español e italiano, pero revelaba el buen espíritu de Federer, que se alegraba por el éxito de quien se perfilaba como su principal rival e intentaba hacérselo saber en su idioma. O en algo lejanamente parecido a su idioma.

Ya por entonces, Nadal llamaba «Número uno» o «Rogelio» a Federer, y el suizo había adoptado de buen grado el apodo. Al fin y al cabo, sólo se habían medido tres veces, dos de ellas con éxito para Nadal.

El contacto se renovó en la noche de aquel lunes 25 de octubre de 2005. No conversaron más de veinte minutos, porque Nadal debía cumplir sus compromisos con el torneo. Pero Federer tuvo tiempo de preguntarle por lo vivido en Madrid.

«Fue duro, me veía perdido», le contó el español, que batalló cinco sets para derrotar al croata Ivan Ljubicic en la final.

De ese modo, comenzaron a intercambiar intimidades. Federer se quitó una zapatilla y le mostró a Nadal su tobillo, bastante hinchado aún tras la distensión de ligamentos que había sufrido diez días antes. Y hubo un tema ineludible: el fútbol. El suizo se lamentó una vez más de no haber jugado el torneo en España y de postergar el soñado encuentro con su ídolo futbolístico, Zinedine Zidane, por entonces estrella del Real Madrid.

«¿Vas a Shanghái, al Masters?», preguntó Nadal. Federer sonrió: «No lo sé, la semana que viene comienzo a correr y luego a jugar».

No había más tiempo. Nadal se fue a cenar con la dirección del torneo y Federer hizo lo propio en el hotel. Ya era la medianoche cuando volvieron a cruzarse, uno rumbo a la cama, el otro hacia su casa.

«Suerte», se desearon mutuamente.

Qué duda cabe de que la tuvieron.

Años más tarde, el circuito de tenis de la ATP se había convertido en un lugar insoportable para los nostálgicos de rivalidades como las de John McEnroe y Jimmy Connors. Las pistas parecían un centro californiano de yoga, con el espíritu *peace and love* derramándose dulce y generoso dentro y fuera de los torneos.

Y los culpables, claro, eran Rafael Nadal y Roger Federer.

Así, en enero de 2011 los observadores constataban que nunca en la historia del tenis el número uno y el número dos se habían llevado tan bien como Nadal y Federer. Y, tras los dos líderes, como feliz rebaño, casi todo el resto de los jugadores imitaba al español y el suizo.

«Los jugadores ven el caballero que es Roger y a Rafa como un chico increíblemente agradable», explicaba el croata Ivan Ljubicic, expresidente del consejo de jugadores de la ATP. «Rafa es, simplemente, un gran chico. Y el hecho de que juegue increíblemente al tenis no lo hace odiable», completó.

Era difícil encontrar a un jugador que criticara alguna actitud del en ese entonces dúo dominante del tenis. Los había, claro, pero se mantenían casi siempre en silencio para no desentonar en ese ambiente en el que se respiraba una abrumadora aprobación por el suizo y el español. Todo un dato si se tenía en cuenta que entre Federer y Nadal habían conquistado a esas alturas veintiuno de los últimos veintitrés títulos de Grand Slam. Había sobradas razones deportivas para la envidia, pero los dos líderes la anulaban gracias a su personalidad.

No siempre fue así. De hecho, lo que estaba sucediendo era una absoluta novedad. Connors y McEnroe se odiaban y lo decían bien claro y alto en sus años de lucha por la cima. Lo mismo sucedía entre McEnroe y Lendl.

Tampoco era muy cordial en su época el alemán Boris Becker, y todos recordaban el bochorno de la exhibición de 2010 en Indian Wells —cuando los estadounidenses se cruzaron filosas ironías a micrófono abierto— para entender que Pete Sampras y Andre Agassi estaban lejos de quererse.

«Me acuerdo de cuando empecé a jugar», destacó la belga Kim Clijsters, ex número uno del mundo. «Nunca veía a Agassi en las pistas, nunca a Sampras, se entrenaban siempre en privado. Federer y Nadal, en cambio, están siempre en las pistas, se entrenan con otros muchachos, y eso es fantástico. Hay más respeto por ellos que en el pasado por Sampras y Agassi. Y esa actitud está impregnando también al circuito femenino», completó la belga.

El estilo «zen» de Nadal y Federer llamó la atención del propio Connors, que prefiere su época, los míticos setenta de gritos, insultos y excesos. Lo dijo en septiembre de 2010: «No había rivalidades amistosas en mis tiempos, todo era muy real. No es que esto no lo sea, pero aquello era más que tenis. Era como Larry Bird y Magic Johnson, Celtics y Lakers, Ali y Frazier. Era una rivalidad que hoy en día no es ni por asomo tan intensa».

Las reacciones posteriores a ese análisis de Connors con el autor de este libro confirmaron que no es exactamente simpatía lo que el estadounidense genera. Pero el tenis sería distinto de no haber existido el tenista estadounidense, que ganó ciento nueve torneos —más que ningún otro profesional en la historia— y patentó un estilo único que lo llevó al número uno del mundo. Merece que se lo escuche, y Nueva York es el lugar ideal para que hable. A Connors le gusta el tipo de tenista que es Rafael Nadal. Es mucho más pro-Nadal que pro-Federer. No sorprende, el español es mucho más cercano a su manera de entender y jugar el tenis que el suizo.

«Los jugadores de hoy tienen todo a su favor: entrenadores, fisioterapeutas, equipamiento, cuerdas... Tienen todas las oportunidades para jugar mejor. Y tienes muchachos que trabajan duro, como Nadal, que están dispuestos a hacer lo que sea necesario para ser mejores jugadores. Y de eso se trata el tenis para mí. Sales todos los días a buscar la perfección. Si la alcanzas o no, no se sabe. Pero te sigues esforzando por ella».

—*Y disfrutar el viaje...*

—Disfrutas de todo. Jugar aquí en el US Open es un lujo. No todos ven lo que sucede aquí, el trabajo duro, los entrenamientos, el sacrificio y todo lo que pones de ti. Toda la experiencia en el tenis fue grandiosa para mí. Mi problema es que no pude disfrutarla en el momento porque estaba demasiado ocupado jugando y tratando de ganar. Ahora es diferente. Los chicos ganan un torneo y se toman tres semanas libres, disfrutan la victoria. Antes no podías hacer eso.

—*¿Tiene sentido para usted el debate acerca de quién es el mejor de la historia?*

—La verdad, no me importa. Las opiniones son como los zapatos, todo el mundo tiene unos. Prefiero no entrar en eso, no me importa. No me importa si se vuelve a mencionar o no alguna vez mi nombre. Es así como lo siento.

—*Laver dijo alguna vez que no tiene sentido comparar entre las diferentes eras del tenis.*

—Nos pueden dar a nosotros las raquetas y el equipamiento de hoy. ¿Pero qué pasa si les das a los muchachos de hoy nuestras raquetas y equipamiento de entonces? ¿Cómo jugarían? ¿Tendrían los mismos golpes? ¿Podrían jugar de la misma manera? Entonces ¿es justo? No, no lo es. Yo creo que si jugaste bien y fuiste grande en una era, lo serías en cualquiera. Encontrarías la manera de ganar. Un campeón es siempre un campeón, porque un campeón se trata de mucho más que sólo golpear la pelota. Se necesita más. Se trata sencillamente de quién tiene eso.

—*¿Por qué le gusta Nadal?*

—Me gusta su rutina, el modo en que encara el trabajo cada día. Sale, juega duro, da todo lo que tiene. Está dispuesto a permanecer ahí y a hacer lo que sea necesario para ganar. Y cuando se terminó, se terminó. Se va, y no habla de qué hubiera pasado si....

—*¿Eran los setenta más románticos que los años actuales?*

—Bueno, no dije eso, prefiero no entrar en el tema...

—*Pero ahora se puede ver tenis en cualquier momento, todos los torneos, ya sea en televisión o en internet. ¿Cree que puede haber cierta saturación de tenis? En los setenta era menos usual ver partidos en casa.*

—Lo era. La televisión por cable cambió eso, se muestra mucho tenis, ya sea en vivo, grabado... Sí, eso fue un factor.

—*¿Y demasiado dinero puede ser otro?*

—¿Puede haber demasiado dinero? Creo que todas las generaciones jugaron por eso, para crear interés, para atraer aficionados, para conseguir patrocinadores y que la televisión se interese por el deporte. Y ahora por fin llegó, así que no puedes hablar de que hay demasiado dinero. Jugadores como Nadal, por ejemplo: a él no le importa el dinero. El dinero llega con las victorias. Pareciera que el éxito de tu carrera se mide por tu cuenta bancaria y no por tus victorias. Así que algunos muchachos estarán en esto por el dinero y otros para formar parte de un grupo que trascienda a los tiempos.

—*Bueno, cada vez que se anuncian los millones que cobrará el campeón del US Open, el público en el estadio Arthur Ashe se une en una ovación.*

—Es que el dinero siempre crea interés. Cuanto más dinero, más interés. Porque la gente piensa entonces que es más grande, más importante. Y lo es, estos muchachos que salen a jugar por esas cifras... Lo que me gustaría saber es si jugarían, actuarían de la misma manera si lo que estuviese en juego fuera su propio dinero. «Vamos, Johnny Mac, jugamos y pongo un millón de dólares de mi propio dinero. Tú pones otro millón». Es mucho más fácil jugar por el dinero de otro. El dinero forma parte del deporte, es la manera en que está hecho. Y en todos los deportes el nivel de dinero llegó a un punto alucinante, pero eso es para lo que trabajamos todos, lo que todos queríamos, por eso surgió el tenis profesional, para poder ganarse la vida. Y se la están ganando.

—*La lucha de Federer y Nadal por sumar la mayor cantidad de torneos de Grand Slam es evidente. ¿Es lo más importante de esa rivalidad o sólo un aspecto?*

—Es sólo un aspecto. ¿Es uno mejor que el otro teniendo en cuenta que ganan alternativamente? Nadal gana dos partidos, Federer uno, luego Federer otros dos, Nadal tres... La idea de una rivalidad es que ofrezca el tenis necesario para despertar interés cada vez que esos rivales se enfrentan. Que la gente esté esperando que jueguen y quiera ver el partido. Quieren verlos, no les importa cuántas veces jueguen: eso es una rivalidad. Si al final Nadal suma veintidós Grand Slam y Federer veintiuno... ¿Quién sabe? La idea es salir a la cancha a jugar y ofrecer ese tenis que despierta el interés. Y hasta ahora lo vienen haciendo.

Dos años más tarde, en 2012, la entrevista continuó en el mismo escenario: el cemento de Queens.

—*¿Sigue creyendo que las rivalidades de hoy son tan diferentes a las de su época de jugador?*

—Los chicos de hoy juegan un gran tenis, pero algunas de las cosas que suceden actualmente no habrían sido posibles en nuestros días.

—*¿Se refiere al hecho de ser tan amables, tan simpáticos el uno con el otro?*

—Sí, no habría pasado. El tenis es fantástico y todo eso, pero estoy seguro de que las rivalidades también tienen que serlo. Aunque esa es mi opinión. Aquello fue en mi época, espero que McEnroe me mire y diga: «Tuve una dura rivalidad con él. Y era real, era cierta». Lo mismo con Borg, lo mismo con Lendl, lo mismo con Năstase. No había abrazos en esos días, no los había. No sé qué pasó. ¿Es porque se respetan tanto? Claro, yo también tenía mucho respeto por los jugadores a los que me enfrentaba. Supongo que es sólo un signo de los tiempos.

—*Exactamente eso quería preguntarle, ¿se trata de una cuestión de personalidades o más del hecho de que son otros tiempos?*

—No lo sé. Y por suerte no soy parte del asunto como para verme obligado a averiguarlo. Pero vería muy improbable, de estar jugando hoy, que alguien me diera abrazos. Es sólo mi sensación. Lo mismo con Mac. Es mi sensación, la manera en que lo veo.

Cuando Cliff Drysdale escucha el comentario de Connors acerca del exceso de sonrisas y palabras amables, su respuesta es casi física. No le gusta nada lo dicho por su compatriota.

«Estoy en completo desacuerdo. Connors era un animal diferente a todos, Connors tenía una rivalidad con todos y con todo. Todos eran su enemigo, el circuito era su enemigo, los otros jugadores eran sus enemigos... Él buscaba enemigos».

Sudafricano en su época de jugador y nacionalizado estadounidense luego, Drysdale es uno de los fundadores de la ATP y un reconocido comentarista televisivo. No tiene dudas de que las estrellas de hoy y las de su época son de naturaleza distinta, que no buscan enemigos en todas partes.

«No, Federer y Nadal no. Son gente diferente».

Ivan Lendl fue protagonista fundamental de aquellos años. El tema le resulta algo incómodo durante una charla en 2012 junto a la piscina del Real Club de Tenis Barcelona. El checoestadounidense entrenaba por esos días al británico Andy Murray y era orgulloso padre de cinco hijas, tres de ellas golfistas.

No es fácil entrevistarle y que se abra, que diga lo que piensa. Pasaron muchos años desde su retirada, también décadas desde que cayó el Muro de Berlín, pero al Lendl de vida burguesa y plácida en Estados Unidos le caben todos los clichés históricos: Guerra Fría, telón de acero.

Es muy difícil llevar adelante la entrevista con Lendl, uno de los mejores tenistas de todos los tiempos. Pero es posible.

—Más allá de las diferencias políticas que exhibieron últimamente, la relación de Nadal y Federer fue inusualmente buena. ¿Cómo la ve?

—No sé lo suficiente sobre el tema, y sea como fuere, sin duda no es mi problema. Si tienen problemas o son los mejores amigos no es algo que me preocupe.

—Claro, pero usted dijo algunas veces, y corríjame por favor si me equivoco, que no tuvo ese tipo de relación con McEnroe o Connors.

—Entiendo lo que quiere decir, pero por entonces era mi problema, porque estaba involucrado. Ahora no. Mi trabajo es con Andy y con nadie más. Y en eso me concentro.

—Vayamos entonces a esas épocas en las que usted sí estaba involucrado. ¿Cree que las relaciones entre usted, McEnroe, Connors, Vilas o quien fuere podrían haber sido algo mejores? ¿Eran ustedes quizá demasiado jóvenes y estaban hambrientos de éxito?

—Creo que si tomas cualquier grupo de personas tendrás gente con la que te lleves muy bien y son tus amigos, gente con la que te lleves correctamente, pero con la que no busques estar, y gente que sencillamente quieras evitar. Estoy seguro de que sucede lo mismo en cualquier grupo, sea en el colegio, la universidad, el circuito de golf o el de tenis. Es lo mismo. Siempre habrá gente que te guste y gente que no. Y está bien que sea así.

Cuando comenzaba a pensar que el «Muro de Iván» no era tan complicado de saltar, un par de derechazos verbales, con la misma potencia que cuando jugaba al tenis, me devolvieron a mi sitio.

—*Pero está claro que en aquellos años McEnroe, Connors, Borg o Vilas no le generaban a usted el mismo nivel de simpatía o antipatía, ¿no?*

—Como dije, había gente que me gustaba más que otra.

—*¿Qué jugadores le gustaban más que otros?*

—No creo que tengamos que ir a ese asunto. La gente siempre me pregunta que por qué no escribo un libro. Y yo respondo que si escribes un libro y quieres que sea exitoso, tienes que contar cosas negativas. ¿Por qué?

—*O cosas muy agradables, positivas e interesantes...*

—Pero nunca será tan exitoso como uno en el que digas cosas negativas. Y no estoy interesado en eso.

—*Entiendo. Quizá en este caso usted podría escribir sólo el libro que realmente querría escribir. Está en la posición de decir: «Quiero contar esta historia y no otra».*

—Pero entonces la gente no estaría interesada, desafortunadamente. En especial en Estados Unidos.

—*Véndalo en Europa.*

—...

—*El año pasado Pat Cash me dijo que los ochenta eran mucho mucho más duros que los años actuales, que los jugadores eran despiadados, agresivos tanto en la cancha como fuera de ella. ¿Tiene esa sensación cuando piensa en aquella época? ¿O fueron los ochenta mejores que los setenta?*

—No puedo hablar mucho de los setenta porque solo jugué dos años. Era difícil, abría bien los ojos para ver todo lo que pasaba a mi alrededor. Así que sólo puedo hablar de los ochenta y quizá de principios de los noventa. No sé... Creo que siguen teniendo los mismos problemas que teníamos nosotros, les piden más dinero a los Grand Slam porque piensan que generan mucho dinero y no dedican suficiente a pagarles a los jugadores.

Y se discute cómo repartirlo equitativamente entre los jugadores de más arriba y los de más abajo. Lo mismo de hace treinta años, siguen discutiendo lo mismo.

La imagen de Pat Cash está congelada en 1987, en la del joven australiano de veintidós años que, tras ganar Wimbledon vistiendo aquel pañuelo a cuadros negros y blancos que cubría su frente, trepó por la tribuna del All England Club con su aire a Bruce Springsteen y una alegría que lo desbordaba.

Sin duda, su momento más alegre en medio de la dureza del tenis de los ochenta.

—¿Cómo era aquel circuito con McEnroe, Becker, usted y otros?

—Éramos todos competidores feroces. Personalidades muy diferentes, gente muy diferente. Los jugadores de hoy están mucho más calmados. Nosotros teníamos muchos de esos tenistas que eran realmente feroces: Jimmy Connors, Ilie Năstase, John McEnroe, incluso yo. Y Boris [Becker] también tenía su carácter. O Lendl. Muy agresivos, bastante agresivos fuera de la cancha. Gritaban, hablaban en voz alta acerca de cuán buenos eran y todas esas cosas. Muchas veces hablaban con los medios y no decían precisamente cosas bonitas acerca de sus rivales. Yo no entendía eso, porque siempre traté de respetar a los demás jugadores, siempre creí que lo mejor era derrotarlos en la pista.

—¿Podría profundizar? Dice que eran agresivos. ¿Recuerda alguna situación especialmente fea?

—No, no quiero entrar en detalles específicos.

—Pero eran más agresivos, ¿no? McEnroe era agresivo, Connors era agresivo…

—La forma en que hablaban, decían cosas de ti, se las decían a los medios. Esas cosas…

—Y usted gana Wimbledon en 1987 y se convierte en un rival más importante para ellos. ¿Recuerda alguna reacción que no fuera especialmente amable tras aquel triunfo?

—No era infrecuente que los únicos que te felicitaran fueran tus compañeros de la Copa Davis. Yo tenía una buena relación con los suecos, Edberg y Wilander, a los que quería mucho. Yo los felicitaba, hablábamos un poco. Pero creo no haber hablado jamás con Lendl o Becker más allá de un intercambio casual. Y decían cosas sobre mi familia.

—*¿Hacían eso?*

—Sí, Boris lo hacía. Decía que yo no debía llevar a mi familia de viaje y cosas de ese tipo. Que no les estaba brindando una vida adecuada, cosas así. Y después los periodistas me preguntaban, me decían. «Boris dijo esto y esto». No sé si lo decía, pero yo no tenía interés en pasar tiempo con él. Lendl también decía todo tipo de cosas, pero está bien, eran sus personalidades. Y ya pasó mucho tiempo. Siempre tuve un tremendo respeto por mis oponentes, por todos. Lo que no quiere decir que quieras estar todo el tiempo con ellos. Yo era joven, tenía una familia, no salía mucho con los otros jugadores. Tenía a mi familia y a los australianos, eso era todo.

—*¿Es hoy todo menos espontáneo que en los setenta y los ochenta? Connors dice que por entonces las cosas no eran tan profesionales, no había tanto marketing y mánager, así que hacían lo que querían.*

—Exactamente, así era. Yo solía tocar música en las habitaciones de otros jugadores, salía con McEnroe, tocábamos. Algunos tocaban la guitarra, ese tipo de cosas.

Resultaba difícil establecer qué jugador tenía más mérito en el pacífico duopolio en los primeros años del tercer milenio. ¿Federer, por haber sabido digerir que en las últimas temporadas un rival cinco años menor le impidiera dominar el tenis a placer? ¿O Nadal, por haber sabido luchar y ganar sin caer en la soberbia o la provocación?

Una vez más, el triunfo parecía compartido.

Cuando se le preguntó por el tema, Federer dejó en claro que el buen ambiente no era casual, sino una decisión meditada.

«Siempre pensé que era bueno ser agradable con las nuevas generaciones que van llegando, en vez de hacerles sentir que esto va a ser un infierno para ellos. Y creo que esto impregnó a Rafa y a los otros jugadores. El tenis es un deporte duro, sí, pero al final es un deporte: en la vida hay muchas más cosas».

En los «años R» no era inusual ver a Federer en la sala de jugadores empujando el carrito de bebé con sus hijos, ni a Nadal, apenas a un par de metros, inundando de aceite de oliva sus megaplatos de pasta. El español saltaba como un niño comentando las jugadas de un partido en televisión.

Le daba igual si al lado tenía al número cinco o al 250 del ranking. Trataba a todos por igual. El circuito de la ATP ofrecía por momentos el ambiente de un club de tenis un sábado.

Si Federer llamaba por teléfono a Nadal al día siguiente de cada victoria de Grand Slam, el español hacía lo propio con el suizo. Cosecha de aquella siembra en forma de saludo de Federer a Nadal en octubre de 2005 en Basilea.

Apenas días después de que Connors hiciera su comentario acerca de las rivalidades *light*, el tema fue analizado por Nadal en aquella furgoneta blanca que lo llevaba a Manhattan tras ganar en 2010 su primer US Open. Era ya de madrugada, pero el mallorquín estaba muy despierto y reaccionó sin dudar ante la sugerencia de que la rivalidad entre él y Federer fuese vista como liviana.

«Las rivalidades no son "*light*" o "no *light*"; sino que se definen por si uno las lleva a un extremo innecesario o no —dijo el zurdo, que cerraría aquel 2010 como número uno del mundo—. Creo que en otras épocas quizá las rivalidades se han sacado de lo que es puramente el juego. Creo que en esta época Federer y yo entendemos claramente que esto es un juego. Y es normal apreciar al rival. Yo tengo un especial aprecio por Federer porque he vivido muchos momentos muy importantes de mi carrera enfrentándome a él, yo creo que él siente lo mismo por mí. Al final le tienes un cariño especial a los rivales. Yo creo que Federer, Djokovic, Murray o yo mismo entendemos que esto es un juego. Lo dejamos todo dentro de la pista, pero cuando se acaba, se acaba allí».

El ruso Marat Safin dijo alguna vez que cuanto más alto llegaba, más solo se sentía. Nadal, en desacuerdo absoluto, retrucó de inmediato: «Yo no me siento para nada solo. Me siento igual que siempre. Siempre hay gente a tu alrededor un poco más volátil, pero los importantes que yo tengo a mi lado son prácticamente de toda la vida, son gente que no está porque yo esté donde estoy ahora».

Aquel gesto de Federer con Nadal en Basilea tuvo su devolución en mayo de 2007 en la fría Hamburgo. Federer acababa de batir a Nadal en la final. Era, tras cinco derrotas, su primer triunfo en tierra batida sobre el mallorquín. Y entonces Nadal lo sorprendió con una petición tan futbolera como inusual entre tenistas: quería su camiseta.

Federer se la dio, claro.

«Me pasó ya anteriormente que un jugador viniera y me pidiera la camiseta, lo hizo una vez un brasileño. Pasa cada tanto en el tenis, porque muchos son aficionados al fútbol y ven que sucede todo el tiempo. Quizá comience a suceder en los estadios de tenis, ¡que hagamos todos topless! —dijo el suizo entre risas—. Nunca sabes... Fue un lindo gesto, nos conocemos mucho, así que por supuesto que no es un problema».

¿Se trató de una «estrategia de acercamiento» de Nadal hacia Federer?

Ocho meses antes, el español se había visto frustrado al hacer pública durante una entrevista en Nueva York con el autor de este libro una idea que daba vueltas en su cabeza: «A mí me encantaría jugar un torneo de dobles con él. Le voy a preguntar si podemos jugar juntos en Madrid».

Mientras Gerard Tsobanian, el director ejecutivo de Madrid, se frotaba las manos, los Nadal se daban cuenta de que quizá debieron hablar antes del tema con Federer. Y en privado.

Durante una rueda de prensa en el US Open, Federer acusó recibo de la propuesta.

«Sí, me enteré, me mandó un SMS».

Lacónico, el suizo no agregó más. «¿Y entonces?», fue la repregunta. «No», dijo un Federer más lacónico aún, antes de caer en la cuenta de que era mejor explicar con más detalle su rechazo a la propuesta.

«Me parece una gran idea de Nadal, realmente muy amable de su parte. Para el tenis en general y para el torneo en particular sería una gran promoción —reconoció—. Sería divertido, pero lo que sucede es que nunca juego dobles en el final de la temporada. Además, si lo hiciera, lo haría con Yves [Allegro, doblista del equipo suizo de Copa Davis]».

Una dupla Nadal-Federer no tenía antecedentes en la era moderna del tenis. Es cierto que en la era profesional hubo dobles con grandes jugadores como Borg y Laver, Borg y Vilas o Borg y Connors, pero en ningún caso ambos integrantes coparon los dos primeros escalones del ranking mundial.

Tampoco Andre Agassi y Pete Sampras —la gran rivalidad del tenis masculino previa a la de Federer y Nadal— jugaron juntos.

La «alianza» de los dos mejores no se haría realidad en torneos oficiales, apenas se los vería jugando alguna vez en exhibiciones informales. Lo hicieron en el «Día de los niños» en el Abierto de Australia 2011. Federer y Nadal del mismo lado de la red, una foto para el recuerdo, sólo un suspiro sin lugar en la historia.

Aunque esa historia, precisamente, les tenía reservado a Nadal y Federer un momento único con ambos del mismo lado de la red. Pero eso sucedería en 2022. Hasta entonces sucederían aún muchas cosas.

6

Dos osos panda

Andy Murray, compañero generacional de Nadal desde los años de júnior, se propuso en los inicios de su carrera algo que debía beneficiarlo a la hora de jugar: no querer a Federer, detestarlo un poco, no caer en sus redes de seducción y carisma.

Pronto vio que había subestimado la dificultad de la misión.

«No pude», reconoció.

Todo un indicador del poder de la dupla de las dos «R».

Casi seis años después de la fallida propuesta de Nadal en Nueva York, a principios de 2012, los Nadal volvieron a intentarlo. Toni Nadal hizo público en declaraciones a varios medios que su sobrino preparaba una exhibición en Madrid, en el estadio Santiago Bernabéu. Debía ser un partido con una cantidad récord de espectadores, protagonizada, cómo no, por Rafael Nadal y Roger Federer.

La respuesta llegó pronto a través de Tony Godsick, el mánager de Federer: «Se le ha hecho la propuesta a Roger de participar en este evento, pero ha rechazado la oferta».

Godsick agregó unos comentarios para dulcificar el «no» a Nadal, que quería dedicar lo recaudado a su fundación. Un año antes habían jugado exhibiciones navideñas en Madrid y Zúrich, y todo había funcionado a la perfección. Esta vez era distinto, los Nadal proponían jugar el 14 de julio, en pleno verano y seis días después de la final de Wimbledon, un torneo demasiado importante para el suizo y tras el que siempre descansa. Aquel 2012 lo vería campeón por séptima vez en el All England, pero muy lejos del estadio del Real Madrid, porque debía ponerse a punto para los Juegos Olímpicos de Londres de ese año, que planteaban un inédito regreso al césped de Wimbledon menos de tres semanas después de cerrarse el torneo.

«El evento suena a algo realmente único, pero la fecha no funciona para Roger, porque estará fuera de competición y preparándose para los Juegos Olímpicos, así que no podrá participar», explicó Godsick. Nadal recibió la noticia en la República Dominicana. Allí, alojado en la casa del cantante Julio Iglesias, preparaba su participación en los Masters 1000 de Indian Wells y Miami.

El Real Madrid aseguró que Nadal jugaría el partido benéfico con «otro tenista de primer nivel». La meta era quebrar el récord de espectadores, y los 85.000 que es capaz de albergar el Bernabéu sin duda lo permitía. El partido de tenis con mayor cantidad de público hasta el momento había sido una exhibición entre Clijsters y la estadounidense Serena Williams, con 35.681 espectadores.

Novak Djokovic se ofreció a salir al rescate, y la exhibición se presentó oficialmente. Nunca se jugó: Nadal se lesionó en Wimbledon y durante siete meses no pudo volver a competir: el récord del Bernabéu quedaba para otra ocasión, aunque Nadal y Federer sí lograrían una marca mundial: 51.954 espectadores en una exhibición en Ciudad del Cabo en febrero de 2020. El récord lo compartió Bill Gates, que formaba parte del «equipo» de Federer.

Meses más tarde, Djokovic también entró en el debate acerca del ambiente de *peace and love*, y lo hizo para replicar a Connors.

«Estoy totalmente en desacuerdo. No creo que haya que ser irrespetuoso con tu rival para que la competición sea más fuerte en el circuito —explicó recostado en un sillón de cuero marrón en el Monte Carlo Country Club durante una entrevista con el autor de este libro—. Creo, por el contrario, que, sí, somos rivales, competidores, luchamos por los trofeos más grandes en el mundo del deporte, pero debemos respetarnos los unos a los otros. Hay que tener dignidad y *fair play*, porque eso es lo mejor que tenemos en el tenis».

El debate siguió creciendo y se sumó el letón Ernests Gulbis, un jugador de talento tan grande como poco aprovechado, un hombre de rica personalidad que no le temía a hablar y que no permitía que la ATP lo pasteurizara.

«Respeto a Roger, Rafa, Novak y Murray —dijo—. Pero, para mí, los cuatro son aburridos, sus entrevistas son aburridas...».

Los años de *peace and love* se le habían tornado insoportables a Gulbis.

«¡Es que no puede ser en serio...! Y es Federer el que empezó con esto, tiene la imagen del perfecto caballero suizo. Insisto, lo respeto, pero no me gusta que los jugadores jóvenes intenten imitarlo. Me gustaría que las entrevistas fueran más como en el boxeo. Sí, quizá esos muchachos no sean los más brillantes sobre la Tierra, pero cuando se enfrentan en la ceremonia de pesaje ofrecen lo que los aficionados quieren: guerra, sangre, emoción».

A Gulbis, estaba claro, no le interesaba ser políticamente correcto en aquella entrevista con *L'Equipe*.

«Todo eso falta en el tenis, donde todo es limpio y blanco con gentiles estrechamientos de manos y algunos golpes bonitos, mientras que la gente quiere ver raquetas rotas y escuchar explosiones en la cancha».

En una entrevista con la revista *GQ*, Murray dejó algunas claves sin duda conocidas por Gulbis, pero no tanto por el gran público. Si por el escocés fuera, sus respuestas en las conferencias de prensa tendrían mucha más pimienta. Es lo que podría esperarse de un gran aficionado al boxeo como es él.

«Siempre intento ser honesto en mis respuestas, pero son bastante aburridas, así después no tengo que lidiar con las consecuencias de ningún escándalo. Diría que soy muy diferente a lo que mucha gente cree».

Nadal también se involucró en el debate promovido por Gulbis, y no fue especialmente amable.

«Son valores y formas de ver la vida distintos. Él viene de otra cultura, a lo mejor —deslizó durante una entrevista con *Marca*—. Cada uno es libre de pensar lo que quiera. Las actitudes que él promueve en esa entrevista son totalmente contrarias a lo que debería ser un ejemplo para un joven. Queriendo o sin querer, la gente joven se fija en nosotros y lo que dijo él es totalmente incorrecto a nivel educacional».

McEnroe no coincidió con Nadal. En una entrevista con *The Guardian*, el ex número uno dejó caer una pregunta: «No sé hasta qué punto los británicos están pendientes de Andy Murray ni cuánto saben de él, pero no creo que lo conozcan mucho en Estados Unidos».

Bud Collins fue probablemente el periodista especializado en tenis más famoso del mundo, un observador que disfrutó especialmente de esos años de paz y amor en el tenis.

Collins, que murió en 2016 a los ochenta y seis años, era inconfundible gracias a los insólitos pantalones de estrambóticos diseños y colores imposibles con los que se paseó durante décadas por los grandes escenarios del tenis en todo el mundo, pero lo importante en el estadounidense pasaba por todo lo que vio, todo lo que sabía y lo bien que lo contaba. No es casualidad que haya escrito la enciclopedia del tenis más completa que se conozca.

Era enero de 2011, la cumbre de los años pacíficos, y Collins estaba fascinado con lo que veía. Le confesó al autor de este libro que se sentía testigo de una era especial.

«Es una de las mejores, no cabe duda, porque entre Connors

y McEnroe había odio, y entre Connors y Lendl, mucho odio. Lo mismo entre McEnroe y Lendl. No había ambiente de amistad, pero a todos les gustaba Borg. Con él se portaban bien. Borg era discreto y un modelo: era el hombre al que todos admiraban. Cuando jugaba con él, McEnroe nunca tenía una de sus rabietas. Estos muchachos, Federer y Nadal, son diferentes. Hacen un gran trabajo de caridad que los de antes no hacían. Claro, ganan muchísimo más dinero. Pero no hay envidias, y eso para mí es increíble: ¡No hay envidias! Se respetan».

Collins ve un precedente en el Federer-Nadal: la rivalidad de Martina Navratilova y Chris Evert, el duelo más grande que haya tenido el tenis femenino, una historia que se extendió a lo largo de ochenta partidos.

«Eran feroces en la cancha, pero se gustaban. Se respetaban. Creo que esa es la palabra clave: respeto».

Con cada mención de Collins a los setenta, la imagen de los jugadores de entonces va hundiéndose más en el barro.

«Connors nunca tuvo respeto por nadie, tampoco McEnroe. Lendl era un muchacho alto y silencioso, pero tampoco creo que respetara mucho a sus rivales. Esta es una era diferente, una era de cordialidad».

Collins vio tanto tenis que es capaz de llevar la comparación hasta varias décadas más allá de los setenta.

«Năstase se portaba mal todo el tiempo, Laver y Rosewall tenían una buena relación, pero ninguno de ellos se llevaba bien con Pancho González, que era otro que odiaba a sus rivales. Así que tiene que ir bastante atrás: Fred Perry era realmente un buen muchacho en los años treinta, pero muchos de sus rivales creían que era un fanfarrón con eso de saltar la red y saludar hacia las tribunas».

Collins tampoco hace concesiones al analizar el duelo entre Pete Sampras y Andre Agassi: «No era como Connors contra McEnroe. Era simplemente frío, distante. Jugaron entre ellos toda su vida, desde niños. Sampras sentía que su juego era mejor pero que la gente siempre encontraría mejores palabras para hablar de Agassi. A Sampras no le gustaba eso. Ni a Agassi».

Quizá tampoco les guste a Nadal y a Federer, pero Collins recurre a una imagen inesperada para describir la relación entre ambos en aquellos años de paz: «Cuando se juntan, son como una pareja de dos enormes osos panda».

7

El hombre que quería ser querido

La gran rivalidad de Rafael Nadal fue con Roger Federer, qué duda cabe. Pero su gran rival no fue el suizo, no. Su gran rival fue Novak Djokovic.

El serbio le generó muchas más complicaciones que Federer, al que derrotó 24 de las 40 veces que se enfrentaron. Djokovic, en cambio, ganó 30 de las 59 veces que se midieron (teniendo en cuenta hasta la temporada 2023).

El serbio es el gran responsable de que Nadal no tenga 25 o 26 títulos de Grand Slam.

Djokovic es muchas cosas, además de un enorme tenista y deportista. Es un personaje complejísimo, muy difícil de descifrar.

«¡Sólo buena onda, nada más!». Djokovic sonreía repartiendo chocolates, y sus palabras planteaban una paradoja: no hay nadie en el circuito que, mientras promueve la «buena onda», desconcierte e incluso irrite a tanta gente.

Sí, Djokovic es profundamente desconcertante.

Los chocolates que repartía eran para los periodistas, algo que a ningún jugador se le pasaría por la cabeza, pero que Djokovic transformó en costumbre en los años de mayor éxito de su carrera: abrir y cerrar la temporada con cajas de bombones cuyo contenido se encarga de repartir personalmente entre los periodistas en enero en Melbourne y en noviembre en Londres.

No son pocos los reporteros que, advertidos de esa puesta en escena, prefieren seguir las conferencias de prensa desde sus monitores y no entrar a una sala en la que se verían en la situación de revolver en la caja de chocolates del multicampeón. ¿Cómo escribir sobre un hombre que te regala chocolates? Parece una nimiedad, porque a muchos cronistas les fascina ese momento de contacto cercano, pero en el delicado ecosistema que implica la relación entre un periodista y el personaje que enfoca, para muchos no es un tema menor.

Lo que no quiere decir que Djokovic no sea un jugador extraordinario, una persona amabilísima y divertida de la que muy pocos tienen algo malo que decir: el serbio tiene una memoria prodigiosa y una capacidad innata para las relaciones públicas, es capaz de saludar lanzando unas cuantas palabras en varios idiomas dependiendo de con quién se cruce. Sonríe, mira a los ojos, siempre busca empatizar. Son muy pocos los números uno del deporte que actúan así. Son muy pocos los tenistas que actúan así.

Tan desenvuelto y popular es Djokovic que muchos lo ven como futuro primer ministro o presidente de Serbia, aunque eso quizá sería quemar etapas. Podría empezar por ser ministro de Asuntos Exteriores, ya que además de serbio habla inglés, alemán, italiano, francés y español. Sería un gran punto a favor para la imagen de su país en el mundo.

Porque Djokovic tiene un proyecto, Djokovic tiene una idea clara de su poder como uno de los grandes ídolos de la historia de Serbia. Y cuando lo suyo como jugador termine, que alguna vez terminará, buscará ordenar el tenis, buscará ordenar Serbia, buscará ordenar el mundo. No hay límites para él en cuanto a intenciones y ambiciones.

Pero mientras ese momento llega, la pregunta sigue siendo quién es Novak Djokovic, el tercer vértice de lo que en el tenis se dio en llamar el «Big Three», los tres grandes: Federer, Nadal, Djokovic.

Lauren Collins, que escribió en septiembre de 2013 en la revista *New Yorker* uno de los mejores perfiles que se hayan publicado nunca sobre Djokovic, dio algunas respuestas. Define al serbio como «El tercer hombre», un inesperado y muchas veces incómodo polo de poder en la era de las dos «R», Roger y Rafa.

«Da la impresión de ser la persona que en un *show* de magia moriría por ser elegida para subir al escenario», graficó la periodista.

Pocos en el circuito estarían en desacuerdo con esa afirmación. Casi todo es levemente excesivo en Djokovic: desde su tenis y sus golpes imposibles hasta sus celebraciones, pasando por una larga lista que incluye imitaciones de sus rivales, reivindicaciones políticas serbias, promoción de la dieta sin gluten, una desafortunada foto con un arma junto a su compatriota Janko Tipsarevič y, en 2022, la expulsión de Australia en medio de la pandemia de la COVID-19.

Si se aceptara que Federer era en el microcosmos tenístico un impecable señor y Nadal un adolescente feliz, Djokovic sería un presentador de televisión, una estrella de cine, un cantante y un futbolista. Todo en uno. Él siempre debe dejar su marca, no le alcanza con jugar al tenis. Lo hace casi siempre, difícil olvidar una exhibición previa a Wimbledon en la que enloqueció a las espectadoras subiéndose lentamente la camiseta mientras cantaba «*I'm too sexy for my shirt*» junto al búlgaro Grigor Dimitrov.

Federer y Nadal son clásicos: ellos se propusieron siempre jugar un partido en el que hay espectadores. Para Djokovic eso es un limitante anacronismo: él juega un partido con los espectadores.

Djokovic es muy distinto a Nadal y Federer, dos hombres mucho más apegados a la etiqueta del tenis y que nunca entendieron el sentido del humor y el amor por exhibirse del serbio. Aquellos tiempos en los que ofrecía torneo tras torneo imitaciones en las que ridiculizaba a sus rivales duraron poco —a Djokovic le llegó el mensaje y las imitaciones se convirtieron en excepción y ya no en la norma—, pero si se atiende a los que estaban cerca de las dos «R» en aquellos años, el problema pasaba por otro lado: «A Djokovic no lo quieren por la arrogancia con que se mueve en el vestuario, más que por el problema de las imitaciones».

Arrogante o no, el jugador serbio es único.

«No, eso se lo dejo a él», dijo Federer alguna vez cuando un periodista australiano le comentó que Djokovic imitaba el peculiar acento del país oceánico y le pidió al suizo que hiciera lo mismo.

Federer y Nadal son muy diferentes a Djokovic por muchas razones, y también porque ninguno de los dos pasó a los once años setenta y ocho noches consecutivas en un búnker refugiado de los bombardeos de la Organización del Tratado del Atlántico Norte (OTAN). Según su biografía, cinco años antes el muy joven «Nole» ya había dicho que quería ser el número uno del tenis.

No se le puede negar inteligencia ni sentido de la oportunidad al serbio, que poco ganaría en cuanto a imagen si actuara como lo hacen Federer y Nadal. Su condición de serbio —aunque él lleve con desbordante orgullo lo que muchos pueden ver como una carga— no es un dato menor en un deporte en el que la política y muchas tradiciones caducas tienen un gran peso.

Djokovic nunca se olvida de Serbia, aunque viva en Mónaco. Allí, en la artificial tierra de los Grimaldi, hubo un tiempo en que era posible cruzarse con él y tomar un café. En 2009, por ejemplo. Sentado a la mesa de una cafetería, al borde de la calle, el autor de este libro vio como un Mini Cooper rojo estacionaba a dos metros. De él salió Djokovic para sumarse a la charla. Éramos dos periodistas y el entonces jefe de prensa del serbio. Por un rato fuimos cuatro y se habló de cualquier asunto menos de tenis.

La conversación fue por los senderos lógicos —su Mini Cooper, lo bueno que es el café en ese bar, qué agradable es estar en casa de tanto en tanto y no vivir viajando— hasta que poco a poco se futbolizó. Djokovic lanzó encendidos elogios a Nemanja Vidić, duro defensa del Manchester United por aquellos años. Que si Vidić es el mejor defensa del mundo, que si el español Carles Puyol era superior, y así, hasta que, de repente, su rostro se transformó. La mención casual de que estaba a punto de jugarse en el estadio Louis II el tradicional partido de fútbol entre pilotos de Fórmula 1 y personajes famosos de Mónaco lo cambió todo.

«¡¿Cómo no me lo dijiste?!». Djokovic se disculpó y abandonó la mesa casi al instante. Aceleró y el Mini rojo se perdió en la distancia. Llegó a tiempo para jugar un partido en el que jugó gran parte del encuentro.

Casi cuatro años después, sin embargo, conoció un estadio al que no querrá nunca volver: La Bombonera. El mítico escenario del equipo más popular de la Argentina, Boca Juniors, lo trató inesperadamente mal.

Era noviembre de 2013, y Djokovic estaba en Buenos Aires para jugar una serie de exhibiciones con Nadal. Ambos querían conocer La Bombonera, y hacia ella salieron precipitadamente apenas terminaron su partido en la Sociedad Rural, en el centro de la ciudad. El estadio está en el sur de Buenos Aires, en pleno barrio de La Boca, uno de los más especiales de la capital, marcado por su pasado de inmigrantes italianos y por la cercanía con el puerto y el Riachuelo, un curso de agua contaminado más allá de lo imaginable y que separa la ciudad de la provincia de Buenos Aires.

Djokovic y Nadal llegaron con lo justo, ya en la media parte, para saludarse con Sebastián D'Angelo, el tercer portero del equipo y coprotagonista en la breve tanda de penaltis que protagonizarían antes del inicio del segundo tiempo.

«Le pegaba muy bien Nadal, y Nole más o menos. Pero estaban en zapatillas, hacían lo que podían», explicó el portero.

Es cierto: no hubo tiempo ni para que se calzaran las botas, sólo para enfundarse en la camiseta azul y amarilla de Boca y saltar al césped.

El ingreso al campo de juego impactó a Djokovic. Mientras Nadal no dejó de sonreír en ningún momento, fascinado por el espectáculo y con la pasión futbolera llenándolo de adrenalina, el serbio parecía más pálido de lo habitual y casi no sonreía.

Nadal le ofreció patear primero, pero Djokovic respondió con un «no, no, no».

El español acertó el primero, pateado con jerarquía hacia la izquierda. Djokovic, atenazado, se paró demasiado cerca de la pelota, pareció querer quitarse el penalti de encima y pateó a las manos de D'Angelo. Desde el momento que se paró frente al balón, la tribuna detrás del arco de D'Angelo no dejó de silbar al serbio.

Nadal volvió a patear, otra vez con calidad, y metió el segundo.

Quizá consciente de lo que estaba pasando, D'Angelo pareció dejar entrar el segundo, pateado con debilidad al medio por Djokovic. Desde la tribuna lo seguían silbando. A Nadal lo aplaudían.

Nadal permitió que le atajaran el tercer penalti, que Djokovic pateó sin fuerza ni ganas haciendo inevitable que el arquero lo parara. A esas alturas, el serbio daba señales de querer irse lo antes posible de ese inhóspito lugar.

D'Angelo tuvo una explicación para la antipatía del público de Boca hacia Djokovic, aunque evidentemente no recordaba bien cuántos penaltis había atajado ni a quién.

«Nole la pasó medio mal, porque lo silbaron por haber dicho que quería la camiseta del Papa (la de San Lorenzo) y encima que yo le atajé tres remates... Nadal, que es más futbolero, estaba fascinado y le regalé los guantes y prometió mandarme algo firmado», dijo el arquero al diario *Olé*.

Djokovic, en efecto, había dicho en su rueda de prensa que cambió «en cinco minutos» sus simpatías por el Boca y se convirtió en hincha de San Lorenzo durante una visita a una escuela. «La reacción de los niños ante la camiseta de Boca no fue buena, y agradezco mucho el gesto del presidente de San Lorenzo de haberme hecho socio», explicó. Un par de días después, los hinchas de Boca le harían notar que ese tipo de afirmaciones se pagan caro en una cancha de fútbol argentina.

Un testigo de primer orden recuerda que Djokovic llegó al túnel de salida del estadio con lágrimas en los ojos, impotente ante lo que acababa de vivir. Su plan era pasar unos días de vacaciones en el sur de Argentina tras las exhibiciones, y así se lo había dicho a ESPN dos meses antes en el US Open. Tras el rechazo de La Bombonera, los planes cambiaron, las vacaciones ya no serían en la Patagonia ni en Argentina. Djokovic, esta vez, no había logrado que lo quisieran.

En aquel 2009 del café compartido en Mónaco, el serbio sólo era campeón de Australia, estaba justo en el inicio de su formidable explosión como tenista, que en 2023 lo llevaría a convertirse en el hombre con más títulos de Grand Slam en la historia. Habría, antes y después de aquella charla, varias conversaciones más en otros puntos del mundo, pero Mónaco, ya en 2013, volvería a ser el lugar para la entrevista más interesante. Por un lado, porque el jugador que tenía enfrente era mucho más importante que el de 2009, todo un campeón de Wimbledon y del US Open, un hombre que ya sabía lo que es ser el número uno del mundo. Por el otro, porque en aquella tarde dejó unas cuantas claves para entender su personalidad.

La pregunta venía rondando por mi mente tras años observándolo, ya incluso en aquel 2007 en que brilló por primera vez en un gran escenario ganando Miami: nadie diría de Djokovic que no es un tipo simpático, todo lo contrario. Otra cosa es que muchos crean que es espontáneo, mientras otros sienten que hasta su espontaneidad es calculada. Lo que está claro es que Djokovic siempre busca agradar, tiene necesidad de hacerlo. Quiere que lo quieran. Ardientemente.

—*¿Hay algo de presión extra, una necesidad de ser más agradable y simpático aún que la media por el hecho de venir de Serbia?*

La pregunta hizo que Djokovic se reacomodara en el sofá de piel marrón del Monte Carlo Country Club. Se lo veía más motivado que nervioso ante el planteo.

—Para ser honesto, es una buena pregunta, porque recuerdo cuando viajaba con mi padre jugando torneos juveniles en todo el mundo. La mayoría de las veces, cuando decíamos que éramos de Serbia, la gente se volvía muy cautelosa y prudente acerca de cómo seguir con nosotros.

El recuerdo le duele a Djokovic, se nota en su gesto que aquello le hizo sufrir.

—La sensación era muy fea. Primero, porque no creo que nadie deba tener prejuicios acerca de la gente, ya sea por su procedencia o su religión. Pero también lo entendía, porque la mayor parte de la prensa internacional venía escribiendo en forma negativa sobre Serbia. Comenzó así, pero con el tiempo la gente pasó a valorarme a mí y a mi familia, a entender que lo que hacemos lo hacemos con el corazón y la conciencia limpias. La gente me respetó por mi éxito, y eso fue importante, permitirle a la gente ver mi verdadera personalidad y que el pueblo serbio es bueno y puede ser bueno.

La guerra en la antigua Yugoslavia es un asunto muy serio para Djokovic y su familia. En su entorno se entrecruzan historias que, como las de cualquier guerra, no son agradables. La más conocida es la de aquellas noches, aún niño, en el refugio antibombas de su tía, pero hay muchas más.

La periodista del *New Yorker* le preguntó en su extenso perfil si estaba de acuerdo con la disculpa pública hecha por el entonces presidente serbio, Tomislav Nikolić, por la matanza de Srebrenica en 1995, en la que las tropas serbias fusilaron a ocho mil musulmanes.

«No hablemos de eso, por favor. No quiero entrar en ese

tema, porque todo lo que diga puede ser entendido en un muy mal sentido. Lo único que puedo decir es que la guerra es la peor cosa que un ser humano pueda vivir».

Ante preguntas menos específicas, en cambio, Djokovic no tiene problema en explayarse.

«Me llevó un tiempo entender, cuando era más joven, lo seria que era la situación en nuestro país, en especial tras la guerra. En 1999 yo tenía doce años, y en 1992, cinco. Hubo muchos problemas políticos y económicos en Serbia en la última década. Los estándares son muy bajos y la gente sufre. Como en cualquier país en el mundo, pero en especial allí, porque es un país marcado por la guerra. La experiencia de superar ese sufrimiento me unió más aún a mi gente y me hizo apreciar los verdaderos valores de la vida. Hizo, en cierto modo, que me motivara a representar a mi país de la mejor manera posible y a aprovechar la oportunidad para mostrar que Serbia tiene muchos aspectos positivos, no sólo negativos. Es un proceso, no puedo ser únicamente yo el que influya en la imagen, tiene que haber más gente. Como deportista hago todo lo que puedo para ganar partidos, y si tengo el tiempo y la oportunidad, para representar a mi país en la Copa Davis, que es también una vía para hablar de los valores positivos que tiene Serbia. Lo que vengo viendo en los medios sobre mi país en los últimos veinte años es muy malo. El foco de la prensa cada vez que se habla de Serbia es lo negativo. La violencia, lo criminal, todo eso. Y eso es algo a lo que definitivamente me opongo y quiero cambiar».

Cinco años antes de aquella entrevista en Mónaco, Djokovic se había visto confrontado con la política ante una pregunta directa: ¿Qué opina de la independencia de Kosovo?

Novak estaba en Dubái, y la charla transcurría en un enorme jardín en el Aviation Club de la ciudad de los Emiratos. A unos metros, un lago artificial, y, protegiéndolo del sol, unas palmeras. Djokovic, que tres semanas antes había ganado en Australia su primer título de Grand Slam, no dudó al responder: «Nos quitan todo lo que tenemos. Kosovo es Serbia y seguirá siendo

Serbia. Kosovo es el corazón del país; ¿puedes imaginar un país en el que una mayoría dice que quiere ser independiente y lo hace? ¿Cómo se sentirían? Nos quitan algo que es nuestra historia, nuestra religión, todo lo que tenemos».

El rostro del entonces número tres del mundo se endureció cuando el autor de este libro le preguntó si se puso en el lugar de los kosovares, si era capaz de entender sus razones, el deseo de cortar lazos con Serbia tras una guerra que estremeció la conciencia de Europa.

«No quiero pensar en ese sentido. Conozco la historia, se habla mucho de eso. Pero, como dije, era Serbia y seguirá siendo Serbia, siempre. Mi padre nació ahí, mi tío nació ahí, la mayoría de mi familia vivió durante treinta años allí. Estuve allí visitando muchas veces las iglesias. No puedes imaginar la cantidad de iglesias, monumentos y sitios históricos que hay allí. No puedo pensar en Kosovo siendo otro país. Yo, como profesional, sé que tengo que seguir jugando y ganando. Nunca supe mucho de política, pero esto no es sólo política, es realmente serio».

Si las figuras de los setenta se interesaban por la poesía, la música y la literatura, Djokovic es —en su condición de estrella— quizá lo más cercano a aquellos años de Ilie Năstase, Björn Borg, Guillermo Vilas, Jimmy Connors o Vitas Gerulaitis. Al serbio le interesa no sólo la política, sino también el fenómeno religioso, la meditación, la cultura, la alimentación, el diálogo con el alma y el cuerpo. No siempre entenderá o acertará, pero tiene los ojos bien abiertos para que no se le escape nada de lo que el mundo le ofrece. Que es, cuando se es un joven hombre famoso y millonario, bastante.

«Aprendí mucho de numerosas personas con las que pude conversar. Una de ellas fue Santana, el músico. Me encontré hace unos años con él en Mónaco y tuvimos una gran conversación de media hora. Intento siempre mantener la mente abierta y aprender cosas nuevas. No podemos ser tan obtusos de no escuchar a otra gente».

Que Djokovic quiera aprovechar todo lo que su fama y el mundo le dan es innegable. Que siempre pueda hacerlo, es otra. A veces tanta actividad lo supera, como en aquella ocasión que dejó esperando cuarenta minutos al príncipe Alberto de Mónaco, con el que tenía un encuentro apalabrado.

Cuando se escriba un libro sobre diez de las grandes finales de la historia del tenis, Djokovic puede estar seguro de que aparecerá al menos una vez gracias a esas increíbles cinco horas y cincuenta y tres minutos en el Abierto de Australia 2012 que terminó ganando ante Nadal. La final de Grand Slam más larga de todos los tiempos. Y es candidato a aparecer con otras más, aquella que le ganó a Federer en Wimbledon 2019 tras estar *match point* abajo.

Meses más tarde, Djokovic estaba en el estadio Arthur Ashe de Nueva York explicándoles a los periodistas de la televisión estadounidense cómo se pronuncia correctamente su nombre. El serbio hizo todo lo que pudo y no fue su culpa que los norteamericanos no lograran acertar en la pronunciación. En el fondo ya le daba igual, porque con lo sucedido en enero se había consagrado para todos los tiempos.

Aquella final de Melbourne fue muy dolorosa para Nadal, que se equivocó cuando la tenía en sus manos. Sacaba 4-2 y 30-15 en el quinto set y se apuró a pegar con fuerza un revés que simplemente debía colocar del otro lado, porque el serbio, agotado, no llegaría a alcanzarlo. Nadal se aceleró y dejó el tiro en la red. Un rato más tarde estaba desparramado en una silla en una de las más extrañas ceremonias de entrega de trofeos que se haya visto en un Grand Slam. Ni Nadal ni Djokovic podían mantenerse en pie. Vacíos físicamente y con principios de calambres, los dos colosos de la final siguieron la entrega sentados.

Era la séptima final consecutiva que Nadal perdía con Djokovic, un jugador al que se mediría cincuenta y nueve veces —muchas más que con Federer—, y al que siempre temió. En agosto de 2007, en Montreal, Nadal cayó en semifinales con el serbio. ¿La conclusión del español tras el partido?: «A este tío no puedo ganarle, es mejor que yo».

Un tanto exagerado, podría pensarse, tratándose de apenas la segunda derrota en siete enfrentamientos con Djokovic. Pero algo intuía Nadal de cara a un futuro en el que el balance de victorias y derrotas pasó a ser muy equilibrado y, sobre todo, de cara a un hombre que lo haría sufrir más que Federer: entre julio de 2011 y enero de 2012, Djokovic le ganó tres finales consecutivas de Grand Slam a Nadal. Federer nunca le hizo eso.

Cuando los partidos son heroicos y las victorias, épicas, los jugadores suelen quedarse más tiempo en el vestuario. Deben recibir masajes, rehidratarse, ducharse, calmar la adrenalina disparada.

Veinte periodistas esperaban en aquella madrugada australiana ante el vestuario. Miraban a la puerta, sí, porque en algún momento debía abrirse y ofrecer algo, aunque no necesariamente la aparición del campeón. Y observaban, junto a esa puerta, perfectamente sentada en una banqueta, delgada, elegante y serenamente orgullosa, a Jelena Ristić, la por entonces novia, luego esposa y finalmente madre de Stefan, el primer hijo de Djokovic, en 2014, al que seguiría Tara, en 2017.

El festejo del clan serbio fue largo aquella noche. Tan largo que terminó a las ocho de la mañana. Djokovic no pudo pegar ojo, y un par de horas después ya estaba en pie para una sesión de fotos y varios encuentros con medios de comunicación.

«Estoy lleno de felicidad, pero creo que aún no tengo total consciencia de lo que sucedió», admitió el serbio, que en 2011 había ganado diez títulos, tres de ellos de Grand Slam, y que en esos días creía que no era una locura soñar con repetir la hazaña de Rod Laver, la conquista de los cuatro grandes en la misma temporada, dar vida al Grand Slam que el tenis no ve desde 1969.

«Un jugador ya lo hizo, así que es posible, sí. Sería el mayor desafío ganar los cuatro Grand Slam en el mismo año, pero de la manera que estoy jugando ahora creo que tengo un juego que es lo suficientemente bueno para ganar títulos en todas las superficies».

Djokovic no ganó el Grand Slam, como tampoco lo hicieron Nadal y Federer, que también lograron tres en un año, pero nunca cuatro.

Pero el serbio estuvo más cerca que nadie. Era septiembre de 2021, la final del US Open, y sólo necesitaba ganar un partido más, porque ya tenía en el bolsillo los trofeos de Australia, Roland Garros y Wimbledon.

Esa tarde de septiembre, Djokovic demostró que no está hecho de titanio, que es un hombre como los demás, aunque gane casi siempre. Jugó agarrotado la final ante el ruso Daniil Medvédev y se despidió, quizá para siempre, de la posibilidad de igualar a Laver.

Para soñar con el Grand Slam hay que ganar en Australia. A mediados de enero de cada año son muchos los que tienen derecho a soñar, pero dos semanas después sólo uno puede hacerlo: el campeón del Abierto de Australia.

En aquel 2012, Nadal ya no podía soñar con emular a Laver.

El español llegó al mediodía del último día de enero a Madrid tras un vuelo con escala en Doha. Los tiempos en que su tío lo hacía volar en turista habían quedado atrás; la costumbre ahora era esperar a que todo el mundo embarcara para así evitar las sesiones de fotos y autógrafos. Lo mismo al salir.

Todo el grupo —Toni Nadal, Miguel Ángel Nadal, Carlos Costa, Rafael Maymó y Ángel Ruiz Cotorro— caminaba con las cabezas gachas por las cintas transportadoras del gigantesco aeropuerto de Barajas. Nadal, algo adelantado, lo hacía solo, portando al hombro un raquetero negro y verde fluorescente. Enfrascado en sus pensamientos, de repente sintió que alguien le tocaba el hombro. Un viajero con chaqueta blanca lo tocaba y le mostraba su teléfono móvil. Curiosamente, no quería sacarse una foto con Nadal, sólo quería sacarle una foto a Nadal.

Serio, Nadal se prestó a la foto. Una. Y otra más. Y Nadal igual de serio.

No hay vuelo de regreso a casa más largo que un Melbourne-Mallorca, con tres aviones y dos escalas. Ya liberado del molesto viajero, Nadal se acercó a una de las pantallas de información, buscó la puerta de su vuelo a Palma de Mallorca y siguió caminando firme, en silencio y, sobre todo, solo. Ya estaba todo dicho, otra vez había tropezado con Djokovic.

Como en julio de 2011 en la final de Wimbledon, cuando le quitó el título y el número uno del mundo, como en septiembre de ese mismo año en la última ronda del US Open.

En septiembre de 2011, en Nueva York, los «años R» tambaleaban. La ciudad estaba tensa por la llegada de Irene, un huracán que no fue tal, pero sobre todo por el décimo aniversario de los atentados del 11 de Septiembre. Y también se advertía la tensión en Federer y Nadal, porque todo lo hecho parecía insuficiente, porque al «duopolio» le había surgido un antídoto.

El récord de dieciséis títulos de Grand Slam del suizo, los diez del español y su oro olímpico, el dominio compartido del número uno, el hecho de haber protagonizado la rivalidad perfecta... Todo era, cada vez más, parte del pasado. Un pasado cercano, pero contrapuesto a un presente nuevo e inquietante. La gloria nunca es para siempre, pero pocas cosas deben doler más a una estrella del deporte que ser consciente, en el mismo instante en que está pasando, de que esa gloria se escurre, traicionera, y huye al cuerpo de otro joven ambicioso y con talento. Los años demostrarían que no fue exactamente así, que la gloria sería socia fiel de los tres, pero en aquel septiembre de 2011 la sensación era de cierto final de ciclo.

No contento con haberle quitado la cima del ranking a Nadal en Wimbledon, el joven Djokovic buscaba en Nueva York confirmarse como número uno de toda la temporada.

No era un logro menor el del serbio: había que remontarse a

febrero de 2004, cuando Federer relevó al estadounidense Andy Roddick, para encontrar un número uno que no fuese el suizo o el español.

Esos instantes clave de la historia del deporte, esos momentos que simbolizan un giro, se producen en grandes escenarios y son televisados en directo a millones de personas, pero se celebran o se sufren en pasillos oscuros o vestuarios húmedos, en las entrañas de esos estadios.

Y a la vista de muy pocos, como aquel 10 de septiembre de 2011. Se acababa de clausurar toda una etapa, aunque no una era, y sus dos protagonistas, los hombres que le dieron forma a los «años R», se cruzaban en el vestuario.

«Mucha mala suerte», acertó a decirle Nadal a un Federer devastado tras perder en semifinales con Djokovic. «Ánimo», agregó el español.

Otra vez, como aquella ocasión seis años antes en Basilea, no hubo tiempo para más. Así empiezan y terminan a menudo las grandes historias, frente a la puerta de una habitación de hotel, en el rincón de un vestuario. Instantes tan breves como intensos.

Tras recibir el apoyo de Nadal, Federer recorrió un pasillo de cincuenta metros sintiendo que el «peso de la historia» no siempre es una frase hecha. Allí estaban Arthur Ashe, Rod Laver, Ken Rosewall, Stan Smith, Ilie Năstase, John Newcombe, Jimmy Connors, Manuel Orantes, Guillermo Vilas, John McEnroe, Ivan Lendl, Mats Wilander, Boris Becker, Pete Sampras, Stefan Edberg, Andre Agassi, Patrick Rafter, Marat Safin, Lleyton Hewitt, Andy Roddick, Juan Martín del Potro y el propio Nadal. Una sucesión de grandes fotografías que se inician en blanco y negro para, a medida que avanzan los años, pasar al color. Todos los campeones de la era profesional del US Open hasta ese año, cuarenta y tres ediciones. En cinco de ellas el campeón había sido él.

Pero eso no era consuelo en aquel instante, porque Federer se dirigía hacia el momento que tantos deportistas detestan: el de contarle a decenas de periodistas por qué se perdió.

«Es por esto por lo que vemos deportes, porque lo inesperado puede pasar». La frase, asombrosamente fría y analítica, salió de los labios de un Federer pálido. Algo muy extraño acababa de suceder: por segundo año consecutivo el suizo había caído en las semifinales del US Open, un torneo que conquistó cinco años en forma consecutiva entre 2004 y 2008.

Con ser llamativa, lo notable no pasaba por la derrota, sino por la forma en que esta había llegado: perdió ante Djokovic tras disponer de dos *match points*. Exactamente lo mismo que le había sucedido un año antes, en 2010.

Con ventaja de 5-3 y 40-15, Federer no esperó a que el público dejara de rugir —el estado natural de las cosas en el estadio Arthur Ashe, en realidad—, y lanzó un primer saque abierto que el serbio devolvió con un potente y ajustado tiro cruzado imposible de contrarrestar.

Djokovic fue entonces más Djokovic que nunca y comenzó a levantar los brazos y a exigir el apoyo de un público claramente inclinado a favor de Federer a lo largo de todo el partido. Lo pedía casi enojado, casi desafiante.

Ni él, ni Federer, ni el público neoyorquino olvidaban ciertos sucesos de años anteriores sobre esas mismas canchas de cemento.

En 2005, el serbio pidió cinco *time-outs* —le dieron cuatro— para ser atendido por el médico durante un partido que ganaría por 7-5 en el quinto set sobre el francés Gael Monfils. Los asistentes que veían el partido en la cancha 10 lo abuchearon. Djokovic admitió lo obvio: «Estos *time-outs* me ayudaron mucho, porque él está mejor preparado físicamente que yo. Sé que para la gente que está viendo el partido es muy irritante, pero era la única manera en que podía ganar».

Faltaban cinco años aún para que Djokovic le jurara al mundo que una dieta sin gluten era la responsable del fin de sus dificultades respiratorias, de su notable cambio físico y de su transformación en un gladiador que alcanza pelotas impensables y siempre puede correr más que sus rivales.

Habitualmente diplomático, Federer sorprendió en 2007 cuando se le preguntó por las frecuentes lesiones del enormemente frágil Djokovic de aquellos años: «Creo que no es serio». Volvería a repetirlo dos años después en Australia: «Es un poco decepcionante».

Pero el clímax de las críticas a Djokovic llegó en 2008, en la previa de un choque de cuartos de final con Roddick y en el mismo partido. El estadounidense, dueño de una ironía corrosiva que a veces rozaba lo inadecuado, tenía a Djokovic entre ceja y ceja. Un periodista le preguntó a Roddick por una lesión de tobillo que afectaba al serbio. Este salió al ataque sin guardarse nada:

—Sí, ya sé. ¿Los dos [tobillos]? ¿Y la espalda?

—Y la espalda.

—¿Y una cadera?

—Y una cadera.

—Y los calambres [*Con tono burlón*].

El periodista intentó reconducir la conversación, pero Roddick estaba encantado con la oportunidad de ajustar cuentas con ese Djokovic al que Federer había calificado de *fake*.

—Gripe aviar —añadió el estadounidense, número uno del mundo cinco años antes—. Ántrax, gripe aviar, gripe común.

El periodista pudo por fin hilvanar una pregunta:

—¿Piensas que está simulando? Pareciera ser lo que estás sugiriendo.

Roddick fue demoledor en la respuesta:

—No, si está ahí, es así. Sólo que es mucho. O es muy rápido para solicitar la ayuda médica o es el tipo con más coraje de todos los tiempos. Ustedes deciden, muchachos.

Al día siguiente, Djokovic derrotó a Roddick en cinco sets y, cuando el entrevistador le preguntó en plena cancha por el partido, su respuesta asombró a todos.

«Bueno, Andy dijo que tenía como dieciséis lesiones, obviamente no fue así. Y los espectadores piensan que simulo todo, así que no sé…».

El abucheo del estadio al serbio fue uno de los más atronadores de todos los tiempos en una pista central de Grand Slam —comparable al que recibió la suiza Martina Hingis en la final de Roland Garros 1999 que perdió con la alemana Steffi Graf—, pero Djokovic parecía estar en su salsa. Miró desafiante al público mientras su padre y su madre celebraban eufóricos sus palabras. No se puede negar la valentía del serbio, otros no hubiesen hecho lo mismo en su lugar.

No fue casual que tres años más tarde, otra vez vencedor del favorito del público —esta vez Federer—, Djokovic reclamara, prácticamente exigiera, que los espectadores le reconocieran de una vez algo. Seguían sin quererlo del todo, lo hicieron sólo a medias.

Pero el serbio se reservaba una sorpresa para la final.

Aquellos *match points* desaprovechados en 2010 y 2011 por Federer ayudaron a mantener al US Open en una curiosidad estadística: fue el único de los cuatro Grand Slam que no vio un partido entre el suizo y Nadal.

Mientras el estadio rugía tras el inesperado golpe y Federer asimilaba el impacto, algunos comentaristas se preguntaban si ese latigazo de Djokovic para salvar la primera bola de partido era la mejor devolución de todos los tiempos.

No lo era, claramente, aunque las circunstancias sí la convirtieran en una de las más trascendentes. Con toda la espectacularidad que llevaba el golpe, aquella devolución no fue un tiro imposible, ni siquiera excesivamente difícil para el serbio.

Federer, que de tanto talento que atesora a veces se enceguecía y quería ganar sólo a su modo —si se mira su carrera no le salió nada mal, por lo que es comprensible que lo hiciera—, se equivocó: quiso apurar la definición con un saque espectacular, pero probablemente le habría ido mejor si bajaba la velocidad del servicio y cambiaba el ángulo buscando el cuerpo del rival.

Lo cierto es que a Djokovic el saque de Federer le quedó a una altura ideal y a una distancia cómoda. Sólo tuvo que reaccionar por instinto, ajustar levemente y buscar el resto directo.

Es un tiro que se prueba mucho en los entrenamientos, y al serbio le salió a la perfección. Sus gritos y su euforia lo levantaron en la misma medida que hundieron a Federer, que aún hoy se seguirá preguntando cómo es que perdió esa oportunidad.

Ya tras el partido, aquel Federer que pisó la sala de prensa vistiendo camiseta blanca y gorra negra con el anagrama «RF» en rojo no podía, por supuesto, estar bien. Comenzar la rueda de prensa analizando, como si fuera completamente ajeno a la cosa, el disfrute del espectador ante los inesperados giros que ofrece el deporte es algo al alcance de pocos.

Más allá de su muy correcto discurso, Federer estaba hundido. Al hablar se pasaba las manos por los ojos, y aunque no asomaran lágrimas, su tristeza era casi física. Evidente, también, al desviar la mirada para clavarla largos segundos en la semifinal entre Nadal y el británico Andy Murray que ofrecía el monitor de la sala de prensa.

Su padre, Robert, miraba, también hundido, desde la quinta fila. «No quiero hablar, fue un partido muy duro». Él sabía que en aquella húmeda y calurosa tarde sobre el cemento de Queens su hijo había dejado escapar demasiadas cosas: la posibilidad de cortarle el camino a Djokovic, tal como había hecho en la semifinal de Roland Garros tres meses antes, y la ilusión de sumar un noveno año consecutivo ganando al menos un título de Grand Slam, algo que logró entre 2003 y 2010.

«Lo mío no es arrogancia, es confianza», le explicó el serbio al *New Yorker*.

Djokovic, ese hombre «tan distinto» a las dos «R», en palabras del propio Nadal, estaba hecho un verdadero demonio en aquel 2011. No en vano había batido al español en las cinco finales previas que los vieron medirse: el cemento de Indian Wells y Miami, la tierra batida de Madrid y Roma y el césped de Wimbledon. Nueva York, en una final de enorme intensidad, no sería la excepción.

En 2011, al ganar su primer Wimbledon, Djokovic superó a Martina Navratilova, que tras perder la final de 1994 ante la española Conchita Martínez arrancó unas briznas de césped para llevárselas de recuerdo. En pleno festejo, Djokovic también arrancó un trozo del césped sagrado... y se lo comió.

«Me sentí como un animal. Quería ver qué sabor tenía, y estaba realmente bueno —explicó—. Simplemente se dio, fue espontáneo, de verdad. No planeé hacerlo. No sabía qué hacer ante mi alegría hoy».

¿Espontáneo o calculado? Tres años más tarde la respuesta era razonablemente clara. Djokovic derrotó a Federer en la final y volvió a comerse unas briznas del césped de la «catedral» del tenis.

«No tenía mucho sabor, para ser honesto. Estaba más corto que hace unos años, así que también tragué un poco de tierra. Pero fue la mejor comida de mi vida».

Plantearse a Federer o Nadal masticando el césped de Wimbledon exigiría una poderosa imaginación.

Más allá de sus extravagancias, Djokovic se había convertido justificadamente en *el* rival para Nadal en aquel 2011. Tras la final de Indian Wells, el serbio y su grupo cantaron con fuerza el «campeones, campeones, oe, oe, oe» que suelen entonar los deportistas españoles —y Rafa, claro— tras una gran victoria. Aquello molestó profundamente a los Nadal, que lo consideraron una burla innecesaria. Dos meses más tarde, derrotado por Djokovic en Madrid, en su casa, Nadal no ocultó el disgusto que le generaron los gritos del «clan Djokovic» en el complejo de la Caja Mágica mientras él daba su conferencia de prensa de perdedor de la final.

En aquella temporada el de Manacor sintió, en cierto modo, que le habían cambiado el paisaje. Djokovic, que desde que ingresó al circuito mostraba un perfil alto y una desenvoltura que nunca terminó de gustar ni al suizo ni al español, no sólo jugaba y ganaba en la cancha. También lo hacía fuera de ella.

¿O cómo interpretar lo sucedido en las horas en torno al décimo aniversario del 11-S?

Tras derrotar el sábado 10 a Murray en semifinales, un Nadal sudado y con el pulso acelerado aún fue directo al corazón de los espectadores en el estadio Arthur Ashe y les expresó su apoyo en el aniversario. «Es la imagen más impactante que he visto en mi vida», definió el español, que tenía quince años en el momento de los atentados.

Djokovic no había tenido ese detalle tras su victoria sobre Federer, pero se propuso salvar el error el día de la final. Quería ganarse, si no el cariño, al menos el respeto de ese público neoyorquino tan incontrolable y salvaje.

«*Nice hat*» [linda gorra], le dijo Mary Joe Fernández, extenista y desde hace años entrevistadora para ESPN, a las 16.02 de ese lunes 12 de septiembre. Djokovic agradeció y entró a la cancha saboreando de antemano la ovación que le garantizaba vestir la gorra azul con las siglas FDNY, correspondiente al Departamento de Bomberos de Nueva York, la institución más apreciada en una ciudad que recuerda su heroísmo en aquellos días de 2001.

Nadal evitó ese gesto. Fue la propia organización del torneo la que propuso a los finalistas vestir las simbólicas gorras al ingresar a jugar la final. Ofrecían la de los bomberos o la del Departamento de Policía. «No», dijo el español, que suele huirle al exceso.

Al serbio, en cambio, le gusta ir lo más lejos y fuerte posible. Mientras Nadal contestaba serio y con un nudo en la garganta las preguntas de Mary Joe Fernández antes de entrar a una final que temía perder y perdería, Djokovic disfrutaba de un público que lo idolatraba. Y eso que el número uno se había quedado corto en sus objetivos. Quería algo más que la gorra, se había propuesto entrar con un auténtico casco metálico de bomberos.

«Fue un gesto de respeto, un tributo», diría Djokovic un año y medio más tarde durante la entrevista en Mónaco.

«Yo sé lo que es conocer a alguien cercano a ti, ver como tu país es destruido. Sentí que era el momento adecuado para hacer algo así».

«Pero ¿pidió el casco de metal?». Djokovic dejó una fugaz mueca amarga antes de reír: «No me lo dieron, así que fue mejor hacerlo con la gorra».

Por una vez, un deseo en aquel 2011 irrepetible le había dado la espalda.

No por mucho tiempo: Djokovic es una máquina de cumplir deseos, y conforme fueron pasando los años se convirtió en el jugador más regular y ganador del circuito.

Hasta que llegó en 2020 la pandemia de la COVID-19. Y entonces el serbio llevó los niveles de asombro a dimensiones inesperadas.

Incluso para Federer, incluso para Nadal.

8

El incomprendido

«Siento que tengo el poder de crear mi propio destino, trato de visualizar cada cosa en mi vida con cada célula de mi cuerpo. Y quiero dejarle un mensaje a la gente joven: vivan el presente, olviden lo que sucedió en el pasado, el futuro es algo que simplemente va a pasar, pero si quieren un futuro mejor, créenlo, tomen las riendas y den forma a su propio futuro».

El que hablaba así era un campeón de Roland Garros, pero quién sabe qué será en el futuro. O sí, sí está claro: Novak Djokovic no sólo avanza en su decisión de ser el tenista más exitoso de todos los tiempos, sino que también trabaja, simultáneamente y pensando en cuando el tenis sea ya pasado, en su instalación como la gran referencia de Serbia a todos los niveles. Para él, cualquier cosa es posible. No sólo en el tenis.

El discurso en el que Djokovic habla de crear su propio destino con «cada célula» de su cuerpo se escuchó minutos antes de las cinco de la tarde del 11 de junio de 2023. Acababa de lograr su vigesimotercer título de Grand Slam, y dejaba atrás a Rafael Nadal con veintidós, un Nadal que, ausente por lesión, se había reducido a estatua en esa edición: la que Roland Garros instaló hace años en homenaje a su inigualable campeón.

La euforia de Djokovic en una ceremonia de entrega de premios que se hizo más larga de lo habitual debido a su discurso, pleno de sustancia y detalle, tenía que ver con que se estaba tomando la revancha. Revancha de aquellos que, en sus años de juvenil, le daban la espalda cuando se enteraban de que era serbio. Revancha de quienes en los años noventa decidieron bombardear Belgrado. Revancha del Gobierno australiano que, en enero de 2022, lo expuso sin miramientos ante el mundo. Revancha de esos mismos espectadores que ahora lo ovacionaban pero que un año antes lo habían hecho sufrir.

Y revancha de no sabemos cuántos y quiénes más.

El choque de cuartos de final de Roland Garros 2022 que enfrentó al español y al serbio fue de lo mejor que el tenis ha visto en mucho tiempo. En una noche al borde del verano en la que las temperaturas cayeron hasta los 12 °C, el calor vino por dos vías: un partido extraordinario y un público inclinado a favor de Nadal que vitoreaba «Rafa, Rafa» cada vez que el serbio estaba en dificultades. Dura situación para Djokovic, que siempre buscó ser querido por los espectadores. Un estadio que incluso celebró sus errores hasta desquiciar al serbio, abrumado como pocas veces se le ha visto.

Una y cuarto de la madrugada, Djokovic, que ya había salvado cuatro *match points* e intentando salvar el quinto, lanzó un globo sin peso. Nadal le metió todo el cuerpo a la pelota y, con un revés paralelo directo a la línea, se llevó el pase a la semifinal.

Sorpresa: el público aplaudió a Djokovic mientras salía de la cancha, lo que equivalía casi a un insulto después de haberlo maltratado todo el partido. Nadal, emocionado, con el pie izquierdo dolorido y parcialmente anestesiado, se enjugaba una lágrima.

Es por eso por lo que, un año más tarde, con su victoria sobre el noruego Casper Ruud en la final, Djokovic tenía razones para la euforia. Quedaban atrás Nadal, con veintidós títulos, Roger Federer, con veinte. Ni hablar de Pete Sampras con sus catorce.

Pero siempre hay algo más, existe aún una última frontera que el serbio aspira a cruzar: la de ganar el Grand Slam, los cuatro grandes torneos en una misma temporada. El australiano Rod Laver lo hizo dos veces, en 1962 y 1969, en los inicios de la era profesional del tenis. Y desde entonces, nadie más.

En ese camino buscará también igualar y superar los veinticuatro grandes ganados por la australiana Margaret Court. Una meta ciertamente más viable que la del Grand Slam. Y superarlas a ella, a la alemana Steffi Graf y a la estadounidense Serena Williams, con quienes comparte un récord desde ese 2023 en París: el de haber ganado al menos en tres ocasiones cada uno de los Grand Slam.

¿Alguien puede pensar que Djokovic no querrá sumar un cuarto en París y otro cuarto en Nueva York para ir más allá de ese récord de las tres damas y quedárselo en soledad?

La ambición del balcánico descansa sobre el deseo de ser aceptado y reconocido como el mejor tenista que se haya visto nunca sobre la faz de la Tierra. Es, por eso, una ambición sin límites, porque además se basa en una entidad superior que va más allá del deporte y de él mismo.

Fue evidente en esa interminable ceremonia de entrega de premios de Roland Garros 2023. Tras dedicarle unas frases en serbio al exfutbolista sueco Zlatan Ibrahimović, de origen bosnio y en el box de invitados del campeón, Djokovic dejó una última palabra en la pista central, un grito seco, una exclamación que lo dice todo y que muchos no notaron, pero que es la síntesis de su personalidad, de su vida.

«¡Serbia!».

Ion Țiriac, quizá el hombre que más sabe y mejor vio el tenis en las últimas décadas, estaba impactado tras ese electrizante partido de cuartos de final, que era en realidad la final anticipada.

Sentado en un banco de madera a la entrada de la tribuna presidencial del estadio Philippe Chatrier, el rumano analizó con el autor de este libro lo que estaba pasando en esos días. Y estaba pasando mucho.

«En el partido ante Djokovic, Nadal jugó muy muy bien. Ganarle de esa manera a Djokovic, número uno del mundo... No, Nadal va a ser por siempre el número uno del mundo. No se lo puede comparar. Tampoco con Federer, para mí».

—¿Por qué el público del Philippe Chatrier estaba tan en contra de Djokovic?

—Nadal es Nadal, y en Roland Garros no hay nadie como él. Y por otra parte, yo pienso que Djokovic ha cometido un error fatal fatal con el tema de la vacuna. Fatal. Por su imagen y todo eso, una pena, porque es un jugador sensacional. Quiere ser una personalidad, pero no tiene el carisma de Năstase, de McEnroe. Entonces es un poco más difícil. Pero, sin duda, es un gran jugador y un gran trabajador. ¡Pero no es Nadal!

Țiriac mencionó el asunto de las vacunas, y hacía bien al poner el ojo allí.

Hay que ir un par de años más atrás para calibrar al hombre que se lleva todos los récords del tenis. Djokovic cree en muchas cosas y sueña con algunas otras. Cree que la energía positiva del ser humano puede transformar agua contaminada en limpia, cree que las vacunas no son necesarias y sueña, cómo no, con la Gran Serbia. La combinación de esos deseos y sueños fue suficiente para hundir en junio de 2020 al tenis en una crisis inesperada en medio de la pandemia de la COVID-19.

«Felicidades, ¡qué liderazgo!». El mensaje, tan sincero como brutal, fue la crítica pública del polémico Nick Kyrgios a Djokovic. Sería una anécdota más del histriónico y oscilante australiano, pero en realidad refleja lo que muchos pensaban en esas semanas en el tenis: Djokovic, número uno del mundo, acababa de dar una llamativa lección de todo lo que no debe hacerse cuando se es un líder.

El balance era asombroso. El serbio organizó un circuito de exhibiciones llamado Adria Tour que se cortó a mitad de camino al conocerse que el búlgaro Grigor Dimitrov y el croata Borna

Ćorić dieron positivo en COVID-19, al igual que el entrenador del búlgaro y el preparador físico de Djokovic. Las exhibiciones, en las que participaron el propio serbio, el austriaco Dominic Thiem y el alemán Alexander Zverev, entre otros jugadores, se celebraron con miles de espectadores en las tribunas, sin distanciamiento social y sin mascarillas. Durante la semana los tenistas jugaron al fútbol y al básquet.

Ese partido de básquet fue en honor a la leyenda serbia Dejan Milojević, pero Nikola Janković, uno de los baloncestistas participantes, dio positivo en COVID-19, aunque sin síntomas previos. Venía de Estados Unidos, por lo que bien pudo haberse contagiado allí. O en la fiesta en el Lafayette Cuisine Cabaret Club de Belgrado, donde junto a otros jugadores y jugadoras bailó hasta la madrugada y con el torso desnudo.

«Un poco de fiesta no mata a nadie», decía la inconfundible voz de Fergie —que se hizo famosa como parte de los Black Eyed Peas—, en un momento de la noche de Belgrado, en la que también sonó el himno de la resistencia antifascista «Bella Ciao», que recuperó para las nuevas generaciones la serie española *La casa de papel.*

Las imágenes de Djokovic y varias de las principales figuras del tenis masculino comportándose como si el coronavirus no existiera impactaron en todo el mundo. Y el propio Djokovic terminaría dando positivo.

Tras la experiencia del Adria Tour, nadie en el tenis podía cuestionar lo que ya había anunciado el US Open como condiciones para participar en la edición 2020 del torneo: los jugadores se moverían en una verdadera burbuja de seguridad, sin la legión de acompañantes a los que están acostumbrados y sin público. Aquello molestó a Djokovic, que dejó abierta la posibilidad de no jugar el abierto estadounidense.

«No vamos a tener acceso a Manhattan, vamos a tener que dormir en hoteles en el aeropuerto y ser testeados dos o tres veces por semana. Y sólo podemos llevar una persona al club, eso es imposible. Necesitas a tu entrenador, tu preparador físico, tu fisioterapeuta...».

Federer, recuperándose de una operación, y no jugaría hasta 2021, que terminaría siendo el año de su retirada del tenis. Con un dato para el asombro: el último set de la vida profesional de Federer fue una derrota por 6-0.

Aquel 6-3, 7-6 (7-4) y 6-0 del polaco Hubert Hurcakz en los cuartos de final de Wimbledon hizo creer a muchos que el suizo volvería a jugar con la intención de lavar esa afrenta estadística. Volvió, pero no como se pensaba, tampoco en un individual.

Sin Federer y con Nadal perdido en la profundidad de las vacaciones tras caer lesionado en la segunda ronda de Washington a principios de agosto, el tenis tenía a Djokovic como líder efectivo.

Un líder que ya venía abriendo dudas. «¿Es Novak Djokovic realmente el hombre adecuado para guiar al tenis en la crisis del coronavirus?», se preguntaba el *Telegraph*.

«No lo entiendo... Ninguna distancia de seguridad, contacto físico absoluto, nada de mascarillas, incluso los espectadores sin mascarillas», dijo asombrada la estadounidense Chris Evert, ex número uno del mundo.

«Seguir adelante con esas exhibiciones fue una decisión estúpida», insistió Kyrgios en varios tuits. «Recupérense rápido, amigos, pero esto es lo que pasa cuando ignoras los protocolos. Esto NO ES UNA BROMA», añadió en mayúsculas. Que Kyrgios, considerado una de las personalidades más extraviadas del circuito, fuera el que aportaba sentido común hablaba de lo lejos que había llegado Djokovic con sus errores.

Las críticas al serbio ya venían siendo duras en los últimos días. Noah Rubin, un jugador estadounidense que figura el 225 en el ranking y tuvo mejores tiempos, fue de los más claros: «¿Haces tiempo para jugar al fútbol pero no para participar en un Zoom durante treinta segundos?».

Rubin, que suele poner el dedo en las llagas del tenis con su pódcast «Behind the Racquet», apuntaba a la reunión vía Zoom que casi cuatrocientos jugadores y jugadoras habían celebrado días antes para debatir qué hacer ante los planes del US Open y otros torneos. El encuentro tuvo momentos de tensión y duró más de tres horas y media, lo que habla a las claras de la profundidad de las discusiones. Ni Federer ni Nadal participaron, pese a que integraban el consejo de jugadores de la ATP en ese momento. Tampoco lo hizo Djokovic, que lo presidía. Ninguno de los tres reaccionó tampoco al tuit en que Kyrgios los arrobó pidiéndoles una opinión acerca del US Open.

«No te pongas en una situación en la que se confía en ti. Si sólo quieres ocuparte de ti mismo, ocúpate de ti mismo, este deporte fue hecho para eso», dijo Rubin. «Pero no te pongas en una situación en la que otros confían en ti. Si no puedo contactarte, si no me estás ayudando, si no puedes participar en un jodido Zoom, ¿qué sentido tiene todo esto?».

Para Djokovic tenía sentido: organizar un Adria Tour exitoso era muy importante para él. No sólo porque el evento tenía a su hermano como director, sino porque otra vez el patriotismo jugaba un rol importante. Llevar a todas las estrellas jóvenes del circuito a su ciudad, Belgrado, que no recibe nunca ese nivel de tenis, era algo especial en medio de esos meses tan extraños en todo el mundo.

Pero el asunto iba más allá. Si se observaban las cuatro etapas del frustrado Adria Tour, había un simbolismo y una intención que iba más allá del deporte. Tras Belgrado y la ciudad costera croata de Zadar, el tour debía seguir en Banja Luka y culminar con la final en Sarajevo. Ciudades especialmente castigadas en la guerra de los Balcanes, Banja Luka y Sarajevo son referencias ineludibles de aquella tragedia de los años noventa, que Djokovic vivió en primera persona de niño, refugiándose en recintos antiaéreos ante los bombardeos a la capital serbia.

Banja Luka es la capital de la República Srpska, conocida anteriormente como República Serbia de Bosnia. Junto con la Federación de Bosnia y Herzegovina, Srpska forma parte de una entidad confederada, Bosnia y Herzegovina, cuya capital es Sarajevo, ciudad símbolo de aquella guerra que costó decenas de miles de muertes y millones de refugiados. La Federación de Bosnia y Herzegovina tiene una mayoría de población musulmana y croata, pero la República Srpska es de mayoría serbia. La presidencia del país es rotatoria y la ocupa un político de cada etnia cada vez.

Llevar el tenis a tres países de la antigua Yugoslavia y a esas ciudades no era un detalle menor para Djokovic. No es casual que junto al serbio trabaje gente que combatió en esa guerra.

Djokovic tiene claro que Serbia y los Balcanes no son como el resto de los países, por eso habla de «Occidente». Sucedió cuando la holandesa Kiki Bertens, por entonces *top ten* de la Asociación de Tenis Femenino (WTA), mostró su incredulidad ante las actitudes de Djokovic: «Lo vi tomándose fotos con todos y estrechando manos con autoridades durante la presentación del Adria Tour. ¿Cómo es posible? ¿En qué parte del mundo tiene permiso para algo así?».

Djokovic contestó durante una entrevista con Mats Wilander y Alex Corretja para Eurosport: «Sé que hubo críticas, en especial desde Occidente. ¿Por qué tenemos espectadores? ¿Por qué no hay distancia social? ¿Qué está pasando y por qué tenemos este tipo de evento mientras hay una pandemia tan dura en Occidente? Es difícil explicarle a la gente que la situación en Serbia y los países cercanos es realmente diferente a Estados Unidos o el Reino Unido y que hemos estado siguiendo desde el primer día las reglas de los gobiernos e instituciones de salud».

«Es cierto que cuando vimos el Adria Tour a todo el mundo le llamó la atención que se pudiera disputar en esas condiciones —admitió el extenista español Alex Corretja—. Pero en el fondo estábamos felices de pensar que poco a poco todo iba a estar mejor. La verdad es que lo que sucedió nos mantiene en alerta, no podemos bajar la guardia».

Fue así, la realidad terminó desmintiendo a Djokovic, un hombre profundamente místico y de gran vida espiritual, un enamorado de la vibración que genera la isla indonesia de Bali, donde sueña con pasar más tiempo educando a sus hijos. Durante aquella cuarentena, el serbio ofreció en su cuenta de Instagram una serie de *lives* bajo el título de «El proyecto de autodominio».

Allí conversaba con diferentes invitados que hablaban de cómo cambiar la vida para mejor. Técnicas de visualización, de autoayuda y de vida interior en general, aunque las conversaciones saltaron a los titulares de prensa tras una charla con Chervin Jafarieh, dueño de una compañía llamada Cymbiotika. Esa conversación fue bastante más allá del *wellness* habitual: Cymbiotika fabrica suplementos vitamínicos que prometen ayudar a alcanzar un «equilibrio homocisténico» y «mejorar situaciones de depresión».

La conversación entre Djokovic y Jafarieh tomó un camino inesperado cuando el tenista habló de su convicción de que la energía de la gente puede cambiar el mundo que la rodea, modificar la composición química de alimentos o del agua. Tan sólo con el mero poder de sus pensamientos y emociones.

«He visto gente y conozco gente que, a través de la transformación energética, del poder de la oración, del poder de la gratitud, logra transformar la comida más tóxica, el agua más contaminada, en el agua más curativa. Porque el agua reacciona y los científicos han probado que el agua reacciona a tus emociones». Jafarieh coincidió con Djokovic, e incluso citó un estudio que, según él, demuestra que las emociones humanas pueden transformar la composición molecular del agua.

Aquella charla fue reveladora, sirvió para entender mejor la polémica desatada semanas antes, cuando el serbio dijo que no querría vacunarse contra la COVID-19 si esa vacuna existiera.

«Me opongo personalmente a las vacunas y no querría ser obligado a vacunarme para viajar», dijo en un chat en redes sociales. «Pero ¿qué haré si se vuelve obligatorio? Tendré que tomar una decisión, tengo mis propios pensamientos sobre el tema».

Ante el revuelo generado, Djokovic emitió un comunicado días después profundizando en el tema: «No soy un experto, pero quiero tener la opción de elegir lo que es mejor para mi cuerpo. Tengo la mente abierta y voy a seguir investigando sobre este asunto, porque es importante y nos afecta a todos».

El Abierto de Australia 2022, uno de los momentos más surrealistas de la historia del tenis, demostraría que Djokovic no había cambiado de idea.

Cuando aquel día de enero de 2022 el trámite de ingreso de Djokovic a través del aeropuerto de Melbourne se transformó en foto de portada en todos los periódicos y destacada en los sitios webs, Australia confirmó su estatus de torneo especial, distinto a todos los demás.

9

Koalas y vacunas

Ni Greta Thunberg ni Roger Federer lo sabían, pero la polémica que los enfrentó pronto quedaría registrada como el recuerdo de un mundo mejor, como el símbolo de aquella sociedad prepandemia que sufría por los incendios en Australia, los koalas calcinados y los canguros deshidratados.

Era enero de 2020 y el Abierto de Australia se abría con un enfrentamiento inesperado: el de la activista medioambiental sueca contra el que muchos ven como el mejor tenista de todos los tiempos.

#WakeUpRogerNow, lanzó en Twitter Thunberg. Despierta ahora, Roger. Pero lo cierto es que la petición iba bastante más allá: Greta y aquellos que la siguen en la lucha por generar conciencia acerca del cambio climático le estaban pidiendo al rey del tenis que renunciara a dos millones de dólares al año que le aportaba Credit Suisse, uno de sus patrocinadores. Aunque no parecía que Federer fuera a hacerlo, su decisión fue la de no eludir el debate desatado a partir de que la Rainforest Action Network (Red de Acción para las Selvas) denunciara que Credit Suisse había invertido en los últimos tres años 57.000 millones de dólares en negocios relacionados con las energías fósiles y el *fracking*, mucho más que cualquier otro banco suizo.

«Para mí era importante demostrar que no vivo aislado y sé lo que sucede en el mundo —dijo Federer—. Está claro que apenas comienza el torneo debo concentrarme en los partidos, pero el tema me importa y quería decir algo sobre el asunto, porque polariza. Mucha gente comparte mi opinión de que todos podemos y debemos hacer algo. Como tenista no puedo ser el vocero del movimiento por el cambio climático, eso se entiende. Pero tengo otras posibilidades, el del clima es sólo uno de muchos otros temas muy importantes en el mundo. Con mi fundación me ocupo de algo diferente (la educación), y eso también puede ayudar a mejorar la situación».

Ese análisis de Federer, más profundo y quizá auténtico que el comunicado con que le respondió a Greta, casi no trascendió porque lo hizo ante un grupo reducido de periodistas y en alemán, un idioma que no tiene la difusión del inglés, la lengua franca del circuito de tenis. En aquel comunicado había declarado su «gran nivel de admiración y respeto» por el movimiento por el cambio climático que lidera Thunberg, que llevó a Credit Suisse a prometer que ya no invertiría en proyectos contaminantes.

«Me tomo el impacto y la amenaza del cambio climático muy seriamente, en particular al llegar con mi familia a Australia en medio de la devastación de los incendios —añadió Federer—. Como padre de cuatro niños y un ferviente impulsor de la educación universal [...] estoy agradecido a los jóvenes activistas del clima por forzarnos a todos nosotros a examinar nuestro comportamiento y trabajar en soluciones innovadoras».

El suizo, por entonces de treinta y ocho años, había evitado entrar en temas políticos a lo largo de una extensa carrera que en sus inicios coincidió con los atentados del 11 de septiembre de 2001 y atravesó dos décadas de un mundo turbulento en el que se cruzó con todo tipo de situaciones en los cinco continentes. Más de una vez le preguntaron sobre lo que sucedía fuera de las pistas, pero siempre se las arregló para no pisar en falso en el campo minado de la política.

En aquel Abierto de Australia 2020, Thunberg le cuestionaba, entre otras cosas, la contaminación que generaba con sus viajes en avión. En 2019 había recorrido kilómetros suficientes como para dar tres veces la vuelta al mundo. En diciembre, antes de que la activista lo sorprendiera con un *hashtag* que dio la vuelta al mundo mucho más que tres veces, Federer había hablado con el diario suizo *Blick*. Fue en Dubái, y quedó claro que el ex número uno del mundo venía reflexionando sobre el tema sin que se lo impusieran desde Suecia cuando Thunberg se hizo eco el 10 de enero del tuit de la organización ambientalista 350.org.

«El asunto es muy sensible para mí, que, como buen jugador de tenis, viajo mucho —admitió el suizo—. Vivimos una vida completamente anormal, sé que por eso yo no puedo ser ningún ejemplo. Mal haría en decirles a todos que sean cuidadosos y después subirme de inmediato al avión a Australia. Por otro lado, no puedo llevarme los cuatro Grand Slam a Basilea...».

«¿Se avergüenza de volar?», le preguntó *Blick*. «Sí y no. Pero si me decidiera por el sí, debería retirarme de inmediato —confesó el suizo, que invierte en bonos de compensación de emisiones de carbono para convertir en neutrales sus viajes—. Tanto Mirka como yo intentamos respetar una serie de principios medioambientales al viajar y en casa, y hacemos que nuestros hijos se familiaricen con ellos».

Pero los asuntos extratenísticos perseguirían a Federer en la recta final de su carrera. Desde las críticas a los métodos de producción de Uniqlo, su nuevo patrocinador japonés tras dejar Nike, hasta una gira de exhibiciones en una América Latina convulsionada política y socialmente: todo conspiraba en contra de que el suizo hablara de tenis y nada más que de tenis.

Seguramente por eso perdió la paciencia en su primer contacto con los medios en el Abierto de Australia 2020. Cinco de las seis primeras preguntas habían sido sobre temas no tenísticos, desde los incendios en el sudeste australiano hasta la homofobia de la extenista Margaret Court. «Juego en primera ronda contra Steve Johnson, por si le interesa a alguien —descerrajó—. Esa es, de hecho, la razón por la que estoy aquí».

En todo caso, el 6-3, 6-2 y 6-2 en ochenta y un minutos con que despachó a Johnson dos días más tarde demostró que era inteligente por parte de los periodistas preguntarle por otros temas. Y a él le servía como entrenamiento.

«Roger ya no podrá esconderse más tras sus éxitos deportivos o asuntos banales como el de cómo celebra la Navidad en el desierto de Dubái. Ya no alcanza con saber cómo vive Roger, ahora se quiere saber qué piensa —escribió el *Neue Zürcher Zeitung*, prestigioso diario suizo que fue a fondo en el asunto—. A partir de ahora ya no será relevante solamente cómo se saca del camino a sus rivales, también se observará cómo se comporta fuera de la cancha. Exhibiciones a beneficio como las del miércoles por las víctimas de los incendios australianos ya no servirán de cheque en blanco para un estilo de vida excesivo [...]. Federer era un hombre que hasta hace poco estaba más allá del bien y del mal. Eso ya es pasado. Roger ya no podrá librarse de Greta».

O sí: la pandemia, que todo lo cambió, liberó a Federer de Greta Thunberg y desvió el foco, dos años más tarde, a un Djokovic convencido de que podía liderar a los antivacunas que afloraron durante la pandemia.

Sus padres fueron incluso más allá.

«Es un revolucionario que está cambiando el mundo», dijo Dijana, su madre, que terminó sonando tímida ante las afirmaciones de Srdjan, su esposo y padre del tenista.

«Jesús fue crucificado en la cruz [...] pero sigue vivo entre nosotros. Intentan crucificar y menospreciar a Novak y ponerlo de rodillas [...]. Los serbios somos un pueblo europeo orgulloso. A lo largo de la historia, nunca hemos atacado a nadie, sólo nos hemos defendido. Eso es lo que está haciendo ahora Novak, nuestro orgullo, nuestro serbio, el orgullo de todo el mundo libre».

De tal palo, tal astilla.

«Dios lo ve todo. La moral y la ética como grandes ideales son las estrellas que brillan hacia la ascensión espiritual. Mi gracia es espiritual y la suya es la riqueza material».

Ese fue el mensaje que, según su padre, le envió el número uno del mundo tras llegar al hotel en el centro de Melbourne en el que las autoridades federales australianas lo detuvieron durante días por no haber aportado documentación válida en lo referente a las vacunas. El Gobierno del entonces primer ministro Scott Morrison aprovechó el caso para fortalecerse internamente, pero los pasos del jugador y un supuesto certificado que se sospechaba falso no aportaron precisamente fortaleza a la posición de Djokovic.

Expulsado, en cierto sentido humillado, el serbio no jugó aquel torneo.

Un año más tarde regresaría para llevarse el décimo título de Melbourne. Diez veces campeón del Abierto de Australia. Una locura.

10

El cielo (azul) de Madrid

«Nadal no sabe jugar al tenis». La frase explica por sí sola una de las batallas más largas y más personales que libró Rafael Nadal a lo largo de su carrera: Ion Țiriac.

Nadal ganó esa guerra, si se toman en cuenta las palabras de Țiriac recogidas en el capítulo 8: el mallorquín es, a su entender, mejor que Federer. El mejor de todos.

Pero hasta convencer al rumano, Nadal perdió varias batallas y llegó al límite de su paciencia. No era fácil para un joven de la pequeña ciudad mallorquina de Manacor entender, primero, y enfrentarse, luego, a un rumano que se forjó como hombre, jugador, entrenador y empresario en los tiempos de la Guerra Fría. Un hombre que llegó a colaborar con los servicios secretos de su país en los años en que el mando del Este europeo estaba en Moscú. Un hombre que lanza sus afirmaciones, ideas y propuestas —tan profundas y certeras como efectistas a veces— con notable acento argentino.

Țiriac es una de las grandes personalidades del tenis de las últimas cuatro décadas. Tomó la raqueta tras dejar una carrera en el hockey sobre hielo y ganó Roland Garros en dobles junto a Ilie Năstase, además de un torneo menor en individuales en el circuito.

No era mal jugador, pero su influencia y su poder estuvieron siempre fuera de la cancha, no en ella. Su poblado bigote, unido a unas características patillas y unos particulares lentes ahumados, lo convirtieron en una figura altamente identificable para el gran público, muy especialmente en Argentina, país que marcó su español al ser durante años el entrenador y mánager de Guillermo Vilas.

Profundísimo conocedor del tenis —entrenó a Năstase, Vilas, Becker y Henri Leconte, entre otros—, sus torneos, durante años en Alemania, y luego en Madrid, fueron siempre más que tenis: Ţiriac organizaba a lo grande, y lo hacía en parte gracias a una gran habilidad para que la ciudad anfitriona corriera con muchos más riesgos y gastos que él.

Lo cierto es que un torneo «*made in* Ţiriac» es garantía de algo diferente. Él mismo lo dice: «Yo tengo una historia. Con todo el respeto y la modestia: nadie puede manejar un torneo mejor que yo».

Ţiriac soñó durante años con un tenis muy similar a la Fórmula 1: un selecto grupo de jugadores disputando no más de quince o veinte megacitas anuales. El resto de los tenistas, teóricos «obreros» más allá del puesto 40 del ranking, debían contentarse con jugar en una especie de segunda división.

En ese sentido su fracaso fue claro: la ATP nunca tomó en cuenta esa idea, recelosa de abrirle las puertas a un hombre que, no sin argumentos, se siente más capaz que cualquiera de los restantes jefes del tenis.

«Si por mí fuera, haría torneos de treinta y dos jugadores. Hoy, lo que la gente quiere ver es a los mejores contra los mejores». No era Ţiriac el único que sostenía esa idea, pero sí el que más claramente la defendía.

Es la costumbre de Ţiriac: hablar claro. También en aquella noche parisina del 1 de junio de 2005 que marcó el inicio de sus desencuentros con Nadal. El ambiente era sofocante en ese segundo piso del edificio principal del hipódromo de Auteuil, a un par de kilómetros de las instalaciones de Roland Garros.

Nadal no era aún campeón del Abierto de Francia, pero estaba en una gran semana: dos días más tarde cumpliría diecinueve años, y cinco después conquistaría su primera Copa de los Mosqueteros. El español era ya *el* jugador, el hombre que había encadenado Costa do Sauipe, Acapulco, Montecarlo, Barcelona y Roma, y que llegaba lanzado a la conquista de París. Rodeado de periodistas españoles en aquella cena, Ţiriac analizó al inminente campeón.

«El caso de Nadal es llamativo, porque es un chico que gana partidos y no sabe jugar al tenis». Fue un elogio, pero la mayoría de los asistentes a la cena no lo entendió así, mucho menos Nadal cuando la frase llegó a sus oídos.

Ţiriac diseccionó al zurdo. Intentaba demostrar todo lo que podía crecer aún un tenista que ya era de los más grandes. «Su movimiento de saque no es correcto, puede sacar mucho mejor», aseguró. Tenía toda la razón: el saque fue el golpe que más problemas le generó a Nadal, el flanco más débil de su juego. El propio Toni Nadal ha hablado largamente sobre ese asunto.

«Tampoco está desarrollado del todo físicamente, porque puede bajar cuatro o cinco kilos más, estilizarse —añadió el rumano, que le recomendó al español jugar dobles con más frecuencia—: No tanto para volear, sino para saber cómo moverse. Nadal gana dos o tres veces los puntos, podría cerrarlos antes», alertó. El análisis era enormemente certero, los años le darían la razón.

Algo similar diría el estadounidense Andre Agassi cinco meses más tarde en Shanghái: «Nadal es sin duda un gran talento, pero está firmando cheques que uno sólo puede esperar que su cuerpo pueda pagar. Juega muy duro cada punto, confío en que conserve la salud, pero es mucho desgaste. Una gran carrera no sólo requiere de lo que él tiene, sino también de salud. Hay que mantener la salud».

Aquellas palabras de Agassi tampoco gustaron a un Nadal que debió renunciar a aquel Masters de Shanghái por una lesión en el pie. No gustaron tampoco a su entorno. Pero lo de Agassi fue un comentario aislado, mientras que Țiriac analizaría todos los años la evolución de Nadal como jugador.

«No es tanto la potencia lo que lo distingue; la clave es la aceleración de su raqueta, un 10 por ciento superior a la de los demás».

El rumano lanzó incluso un elogio directo al zurdo español, pero ya era tarde para ganarse su afecto: «Nadal tiene sobre todo dedicación, antes que motivación. Porque motivación tenemos todos. Me gustaría ganar Wimbledon, pero no puedo».

Cuatro meses después de aquel «no sabe jugar al tenis», Țiriac redobló la apuesta. Nadal acababa de derrotar en cuatro intensas horas al poderoso sacador croata Ivan Ljubičić por 7-6 en el quinto set para ganar el Masters Series de Madrid. Era su primer título bajo techo y en pista rápida, un éxito especial en su carrera, porque por ese entonces se le seguía considerando básicamente un jugador de tierra batida. Era, además, un éxito ante su público.

¿Qué dijo Țiriac durante la ceremonia de entrega de premios? «Señor Nadal no sabe jugar al tenis». Explicó la afirmación y añadió detalles para que se entendiera que veía en el español a un enorme campeón con mucho para mejorar. No serviría de nada: a esas alturas, Nadal ya le había hecho la cruz. El joven español sintió la afirmación como una afrenta, más allá de que entendiera en el fondo a qué se refería el rumano.

Una de las razones por las que Nadal y Federer se llevaron tan bien durante tantos años fue porque comparten un concepto básico: el respeto. Respetar es casi sagrado para ambos, todo un dato en un deporte que tuvo números uno bastante irrespetuosos.

Cuando en 2014 Nick Kyrgios le ganó un punto en la pista central de Wimbledon pegando el tiro entre las piernas, Nadal tomó nota del exuberante festejo del australiano. Él, en la misma situación, habría reaccionado de otra manera.

Un festejo medido, nada de sonrisas, casi un pedido de perdón al adversario por el tiro afortunado. Exactamente igual que

Federer. La etiqueta y las reglas de caballerosidad del tenis, en definitiva. Nadal entendía las razones técnicas y tenísticas del análisis de Ţiriac, sí, pero no le entraba en la cabeza que se lo planteara de esa manera a toda la prensa española, y mucho menos al público de su país en la hora de uno de sus mayores triunfos.

¿Qué decía el mundo del tenis en esas semanas en las que Ţiriac afirmaba que Nadal no sabía jugar? Esos días de 2005 en los que el español arrasaba sobre la tierra batida e impactaba por su estilo, por esa energía y pasión sin fin que exhibía en cada partido.

Mariano Puerta, argentino y su rival en la final de Roland Garros 2005: «¡Es un infierno! ¡Increíble, increíble! Salta en los vestuarios, se grita: "¡Vamos Rafael!". Está destinado a hacer historia en el tenis».

Andre Agassi, campeón de Roland Garros seis años antes: «Nadal demostró que hay una manera de jugar a este deporte que nadie había probado aún».

José Luis Clerc, argentino y ex número cuatro del mundo: «Es un jugador de temer. ¡Corre en los vestuarios, salta hasta los techos! No vi algo así en mi vida, y eso que tengo años de vestuarios».

Pat Cash, australiano, campeón de Wimbledon 1987: «Perdí con él durante una exhibición. Él tenía catorce años, pero me consolé pensando que había perdido ante un futuro campeón de Roland Garros» (Cash acertaría al menos catorce veces).

Mark Miles, ex director ejecutivo de la ATP: «No recuerdo un fenómeno igual en veinte años, desde que Boris Becker ganó Wimbledon».

Mats Wilander, sueco, ex número uno del mundo, tricampeón de Roland Garros: «Nadal no tiene miedo a nada ni a nadie cuando juega al tenis».

John McEnroe, estadounidense, ex número uno del mundo: «No recuerdo un fenómeno tan intimidante desde Boris Becker en 1985».

Boris Becker, ex número uno del mundo y tricampeón de Wimbledon: «Nadal es exactamente lo que el deporte necesita».

Roger Federer: «Casi nadie juega como él».

Nadie decía que Nadal no supiera jugar al tenis, aunque muchos compartieran los fundamentos del análisis de Țiriac. Por eso, tras aquella final ganada a Puerta, en los minutos posteriores al primer título en Roland Garros, el de Manacor ni miró a Țiriac, pese a que había «invadido» su palco privado en el estadio Philippe Chatrier para acercarse a abrazar a sus familiares y amigos en esa tarde de nubes bajas y cargadas en París.

Țiriac lo observó con atención y a apenas dos metros durante esos instantes en los que Nadal se transmutó en el Cash, que dieciocho años antes, en Wimbledon 1987, había asombrado en el All England Club al trepar hacia un palco para saludar a los suyos.

Con el tiempo, esa distancia de dos metros se convertiría en miles de kilómetros, porque Nadal y Țiriac chocarían todos los años.

El rumano se llevó en 2002 a Madrid el torneo que organizaba en Stuttgart. Las cosas empezaron mal, porque el checo Jiří Novák se lesionó en la primera final y Agassi se llevó el título sin jugar.

Pero Țiriac es duro. Secundado por Manolo Santana, el mejor tenista español de todos los tiempos hasta la aparición de Nadal, y por Gerard Tsobanian, un franco-armenio con visión para los negocios en el tenis, a lo largo de los años impuso en el torneo madrileño una serie de innovaciones de gran impacto mediático.

Así, decidieron celebrar partidos en el horario central nocturno con modelos femeninas oficiando de recogepelotas. Fueron duramente criticados. Un par de años después replicaron la idea con modelos masculinos para el Masters de la WTA.

Todo el mundo habló del torneo de Madrid, que durante las noches concentraba a los famosos de la ciudad, muchos de ellos absolutamente ajenos al tenis, pero alucinados con el sofisticado lujo que se desplegaba ante sus ojos en la zona vip, donde comer y beber era una experiencia casi paranormal gracias a un cáterin que era el mismo que Bernie Ecclestone elegía para la Fórmula 1.

Luego llegó la construcción de la Caja Mágica, un complejo tan frío como futurista en las afueras de la ciudad para que el torneo abandonara octubre y la pista cubierta y pasara a jugarse en mayo sobre tierra batida.

«No hay ningún torneo que pueda cerrar en cinco minutos tres canchas y seguir jugando pese a la lluvia», se enorgullecía Ţiriac, deseoso de mostrar que el tenis debe adaptarse a las necesidades de la televisión para sobrevivir.

«No podés permitir —añadía con su acento argentino— que cuando tenés doscientos países en televisión la explicación sea "Esto es Londres" cuando llueve. El deporte ya no es lo que era, es diferente al de hace veinte años».

Ţiriac hizo de todo en Madrid, a veces con un sutil dominio de la amenaza. Y a veces ni siquiera sutil. Su principal órdago fue durante años llevarse el torneo a Asia si la ciudad no le construía la Caja Mágica para salir del Madrid Arena (el antiguo Rockódromo), su sede original, en el que no tenía espacio para desplegar todas sus ideas.

Embarcada en tres candidaturas sucesivas para ser sede de los Juegos Olímpicos —las tres fracasadas—, Madrid le dio todo a Ţiriac, que tuvo la suerte de llegar en los años de euforia constructiva y tener ya todo cerrado cuando, a partir de 2009, la crisis económica cambió España.

Así, Ţiriac llegó a soñar con un quinto Grand Slam en Madrid: «Yo veo en el futuro, respetando los Grand Slam, que uno debe tener la posibilidad de competir. En los premios, en la calidad, en la infraestructura. En todo».

La idea, lanzada en una entrevista con el autor de este libro en 2007, inquietó en Melbourne, París, Londres y Nueva York, sedes de los cuatro grandes torneos del tenis desde la noche de los tiempos. «Esta es una provocación de Ţiriac. El derecho de los Grand Slam se basa en el derecho de la historia», respondió tres meses más tarde Francesco Ricci Bitti, presidente de la Federación Internacional de Tenis (ITF). «Legalmente es posible hacer cambios, pero por historia lo veo muy improbable», añadió el italiano.

Pero Ţiriac sabía muy bien lo que hacía, su idea no era una locura sin fundamentos. La Constitución de la ITF permite la creación de nuevos Grand Slam o el cambio de sus ciudades sede. Según el artículo 2.2b, la ITF puede «reconocer otros Grand Slam por uno o más años según lo que determine el Consejo». Es decir, ningún torneo de Grand Slam tiene asegurada su sede para siempre, ni necesariamente deben ser cuatro. Pueden ser más.

Inquieta por las intenciones del poderoso empresario rumano, la federación australiana (Tennis Australia) había hecho en diciembre, dos meses después de aquella entrevista, una seria autocrítica: «El Abierto de Australia, uno de los cuatro Grand Slam, está en una encrucijada, y su posición futura, así como su existencia, en riesgo. La demanda por organizar torneos de tenis creció en forma dramática en los últimos cinco años, con un significativo respaldo financiero en Asia y Oriente Próximo».

Ejemplo de modernidad y audacia a finales de los ochenta, cuando abandonó el césped del Kooyong para trasladarse al por entonces Flinders Park, el Abierto de Australia sufría en esos años una crisis de crecimiento: sus instalaciones ya no eran el último grito en cuanto a tecnología y se habían quedado pequeñas para albergar la creciente cantidad de espectadores, que pasó de trescientos treinta mil en 1988 a casi el doble en 2007.

Años más tarde, con tres estadios cubiertos, casi ochocientos mil espectadores y todo tipo de beneficios —básicamente, mucho más dinero— para los jugadores, el Abierto de Australia ya no estaba en peligro.

Pero la idea de Ţiriac había prendido. La china Na Li llegó a decir en Melbourne que le gustaría ver aquel Grand Slam trasladado a Shanghái, a lo que el australiano Cash respondió diciendo que sería lamentable que «una de las instituciones del deporte se traslade a un país que comenzó a interesarse por el tenis menos de una década atrás».

Hubo más. «Se dice que los españoles quieren comprar Australia. ¿Cree que Australia puede tener un Grand Slam para siempre?», le preguntaron a Federer antes de comenzar el torneo.

«Bueno, para siempre... No lo sé. Para siempre es mucho tiempo, pero no veo un cambio en el futuro cercano», dijo el suizo, en una respuesta que no era exactamente la que los australianos deseaban escuchar.

Mientras en Australia reaccionaban, Ţiriac salió a defenderse con una carta en la revista francesa *Tennis Magazine*. La publicación, de lógicos y fuertes vínculos con Roland Garros, había sido dura con la idea del rumano. La respuesta de Ţiriac fue también dura: «Por favor, dejen de diabolizar a Madrid y a Ion Ţiriac». Mientras este se defendía, Tsobanian seguía generando motivos de inquietud en las cuatro capitales del tenis.

«Nosotros no hemos realizado ningún sondeo para la compra del Abierto de Australia, ni tenemos previsto hacerlo; pero si existiera la posibilidad real de compra, estaríamos dispuestos a sentarnos a hablar. Aspiramos a tener el mejor torneo del mundo, y creemos que es una aspiración legítima. No depende del señor Ţiriac la creación de un nuevo Grand Slam, pero la pregunta es quién tiene este poder de decisión».

Buena pregunta. La respuesta es compleja, porque la ITF no querría nunca meterse en semejante problema. Si un día la federación que rige el tenis llegara a ser controlada por gente de ideas similares a Ţiriac, quizá habría un resquicio, pero el deporte de la raqueta vive muy apegado a sus tradiciones. Un nuevo Grand Slam que se sume a los cuatro existentes sería una verdadera revolución.

Cuatro años más tarde, Ţiriac seguiría provocando: «Que se queden los Grand Slam, yo quiero a los mejores contra los mejores. Me van a pedir llegar al nivel de dinero que reparte Roland Garros, y no tengo ningún problema. No quiero hacer un Grand

Slam. Quiero algo mejor. Si me vuelvo loco, puedo hacer un Super Slam».

No se volvería loco, ni le darían la oportunidad. Mejor entonces apostar por revoluciones menores, por algo provocador, aunque diferente a lo de las bellas modelos asistiendo a los jugadores. Algo como cambiar el naranja de toda la vida para pasar a jugar sobre tierra azul.

Aceptable doblista en sus años de jugador, el estadounidense Eric Butorac aún recordaba aquel día en el que Adam Helfant, por entonces jefe de la ATP, planteó en el consejo de jugadores la idea de Ţiriac de jugar sobre tierra azul.

«Me miró, yo era el primero. "Butorac, ¿qué piensas tú?". Y yo dije que sí, que si era la misma tierra batida y azul probablemente la pelota se vería mejor, así que debíamos probarlo».

Helfant le dio la palabra entonces a Nadal. «Es un desastre», dijo contundente el español. «Es una idea terrible», añadió Djokovic. «Parece un circo», remató Federer. «Quería morirme —admite hoy Butorac—. Quería esconderme bajo la mesa».

Butorac se convertiría en 2014 en el presidente del consejo de jugadores de la ATP, pero en ese momento era sólo un integrante más de un órgano con Federer de presidente, Nadal de vicepresidente y Djokovic como miembro destacado.

Llevarle la contraria a los tres siendo un jugador sin historia ni éxitos en el circuito no era sencillo. Pese a la dureza de los tres hombres que dominaban el tenis, Helfant decidió darle una posibilidad a Ţiriac. Así fue que, a finales de 2011, los jugadores ya sabían que en mayo de 2012 deberían jugar sobre una superficie inédita en la historia del tenis: tierra batida azul.

«Esta es una larga historia, y me parece triste que se vaya a jugar en una superficie que hay jugadores que no aceptan —se lamentó Federer en el Masters de Londres—. Pero las cosas son como son. No sé realmente si ver esto como algo positivo o negativo».

A esas alturas, Federer y Nadal tenían ya abiertas y crecientes diferencias acerca de cómo manejar el tenis, y el español se sentía cada vez más impotente en sus intentos de convencer al suizo. Pero en el *affaire* del *blue clay*, en cambio, Federer había sido absolutamente «nadalista». «Me parece triste que un jugador como Rafa haya tenido que luchar, en el torneo de su país, contra una superficie en la que no quiere jugar. En este tema yo escucho a Rafa. Y es triste, sí, que juguemos en una superficie que no es aceptada por todos los jugadores».

Nadal, que no será Ţiriac pero también sabe lanzar frases de impacto, venía quejándose en aquellos días: «Espero no tener que jugar un día sobre hierba azul».

Ivan Lendl, el checo-estadounidense que dominó el tenis durante varios años en los ochenta, comentó el asunto con esa metálica ironía que es su marca: «Pintemos el césped de Wimbledon de rosa, ¿qué les parece?».

Ni azul, ni rosa. Lo de Wimbledon no sucederá jamás. Pero así como Lendl jugó alguna vez sobre cemento naranja una exhibición en el Condado de Orange, California, y aún se ríe de aquello, Ţiriac y Tsobanian invitaron en los meses previos al torneo de 2012 a grupos de jugadores a una zona montañosa de Cataluña para probar la tierra batida azul. A muchos, especialmente las mujeres, les gustó.

El británico Andy Murray ofreció de entre todas las estrellas el análisis más reflexivo acerca de la innovación. «Es sólo unas pocas semanas antes del Abierto de Francia, que se juega sobre tierra batida anaranjada. Así que para los jugadores sería mejor que fuera en tierra batida naranja. Pero al mismo tiempo he notado que a veces es muy difícil ver la pelota en Madrid, entiendo las razones para hacer esto, convierte al torneo en algo único y diferente, a veces eso es bueno para el circuito. Pero el *timing* es malo para los jugadores. Nunca jugué en tierra batida azul, no tengo idea de cómo será. Será una nueva experiencia».

Presionados ante la oposición pública del jugador más grande que haya dado el tenis español, los responsables de Madrid pidieron que se les diera una oportunidad.

«Pedimos buena fe, buena fe. Que cada jugador que pruebe la pista diga de verdad y de buena fe la sensación que tiene —reclamó Tsobanian—. ¿Acaso en los torneos bajo techo no van de un color a otro? Entonces ¿dónde está el problema? Aquí se habla de ir de un color al otro una vez, no todo el tiempo».

Tsobanian desgranó entonces una serie de argumentos a favor de la innovación de Madrid y recordó que Roland Garros experimentaría ese año con una cancha de tierra batida rosa para fines promocionales.

«¿Es tierra batida? Lo es. ¿El color es diferente? Sí. ¿Se ve mejor la bola? Sí. ¿Es una mejor experiencia para todos? Sí. Entonces ¿cuáles van a ser los argumentos en contra?».

Nadal sostenía que Madrid ya es un torneo complejo por el hecho de que se juega a quinientos cincuenta metros sobre el nivel del mar, lo que lo convierte en un certamen en el que la pelota vuela veloz, ideal para el tenis de ataque y no para los hombres que, como él, se plantan en el fondo para jugar con *top-spin*.

«No apoyo esto —insistió Nadal—. Estás en medio de la temporada de tierra, y la tierra en Europa es naranja. Tienes Madrid y Roma uno detrás del otro, Madrid es el único torneo en altura, y ahora le ponen un color de arcilla diferente. Es un error. Los jugadores no ganan nada. El tenis no gana nada. Sólo una persona gana, el dueño del torneo. No entiendo cómo la ATP puede aceptar esto».

Tsobanian no le veía sustento a la crítica. «¿Tú conoces dos torneos que tengan la misma tierra batida? No existen dos torneos en el mundo donde la sensación de jugar sea la misma. Si hay algún jugador que diga esto, es de mala fe».

¿Mala fe de Nadal? En absoluto, se apresuró a aclarar Tsobanian, que describió al zurdo como un joven «muy bien educado». «Rafael ha revolucionado el tenis, él es un revolucionario, un innovador. Su juego físico, la rotación de la bola, las camisetas sin mangas... Y nuestro torneo, finalmente, es lo mismo que él. Somos un torneo joven e innovador, él es un jugador joven e innovador. Somos idénticos, Nadal podría ser nuestro icono».

La idea de convertir a Nadal en icono del torneo era, por impracticable, casi una burla. Y Tsobanian lo sabía. Que el evento tuviera como patrocinador a la aseguradora Mutua Madrileña y Nadal recaudara en aquellos años millones como imagen de Mapfre no era un obstáculo menor. Pero lo más importante es que la antipatía de Nadal por Ţiriac seguía ahí: le había metido desde 2009 un torneo de tierra batida en altura en las fechas en que solía jugarse el muy lento Hamburgo y ahora, además, lo obligaba a jugar sobre tierra batida azul (el color corporativo de Mutua Madrileña).

«¡Por supuesto que no somos un torneo tradicional! —se exaltó Tsobanian—. No podemos serlo, con diez años de existencia, ni queremos serlo. Déjennos ser modernos e innovadores, revolucionar el deporte. ¿Por qué bloquearnos? Ecclestone cambia las reglas todas las semanas en la Fórmula 1, se adapta a lo que el cliente pide. Esto me recuerda a la polémica con las recogepelotas modelos hace ocho años. Ocho años después seguimos, porque desde el principio lo hicimos de forma profesional».

Al hombre que mejor interpreta a Ţiriac se le dibujó una sonrisa en el rostro cuando se le preguntó cuál era su sueño para el torneo.

«Mi sueño es que ese día el ganador se arrodille sobre la pista azul y la bese».

Soñaba en vano, porque todo terminó en pesadilla.

«Esto no es tenis. O vengo con botas de fútbol o invito a Chuck Norris a que me ayude a saber cómo debo jugar en esta pista», lanzó Djokovic tras ganar en su debut sobre la notable superficie azul cobalto de aquel irrepetible 2012.

La imagen era hermosa, el azul le daba una elegancia y una distinción innegables al torneo, aunque los jugadores no pensaban lo mismo, y lo hacían con buenas razones: la superficie era injugable. El argentino Juan Martín del Potro dijo haberse sentido como en *Patinando por un sueño*.

Nadal, en cambio, no estaba para bromas esa semana, mucho menos tras caer en octavos de final ante su compatriota Fernando Verdasco, un hombre al que había derrotado las trece veces anteriores que se enfrentaron. Perdió, además, tras disponer de una ventaja de 5-2 y su servicio en el tercer set. Furioso tras la derrota de 6-3, 3-6 y 7-5, Nadal demoró apenas quince minutos en presentarse ante la prensa, a la que suele hacer esperar bastante más. Y enseguida lanzó un disparo a los organizadores de Madrid de cara a 2013: «Si las cosas no cambian, será un torneo menos en el calendario».

Instantes antes, Țiriac había visto de cerca el enojo de los Nadal. «¡Muy mala superficie, muy mala!», le espetó Toni Nadal al cruzárselo en un pasillo. El rumano ni se inmutó y siguió de largo.

Un periodista de *El País* le preguntó a Nadal si el hecho de que la superficie acortara distancias entre el nivel de los jugadores no era positivo. «Tú sabrás», fue la cortante respuesta.

En ese punto de su carrera, Nadal era considerado por cualquier conocedor del tenis como el mejor jugador sobre tierra batida de todos los tiempos. Antes de medirse a Verdasco había ganado 242 de los 261 partidos jugados sobre esa superficie, era hexacampeón de Roland Garros y ocho veces de Montecarlo. Pero en aquel muy caluroso día de primavera en Madrid todo fue muy extraño. Nadal terminó perdido e hirviendo sobre el rectángulo azul de la Caja Mágica.

Fue una tarde extraña en la que una espectadora se desmayó ante el fuerte calor y paralizó por varios minutos el partido. Una tarde en la que el encargado de regar la superficie tropezó y empapó a varios vip de las primeras filas. En un palco, Manolo Santana, director del torneo, seguía atentamente el desarrollo del partido, porque sabía lo que le esperaba.

«Esta superficie desestabiliza el juego, es un juego totalmente distinto, no pienso asumir riesgos. Me voy con la cadera cansada de rectificar todo el tiempo movimientos —criticó Nadal—. El movimiento es muy importante para mí y no me podía mover, no podía pegarle a la pelota bien». ¿Hay que contabilizar la derrota de hoy como una caída en tierra batida?, le preguntaron. El español dio a entender claramente que no: «Yo lo cuento como una derrota, me guardo para dentro lo que pienso. Sé que perdí con Fernando, algo que no había pasado en trece veces».

Visiblemente tenso, Nadal siguió con sus críticas. «No te puedes apoyar, cuando sacas caes hacia delante. Y me voy a Roma con una desconfianza que no debería tener tras el trabajo que venía haciendo. Si pones Cincinnati en hierba, ¿qué va a pasar? ¿La gente va a estar contenta antes del US Open? Creo que no. Es una situación similar».

Caer tan prematuramente en un torneo sobre tierra batida era algo que no le sucedía al español desde que, afectado por ampollas, perdiera ante su compatriota Juan Carlos Ferrero en los octavos de final de Roma en 2008.

La gran crítica de los jugadores pasaba por la inseguridad que les generaba la superficie. Deslizarse resbalando es un recurso habitual en la tierra batida para llegar más velozmente a responder los tiros del adversario. Djokovic es uno de los pocos jugadores capaces de resbalar sobre cemento, algo complejo y peligroso. Pero en algún momento hay que frenar, dejar de resbalar, y eso no era una tarea sencilla en 2012 en Madrid.

«Sabemos que hay un problema, claro. Las pistas están muy resbaladizas, hay algo que no termina de funcionar bien», admitió Santana, que sufrió como pocos en aquella edición.

Las luces habían estado encendidas hasta las cuatro de la madrugada de aquel día en la Caja Mágica. Andreu Puigserver, el constructor de las pistas, buscaba soluciones, en las que también trabajan los responsables de las pistas de Roland Garros y Montecarlo, dos de los escenarios históricos del tenis sobre tierra batida. No las encontrarían, el problema era insoluble, muy poco podía hacerse en medio del torneo. Y mientras Santana buscaba calmar los ánimos, Ţiriac no parecía tomar conciencia de que esta vez no se encontraba en la posición de fuerza que acostumbra tener. No podía amenazar a nadie.

Al revés, el que estaba contra la pared era él, eran los jugadores los que amenazaban con ignorar el torneo al año siguiente.

«¿Que el torneo está a prueba por este año? ¿Quién dice eso? ¿La ATP? Yo no sé nada de eso...».

Țiriac cumplía setenta y tres años ese día y no se tomaba en serio lo que todos consideraban un hecho: el año próximo la tierra batida volvería a ser naranja, porque el experimento azul había fracasado.

«Parece que la cancha resbala demasiado, y eso hay que arreglarlo. Pero hace dos semanas en Montecarlo tres jugadores se rompieron la pata... —recordó el rumano—. Hoy, tras cinco días de torneo, estoy más convencido que nunca de que la tierra batida azul es un gran paso adelante».

Nadie pensaba ya así, y Țiriac debió explicarse: «La cancha es resbaladiza y me disculpo por ello. Queríamos estar seguros de que nadie se lesionaría. Como resultado de eso, los expertos aplastaron la superficie con demasiada presión, y cuando la arcilla azul se puso sobre ella no se mezclaba con la base de la cancha. Todo ello creó las condiciones resbaladizas de juego».

El rumano evitó mencionar algo que filtraron integrantes de la cúpula del certamen: en las horas previas al inicio del evento, el mejor organizador de torneos de la historia había ordenado arrojar sal sobre las canchas.

La sal, que en determinadas circunstancias ayuda a compactar la tierra batida, en Madrid fue un error clave de Țiriac. Sin humedad y con calor, esa sal nunca se mezcló adecuadamente con el polvo y contribuyó a convertir las canchas azules en peligrosas superficies extremadamente resbaladizas.

A un par de metros de Țiriac, Santana estaba demudado. «Asumo toda la culpa por lo sucedido. Soy Manolo Santana, de España, para lo bueno y lo malo. Por supuesto que estoy decepcionado». Pero el entonces dueño del torneo no lo estaba, o al menos no lo demostraba. El rumano fue más Țiriac que nunca en esos días de crisis en el Masters de Madrid. Con los jugadores en estado de ebullición, dio una entrevista al autor de este libro y lanzó una nueva idea revolucionaria: en el futuro quería jugar con pelotas fluorescentes.

«Vamos a mejorar la pelota también. Pensamos en que sea verde fosforescente o naranja fosforescente, que agarra más luz y funciona mejor en el contraste con la tierra batida azul».

El tenis había abandonado unos treinta años antes las pelotas blancas con las que jugó durante décadas para pasar a unas de amarillo intenso que contrastaban mejor con las superficies, en especial con la de tierra batida, en la que la pelota duraba poco blanca antes de volverse bastante anaranjada. Lo que en otro contexto podía ser una propuesta interesante —Ţiriac siempre piensa en el máximo rendimiento televisivo de su deporte—, en esos días turbulentos de Madrid les sonó a muchos jugadores a tomadura de pelo: no sólo jugaban en una pista de patinaje, ahora les proponían una especie de tenis psicodélico.

«Si el año que viene tienen la tierra batida azul y pelotas fosforescentes, lo que sea, pueden tener su propio torneo, pero yo no voy a estar», amenazó un muy molesto Djokovic tras ser eliminado también prematuramente. Sin embargo, en esos mismos días un familiar del serbio confesó a una integrante de la organización: «Novak se queja mucho, como los chicos, pero lo de la tierra batida azul no es tan grave».

Ţiriac podía al menos contar con Serena Williams. «¿Ves mis calcetines? —le dijo a un periodista mientras se subía la botamanga del pantalón—. ¡Amo los colores fluorescentes! Me entusiasma mucho pensar en jugar con pelotas fluorescentes».

En esas horas de agitados debates cromáticos se conoció otro comentario asombroso de Ţiriac: «Yo nunca fui racista. No tengo problemas con los colores, a mí me gustaron siempre las pelirrojas, las rubias, las morenas...». La broma no fue precisamente bien recibida en Madrid, pero Ţiriac, que en medio del torneo voló a Montecarlo para una cena con sus compañeros de caza, estaba encendido esos días. Así fue que siguió hurgando en la herida de la derrota nadaliana, de la que claramente sospechaba.

«Como gente de tenis yo no entiendo cómo se puede perder un encuentro de tierra con ventaja de 5-2 en el tercero y dos *breaks*. No recuerdo algo así, no lo vi. No entiendo cómo. De treinta y cuatro puntos, hizo seis. ¿Cómo es posible?».

El rumano añadió que había estado hablando de sus problemas con Florentino Pérez, presidente del Real Madrid y muy cercano a Nadal. «Como dijo Florentino: los jugadores de fútbol juegan siempre con lluvia, patinan un poquito más, ¿no? ¿Y los de la Fórmula 1? Se juegan la vida, ¿no? Los de las motos...».

Estaba claro: Ţiriac consideraba a los tenistas unos muchachos demasiado quisquillosos. El rumano aseguró no estar inquieto ante el anuncio de Nadal y Djokovic de que no jugarían el torneo al año siguiente y confirmó que creía en esa teoría que indica que la mejor defensa es un ataque. «Si uno hace un torneo sólo por un jugador, estás quebrado. ¿Qué vamos a hacer cuando se vayan Nadal y Djokovic? ¿Vamos a anular el torneo? ¿Por qué? Esta es una cuestión de educación del público y la televisión. Cuando empezamos no estaba Nadal, que recibió una *wild card* [invitación especial] y perdió en la primera ronda».

Pese a que en su análisis había muchos elementos muy válidos, Ţiriac no terminaba de entender que el ambiente no era propicio esa semana para los desafíos, y mucho menos para los juegos verbales. Moderado por el autor de este libro, en esos días organizó un coloquio con Mark Miles, Etienne de Villiers y Adam Helfant, tres exjefes de la ATP, en aquel entonces dirigida por Brad Drewett. Los tres ponentes le ofrecieron el apoyo que le negaban los principales jugadores.

«No hay líder más innovador y competente en el tenis», dijo Miles. «Muéstrame una persona que no haya cometido un error», apuntó De Villiers. «¿Pelotas fluorescentes? La gente no debería asustarse», opinó Helfant.

Nadal ya había perdido, y Ţiriac no se preocupó por ocultar lo molesto que estaba con el español. Fue así que le mostró a Miles, De Villiers y Helfant la portada del diario oficial del torneo que producía el periódico *ABC*. La portada estaba ocupada al completo por una foto de Verdasco besando la tierra batida azul tras derrotar a Nadal. «¿Ves este chico? Muy diferente al otro. Y él sí que probó en los últimos años la cancha de arcilla azul que había para que se entrenaran los jugadores».

Al rato Nadal colgó en Facebook la foto de un pez de tamaño importante que acababa de pescar embarcado en lancha. Tras el sonriente español se desplegaba la inmensidad del Mediterráneo. Azul, bien azul.

Al mes siguiente la ATP decidió poner punto final al experimento de la tierra azul. «Tras un cuidadoso análisis, he decidido que la tierra batida azul no se utilice al año próximo», dijo el director ejecutivo de la ATP, Brad Drewett, después de una serie de reuniones celebradas durante Wimbledon. «Tenemos que asegurarnos de que las canchas sean seguras y justas para los jugadores», añadió Drewett.

A Ţiriac le costó mucho digerir la realidad: por primera vez en su vida, los jugadores le habían torcido el brazo. Ni siquiera lo consolarían las palabras elogiosas de Nadal en la edición de 2013, aunque Manolo Santana sonrió feliz al escucharlas.

«Las pistas por suerte están fantásticas, lo único que se puede hacer es agradecer al torneo la inversión que ha hecho para hacer unas pistas de máximo nivel».

«Creo que por fin tenemos un torneo para disfrutar —dijo un aliviado Santana—. No nos hizo falta volver a hablar con los jugadores para saber qué había que cambiar, estaba muy claro».

El torneo había invertido una suma millonaria para cambiar la superficie de los tres estadios cubiertos y las catorce pistas exteriores en el complejo de la Caja Mágica. El polvo, que volvía a ser naranja, llegó desde una cantera en la zona del río Oise, al norte de París.

«En Wimbledon decidimos que empezaríamos todo de cero, las pistas de cero. Contratamos a los expertos de Montecarlo y Roland Garros. No fue fácil, porque con la altura y la sequedad de Madrid la tierra no se compacta tanto. Debimos excavar un metro por debajo de la altura previa de las pistas, porque la humedad estaba más abajo».

Con los jugadores felices y un Nadal sonriente como no se lo veía en años, los días discurrían plácidos hasta que alguien hizo la pregunta: ¿Dónde está Ion Ţiriac? El rumano era una palpable y sonora ausencia.

«Dejen que disfrutemos la paz de este año», decían en la organización, exhausta la edición anterior en medio del fuego cruzado entre buena parte de los jugadores y el más de una vez provocador Ţiriac, amigo del entonces aún rey Juan Carlos I, amante de la caza como él. El magnate tenía bien presente los abucheos que había recibido del público en 2012 y no tenía ningún deseo de exponerse a otros.

«En el primer año salí a la cancha cuando no se jugó la final. El año pasado salí yo con Santana a la cancha. ¿Quién crees que se come la mierda?», dijo con crudeza el rumano semanas después ya en Roland Garros. Por eso había optado por no entregar los trofeos en ese 2013. Todo quedó en manos de Santana.

«Cuando jugaba al hockey con mi club había veinte mil personas que querían matarme. Yo entiendo a este público, paga, se manifiesta, no tengo problema —aseguró Ţiriac—. Si tuviera problema, no hubiera salido el año pasado. Y el año pasado le dejé salir primero a Santana y yo salí treinta segundos después, porque no quería que el público silbara también a Santana».

«Madrid es único. Mira el tiempo acá en Roland Garros. Es triste que en un torneo como este todavía no pueda haber un techo —ironizó el rumano antes de demostrar que seguía siendo el de siempre—. Estoy convencido al cien por cien de que el color azul es mucho mejor que el rojo. Se ve un 30 por ciento mejor. Lástima que los jugadores se confundieron con que la cancha patinaba mucho. Es cierto que no estaba bien. Ahora gastaron más de un millón y medio de euros en hacer todo nuevo. Pero el futuro es azul. No están todos locos en el atletismo o el hockey sobre césped de los Juegos Olímpicos... Son azules».

Ţiriac destacó que Federer, campeón en 2012, no criticara la novedad. «Federer el año pasado no ladró [*sic*] mucho... El agua presionó mucho la tierra, y esta patinaba. Pero no hay que confundirse, la tierra azul no patina. No hay una regla sobre el color en la ATP, porque si no, no se jugaría en tierra verde en Estados Unidos».

Las pelotas fosforescentes también llegarán, añadió, pero los prototipos recibidos no lo convencían. Y entonces volvió a Nadal para demostrar que no dejaría nunca de ser Țiriac: «Yo tengo un respeto enorme por el señor Nadal. No sólo por el jugador Nadal, por la persona, pero el tenis va a continuar después de Nadal y después de Djokovic. Federer es el mejor de todos los tiempos y un gran señor. A Nadal hay que respetarlo por la fuerza que tiene, por desgastarse dos o tres veces más sobre la cancha».

Țiriac estaba agradecido al suizo, que tras ganar la polémica edición de 2012 le dio su apoyo. «"Si patino yo, patina el otro y el otro". Eso me dijo el señor Federer, que es un gran señor y ganó el torneo».

Cambiar el tenis fue siempre una obsesión de Țiriac. «El tenis es muy difícil de cambiar porque hay cinco o seis categorías distintas. Está la ATP, la WTA, los Grand Slam, que son del dios, la Federación Internacional (ITF), las federaciones nacionales. ¿Cómo vas a ir a una mesa y decir: "Hoy la pelota de tenis va a ser un 50 por ciento más grande"? No se puede ya. Pero el juego es impresionantemente rápido. Demasiado rápido. Yo prefería un juego entre Năstase y Santana. La solución es muy fácil: una pelota más grande. Con la pelota más grande se saca menos rápido, se devuelve menos rápido».

Curioso: un par de años más tarde, Nadal diría lo mismo que Țiriac.

«Los jugadores son cada vez más altos, todos los nuevos sacan cada vez más fuerte. Evidentemente, o se le pone solución o será complicado a corto plazo ver grandes puntos», analizó durante el Abierto de Australia 2015.

«La solución es que la gente que hace de este deporte su negocio, o el negocio, tome las medidas que sean necesarias para que el espectáculo siga siendo grande durante muchos años. Yo creo que no es bueno, pero si lo que el espectador quiere es eso, bienvenido... Si lo que hace más grande al deporte es sacar a dos mil, no pensar y jugar al tuntún... Pues bueno, ese es el camino a seguir».

¿Se habrán sentado Nadal y Țiriac alguna vez a hablar sobre tenis? Hasta donde se sabe, esa conversación profunda, larga y sincera no ha existido. Pero el tiempo todo lo cura. Sentado junto al autor de este libro en un banco de madera frente a la tribuna presidencial de Roland Garros, a apenas unos metros de la estatua que homenajea a Nadal en el torneo, Țiriac dice lo que el mallorquín hubiera deseado escuchar cuando tenía diecinueve años. Pero el tiempo había pasado, Nadal ya tenía treinta y seis, y Țiriac estaba hablando bajo el impacto de su notable triunfo sobre Novak Djokovic en los cuartos de final de Roland Garros 2022.

Țiriac hablaba diecisiete años después de haber enfurecido al español con su sarcasmo y agudeza. Aunque el tiempo todo lo cura, conviene dejarlo claro: Țiriac tenía mucha razón al decir lo que dijo en 2005.

Y aviso de *spoiler*: el sarcasmo y la agudeza seguían intactos, no en vano Țiriac hablaría de «Alcatraz», en vez de Alcaraz.

El rumano hablaba ya como exdueño del torneo de Madrid, que había vendido el año anterior a la agencia IMG. Hablaba, entonces, con más libertad aún de lo habitual.

—*¿Por qué vendió el Masters 1000 de Madrid?*

—Porque tengo ochenta y tres años, porque mis hijos no se interesan, porque estoy cansado de luchar cada día contra nuevas reglas que van a meter a los jugadores en mi oficina. No se acuerdan de los tiempos en que, ganando el dobles de Roland Garros, me pagaron cien dólares. Está bien. No debe nunca volver a pasar lo mismo. Pero tampoco puedo aceptar que un jugador como Santana o como [Andrés] Gimeno mueran y no tengan un mango [dinero] de pensión y en la familia estén hechos mierda. Eso no puede suceder. Hay miles de millones en el tenis.

—*¿La ATP debería haber hecho algo?*

—No la ATP: el tenis. La ATP, la WTA, los Grand Slam... De la ITF no hablamos porque se bajaron los pantalones.

—*¿Se bajaron los pantalones?*

—[Resopla] ¿Dónde está el dinero de la ITF?, ¿dónde están los miles de millones por vender la Copa Davis? Se acabó lo más interesante, lo mejor que había en el mundo del tenis, que es la Copa Davis. ¿Por qué? Porque la ITF no tenía plata. Bueno, ponte a trabajar, a hacer algo diferente, algo inteligente, no venderla.

—*¿Le sorprende Nadal, o a estas alturas ya no?*

—Me sorprende por una sola razón. Dos meses lesionado sin jugar al tenis, comienza a jugar tres o cinco días antes de Madrid, desgraciadamente pierde rápido en Madrid, porque Alcatraz, como yo lo llamo, no Alcaraz...

—*¿Por qué Alcatraz?*

—Porque me sale más fácil que Alcaraz, que es una muy buena persona. Futuro número uno. Y espero que sea también un gran personaje, porque el tenis va a necesitar un gran personaje en el lugar de estos tres que se van [...]. Harry Hopman decía que en Wimbledon hay ciento veintiocho jugadores que pueden jugar cinco sets, que veinte, quizá veinticinco pueden jugar otro partido a cinco sets. Pero que el tercer partido a cinco sets lo pueden jugar dos o tres, no más. Y de esos dos o tres sale el campeón. Es cierto que el tiempo de no juego es hoy mucho más que el tiempo que la pelota está en juego. En el partido ante Djokovic, Nadal jugó muy muy bien. Ganarle de esa manera a Djokovic, número uno del mundo... No, Nadal va a ser por siempre el número uno del mundo. No se los puede comparar. Tampoco con Federer, para mí.

—*¿No se puede comparar a Nadal ni con Djokovic ni con Federer? ¿Nadal es superior a los dos?*

—Para mí es un tipo, como persona... Yo no puedo sólo considerar los Grand Slam, cómo pega este golpe, cómo pega el otro... El ser humano que es Nadal... Y, además, no vas a ver nunca, ni en tu vida ni en la vida de tus hijos, a alguien ganar catorce veces un torneo de Grand Slam. O quince. Porque seguro que va a probar el año que viene.

11

Manacor

Que Rafael Nadal tiene una estatua con su efigie en Roland Garros es bien sabido. Menos conocido, en cambio, es que en junio de 2023, en medio de la incierta pausa en la que se preparaba para regresar al tenis en 2024, una imagen suya en tonos bronce fue instalada en medio de la Rafa Nadal Academy.

La academia, con el tenis como núcleo, incluye una residencia para los alumnos y un colegio internacional, con el nombre de Rafa Nadal School. El complejo funciona como gran atracción para gente de todo el mundo que ama el tenis y a Nadal. Y es un gran negocio.

En un día de verano se ven allí a decenas de padres que hablan en muchas lenguas diferentes y siguen las evoluciones de sus pequeños hijos.

¿Alguno de ellos será como Nadal?

La respuesta es evidente: no. Pero con que logren la centésima parte de lo que ha alcanzado el español, la excursión a Manacor, la ciudad sede de la academia, y sobre todo la cuantiosa inversión para entrenar allí a sus hijos, ya habrá valido la pena.

Manacor es la segunda o tercera ciudad en importancia de Mallorca, dependiendo de con quién se hable. Y nadie la ha posicionado mejor en el mapa como Nadal, que vivió casi toda su vida allí, una parte de ella junto a Xisca, su novia y luego esposa, en una imponente casa sobre el mar, construida a medida y entregada en 2022, en las cercanías de Porto Cristo, la «playa» de Manacor.

Desde las ventanas de la casa de Nadal se ve el Great White, el enorme catamarán de 28 metros de eslora, 12 de manga y con un valor de 5,5 millones en el que pasa buena parte de su tiempo libre. La vivienda tiene 370 metros cuadrados, que equivalen a seis o siete apartamentos en el centro de cualquier ciudad hoy. Ahí hay espacio para toda su familia, todos sus amigos y, si quisiera, un par de curiosos. Sin exagerar.

«El yate ocupa el espacio de cinco o seis barcos. Varios propietarios de amarres debieron vender su parte para que Nadal pudiera atracar su yate allí».

La frase es de un vecino de Colonia Sant Jordi, un pueblo sobre el mar que marca uno de los límites de la playa de Es Trenc, unos cinco kilómetros de arena y aguas casi caribeñas que se extienden por el sureste de Mallorca. En el verano de 2023, el de su incierta pausa para regenerar el físico, los bañistas atentos podían avistar el Great White a pocas decenas de metros de la playa.

Que el nombre del catamarán de Nadal remita a un gran tiburón blanco es toda una ironía: el zurdo, que ama pescar, sufre demasiado al nadar en aguas en las que no puede tocar el fondo con los pies. ¿Qué puede haber ahí?, se pregunta. Y prefiere no comprobarlo.

En esos meses del verano de 2023, Nadal se dedicó con placer e intensidad a Rafael júnior, nacido el 8 de octubre de 2022. Ventajas de la pausa obligada en el tenis.

«Está muy pendiente del niño, dicen que es un padrazo. Cuando tenía muy pocos meses les dijo a Joan Forcades, su preparador físico, y a Carlos Moyá, su entrenador, que se tenía que ir media hora antes para ir al pediatra con su mujer», señala un vecino de Porto Cristo, muy conectado con el entorno de los Nadal.

Curiosa imagen, muy del gusto de Toni Nadal, seguramente: el tenis es un deporte extraño en el que el jugador es el jefe de sus entrenadores, a diferencia de lo que sucede, por ejemplo, en el fútbol. Sin ir más lejos, porque es el jugador el que paga el sueldo del entrenador, lo contrata y lo despide. Pero Nadal avisa y pide permiso a Forcades y Moyá para irse al pediatra con su esposa.

Poco después de comprar el Great White, Moyá recibió en la marina de Montecarlo la visita del alemán Nico Rosberg, campeón mundial de Fórmula 1 en 2016.

«Ser arrogante y tener mucha confianza puede ayudarte por un tiempo, pero a largo plazo te quita la posibilidad de trabajar de la manera adecuada», le dijo el tenista al piloto durante el Monaco Yacht Show de 2021.

Rosberg estaba asombrado de la cantidad de televisores que Nadal tiene en el yate, y comparó el diseño con el de su propio barco.

«Sí, esto también lo tenemos en el mío, sí, esto es igual», decía durante el recorrido, hasta que ingresó a una de las cuatro suites del yate y se quedó impactado por la distribución de las camas. «Ah, no, esto yo lo tengo diferente... Y lo de acá se ve, de alguna manera, mejor».

Nadal le explicó que todo fue diseñado junto a su esposa, Xisca, y admitió que un día no le hizo caso al capitán, salió al mar en malas condiciones y dañó parte del barco.

Tras un informal partido de ping-pong en el que, para ganar un punto, Rosberg mintió y le dijo a Nadal que el príncipe Alberto de Mónaco estaba a punto de subir al yate, ambos se sentaron para tener una conversación que comenzó con un acuerdo en tono de broma: «Ganar no es lo más importante, es lo único».

¿Cómo lidias con las dudas?, le preguntó Rosberg.

«Las dudas te permiten trabajar de la manera adecuada. Si no tienes dudas en esta vida, es porque eres demasiado arrogante. En esta vida, la mayoría de las cosas no están cien por cien claras».

Hablaba Rafael, pero bien podía haber sido Toni.

Fue entonces cuando el alemán se atrevió con una comparación siempre sensible para Nadal: «Si te fijas en Djokovic, probablemente no esté en el lado de los sensibles».

«Él es más una máquina en términos de mentalidad, pero estoy seguro de que también tiene sus dudas —respondió Nadal antes de rematar con una frase muy propia de él—: No hay un solo modo de llegar al éxito o de cumplir tus sueños».

¿Cuál es el símbolo de Rafael Nadal? Los cuernos de un toro. Están en sus zapatillas, sus camisetas, en toda la línea de ropa que Nike renueva temporada tras temporada o torneo tras torneo.

¿Qué hizo a finales de 2014 Manacor, la ciudad natal de Nadal? Prohibir las corridas de toros. Mallorca, como España, es una sociedad compleja, a veces difícil de entender para el que la ve desde fuera. Los españoles discuten desde hace décadas sobre si son españoles, qué es ser español y cómo comportarse con aquellos que, siendo españoles, no se sienten como tales.

En ese contexto, la imagen del toro está asociada como pocas cosas a una cierta españolidad, a españoles que no dudan de que lo son, aunque eso no deje de ser trazo grueso: muchos que se sienten absolutamente españoles no irían jamás a una corrida de toros. Al revés, en cambio, es más sencillo: la mayoría de aquellos que rechazan ser español siente profunda alergia por los toros. Barcelona, convulsionada desde hace años por el debate independentista catalán, prohibió en 2010 las corridas de toros. El sueño de muchos mallorquines fue, durante años, que en la isla sucediera lo mismo.

Ser español pero no sentirse español: sucede en Cataluña, en el País Vasco, en Galicia, en las Islas Baleares y en otros puntos de España. Y en Manacor, claro. Allí, muchos están emocionalmente mucho más ligados a lo catalán que a lo español-castellano. Su bandera es otra. Nadal habla catalán como lengua materna —o más bien una de sus variantes, el mallorquín, en su subvariante manacorí, más cerrada aún— y es ajeno a ese debate, porque siempre dejó claro que se siente español. Lo mismo sucede con su tío Toni, que se comunica en mallorquín en su vida diaria en la isla y es un gran defensor de la lengua catalana. Tan defensor de ella como de la certeza de que Cataluña, Mallorca y el resto de los territorios forman parte de España.

Si hubiera alguna duda, basta con ver la bandera rojigualda en las zapatillas de Nadal, orgullosa junto a la cornamenta del toro. Su rotunda españolidad es chocante para muchos en Manacor, que no comparten ese sentimiento y preferirían un ídolo menos comprometido con esa bandera que prefieren ver lejos. Claro, también hay otros muchos que conectan con Nadal precisamente por esa españolidad sin dobleces.

Españoles o antiespañoles, lo cierto es que los habitantes de Manacor conviven con Nadal con total naturalidad. El tenista no puede vivir sin volver una y otra vez a su ciudad, que no existiría como referencia de no ser por él. Lo dice Toni Pastor, que fue alcalde de la ciudad balear durante doce años, entre 2003 y 2015: «Manacor le estará eternamente agradecido porque su nombre ha dado un antes y un después a la vida aquí».

Pastor habla en un despacho en penumbras, el suyo, en un edificio sin mayores pretensiones en el que funciona el Ayuntamiento de la ciudad. Lo más destacado está en la fachada. «Manacor te agradece», dice el gigantesco cartel que cubre buena parte del edificio con cuatro fotos de Nadal mordiendo trofeos en Australia, Roland Garros, Wimbledon y el US Open.

Cómo no agradecerle... La carrera de Nadal puso en los medios de comunicación de todo el mundo el nombre de Manacor y el gentilicio manacorí. También a Mallorca, claro, pero la necesidad de promoción de la isla es infinitamente menor a la de la ciudad natal, si acaso conocida antes de Nadal por su tradicional negocio de venta de perlas y por las cercanas playas de Porto Cristo.

Manacor, manacorí. De Estados Unidos a China, de Alemania a Brasil, pasando por Japón, Australia y doscientos países más. ¿Cómo se mide eso, cuánto habría costado semejante campaña?

Pastor, que era el alcalde en los inicios de la carrera de Nadal, niega con la cabeza. «No se sabe, es incalculable. Y de haberlo querido hacer, no se habría podido: llegar a todos los rincones del mundo sólo es posible gracias al nombre de Rafa [...] Los que más dificultad tenemos para valorar y sobre todo entender la gran importancia que tiene el fenómeno Nadal para Manacor somos nosotros, porque muchas veces no nos damos cuenta de la importancia que tiene en el mundo Rafael Nadal. Yo, que he tenido la oportunidad de acompañarlo en algunos torneos, vi que, gracias a él, el nombre de Manacor es conocido en prácticamente todo el mundo. Porque él no es sólo una persona que es de aquí, sino que presume de ser de aquí. Cuando él tiene un momento de descanso en su ajetreada vida profesional viene a disfrutarlo aquí. Para Manacor es un fenómeno irrepetible, somos la envidia de muchas ciudades del mundo».

Es muy cierto que la influencia de Nadal en Manacor es inmensamente superior a la que un personaje de su volumen generaría en, por ejemplo, Barcelona. La modesta ciudad mallorquina nunca tuvo algo tan grande como el genio de la raqueta. Y, todos allí lo saben, nunca volverá a tenerlo.

«Manacor le estará eternamente agradecida: hay un antes y un después de Nadal en la vida de la ciudad», insiste Pastor. Nadal es un imán para aquellos que, desde el sur de la isla, van en busca de las playas del norte o el este. A la entrada de la ciudad se encontrarán con un cartel de venta de perlas en castellano... y en ruso. Los turistas de la antigua Unión Soviética dejan cada vez más dinero en Mallorca. También lo hacen los árabes y los chinos.

No hay mucho para ver en Manacor, una ciudad de casas bajas, ritmo apacible y aspecto taciturno. La iglesia principal, en el centro de la ciudad, es uno de los puntos obligados de visita, pero no sólo por el templo: a unos pocos metros está la casa de los Nadal, una construcción de cuatro pisos en la que hace años que no vive el tenista, pero sí buena parte de la familia.

«Cada día se para gente en el Club de Tenis Manacor o en el Centro de Tecnificación buscando una foto de la pista donde juega Nadal. Mucha gente viene a la oficina de información turística y pregunta dónde vive Nadal, dónde entrena», explica Pastor. «Es normal, venir a Manacor y no ver dónde entrena Nadal...», añade el alcalde, que tuvo una breve y modesta carrera como futbolista y llegó a coincidir con Miguel Ángel Nadal, el tío de Rafael, en el Mallorca.

El Club de Tenis Manacor perdió atracción en los últimos años, porque cualquier visitante quiere saber dónde está «la academia de Nadal». Y hacia allí, un sitio a mitad de camino entre Manacor y Porto Cristo, enfilan.

Los Nadal impregnan Manacor como ninguna otra familia. Lo hizo por décadas Rafael Nadal Nadal —sí, sus dos apellidos son iguales—, el abuelo que durante cuarenta y un años fue director de la banda de música de la ciudad y al que Pastor definió como «un verdadero personaje». Cuando se le preguntaba por sus profesiones a lo largo de la vida, Nadal Nadal enumeraba: «Maestro de escuela, procurador de los tribunales, gestor administrativo y durante cuarenta y un años director de la Banda de Música de Manacor».

Nadal Nadal, nacido en diciembre de 1929 y muerto a los ochenta y cinco años en septiembre de 2015, tenía opiniones fuertes, algo que heredaron sus hijos y su nieto más famoso. El *Diario de Mallorca* le preguntó por las razones de que ninguno de sus cinco hijos heredara su pasión por la música.

«Marilén tuvo un poco. Fue a violín hasta tercer curso, en la Escola de Música, y no daba la talla...». Jubilado a los sesenta y cinco años, a Nadal Nadal le rondaba una idea: «Un día podría publicar un libro sobre la mediocridad política de este país. Diría muchas verdades». ¿Se entiende ahora de dónde sale Toni Nadal?

La revista *Manacor Comarcal* le dedicó en 2012 un pequeño libro titulado *Maestro Rafael Nadal. Leyenda viva con sesenta y cinco años de realizaciones musicales*. El exdirector de orquesta veía otros matices.

«No es que me lo dedicara, es que *Manacor Comarcal*, por lo visto, hizo una tirada de cuatro mil para promocionar la revista, no para promocionarme a mí —aclaró riendo—. En realidad este libro no contiene ni una cuarta parte de lo que he conseguido en mi trayectoria».

Antes de que Nadal marcara a raquetazos la vida del pueblo y antes de que la globalización cambiara tantas cosas en tantas partes, la vida en Manacor era relativamente clara: el hombre era carpintero y la mujer, perlera. La economía local se basaba en talleres artesanos con dos o tres personas que elaboraban muebles a medida. Un ejemplo es el de los Parera, la familia materna de Rafael Nadal, que venían del ramo de los muebles.

Pero las cosas fueron variando en Manacor, al igual que en el resto de una isla que vive básicamente del turismo.

«Los muebles vienen ahora de China, y el negocio de las perlas bajó —explica Ricard, un manacorí de toda la vida que se dedica, cómo no, al turismo—. En los buenos tiempos, los matrimonios del carpintero y la perlera podían vivir holgadamente y ahorrar. Tanto que muchísimas familias eran dueñas de una casa en Manacor, otra de fin de semana en el campo, a seis kilómetros de la ciudad, y una tercera en Porto Cristo, a doce kilómetros, la casa de la playa, la del verano».

Algo de eso se advierte cuando se pregunta por una dirección o se pide una indicación de cómo llegar a determinado sitio dentro de la ciudad. Caminar quinientos metros es, para la mayoría de sus habitantes, impensable. Optan por usar el coche, aunque luego no tengan dónde aparcarlo.

«Una familia de cuatro personas tiene cinco coches», explica Ricard, que hablaba precisamente en la semana en que la revista *Forbes* daba a conocer su ranking anual de millonarios: Nadal figuraba en ese 2014 como el deportista más acaudalado de España y el noveno del mundo. Según la revista, una «biblia» de las grandes fortunas, el patrimonio de Nadal oscilaba ese año entre los ciento cincuenta y los doscientos millones de euros. Una década más tarde, la cifra se había triplicado, porque las ganancias en el tenis habían sido bien invertidas: los dólares y euros obtenidos a raquetazos hacían nacer más dólares y más euros.

Al «dueño» de Roland Garros le gusta involucrarse en su pueblo. De ese modo, donó ciento cincuenta mil euros para equipar al Auditorio de Manacor. La otra mitad la aportó el Ayuntamiento.

«Es una pequeña manera de devolver algo a Manacor», dijo Nadal en un acto en marzo de 2012. Lo acompañaba su abuelo, que vetó la idea que circuló de bautizar el auditorio con su nombre. «Estoy muy contento de ayudar, sobre todo en momentos complicados», añadió el tenista con la debacle económica española bien presente.

Mats Wilander dijo en 2014 que veía a Nadal y Federer jugando «cinco o seis años más». El suizo se retiraría así al borde de los cuarenta y Nadal en torno a los treinta y tres o treinta y cuatro. El extenista sueco no acertó, pero alguna vez la carrera del mayor deportista español de todos los tiempos llegará a su fin.

«¿Lo ve de alcalde de Manacor?». Pastor sonríe y no duda al responder: «No lo creo... Lo veo muy inteligente». Nadal no necesita ser alcalde para ser el hombre más poderoso de la ciudad, seguramente de la isla. Es algo evidente. Otra cosa es que el jugador no sea la clase de persona a la que le gusta hacer notar ese poder.

La ciudad tiene ya un Polideportivo Miguel Ángel Nadal en homenaje al exjugador del Mallorca, Barcelona y la selección española, tío del tenista. Pero la instalación no tiene comparación con la Rafa Nadal Academy, que en sus orígenes se pensó en llamarlo Centro Internacional de Tenis Rafael Nadal.

«Estoy convencido de que será un referente mundial y que también habrá un antes y un después. Ese centro de tecnificación, al que creo que le dedicará gran parte de su tiempo, es un proyecto muy interesante, con escuela internacional, instalaciones médicas, pistas de entrenamientos. Yo creo que Nadal seguirá viviendo en Manacor y dedicando parte de su tiempo a Manacor. Solamente con su presencia ya nos beneficia». Tanto era el entusiasmo de Pastor en 2014 que creía que el nuevo centro pondría a Manacor «definitivamente en el mapa de instalaciones deportivas de primer orden a nivel mundial».

En febrero de 2008, el alcalde veía las cosas de manera bastante diferente. «Tenemos mucha preocupación por la posibilidad de que Rafa abandone el proyecto», dijo en el Club de Tenis Manacor, donde en aquellos días el jugador lanzaba la Fundación Rafael Nadal. A unos metros, Carlos Costa, el representante de Nadal, potenciaba el mensaje: «Están en deuda con Rafa Nadal».

De forma casual, aunque perfectamente calculada, el alcalde y el representante buscaban ganarse a la prensa invitada para impulsar la causa de Nadal y el Ayuntamiento, que no dejaba de ser un negocio.

La historia tenía un componente político insoslayable: Costa firmó a finales de 2004 un acuerdo con el Gobierno balear de Jaume Matas, del conservador PP, pero las elecciones de 2007 determinaron el regreso al poder del anterior presidente, Francesc Antich, del PSOE. Pastor, alcalde de Manacor desde 2003, había llegado al cargo en las listas del PP.

Costa dijo estar convencido de que el nuevo Gobierno pondría fin al acuerdo. Según los asesores del jugador, el acuerdo comprometía a tres partes: la ciudad de Manacor cedía los terrenos, el Gobierno balear financiaba los diecisiete millones de euros que se calculaba que costaría el proyecto y Nadal aportaría asesoramiento general y determinaría el diseño de las instalaciones. Según Costa, Nadal no cobraría un euro por su colaboración en el proyecto, pero necesitaba sentirse identificado con él. En esos años, si llovía en Mallorca, Nadal no tenía dónde entrenar.

«Todo esto se remonta a finales de 2004, tras la Copa Davis ganada en Sevilla. Hablé con el Gobierno balear y les dije que no había instalaciones adecuadas para que Nadal, que se encamina al número uno, se entrenara en las islas —recordó Costa—. Me pidieron entonces la presencia de Nadal en determinados eventos para aprovecharlo como símbolo de las Baleares.

"¿Queréis utilizar su imagen?", les dije. Hagamos entonces un intercambio. Y acordamos la construcción del centro de tenis».

Así fue: cualquier visitante que llegara por aquellos años a Baleares, incluso a la pequeña Formentera, se encontraba con una imagen de Nadal a tamaño natural dándole la bienvenida.

El interregno socialista al frente del Gobierno balear frenó el proyecto. «Hace ocho meses que le pido una reunión al presidente Antich y no me atiende, no atiende al alcalde de la segunda ciudad de la isla», se quejaba Pastor por aquel entonces. «No veo gran interés en el Gobierno por la imagen de Rafa. Sí se privilegia en cambio a Paco de Lucía...», añadió en tono irónico acerca del guitarrista andaluz, una referencia mundial de la música española, que moriría seis años después.

Pastor siguió presionando: «Tengo la obligación de pensar que la persona de Rafa está muy por encima de las cuestiones políticas. Pero este Gobierno está formado por seis partidos, y cada consejería hace lo que le parece. Ahora esto está en peligro, y creo que Rafa está sorprendido, porque ofertas como esta, para hacer un gran centro de tenis con su nombre, las tiene de muchos otros».

Seis años más tarde el Centro Internacional de Tenis seguía sin estar listo, aunque a finales de 2014 el propio Nadal inauguró el inicio de las obras. Tiempo antes había abierto las puertas un «embrión», el Centro de Tenis y Paddle, con Toni Nadal como asesor deportivo, y un íntimo amigo del jugador, Tomeu Salvá, también tenista, en el puesto de director deportivo.

Para ese entonces, algunas cosas ya no eran como en 2008. Antich había dejado el Gobierno y Matas había sido condenado a prisión por uno de los múltiples casos de corrupción que son primera plana a diario en la isla. Pastor, por su parte, ya no estaba en el PP. Demasiada política para Manacor, un pueblo grande que alcanza con lo justo la definición de «ciudad».

«Algunos lo definen como ciudad, a mí me gusta decir que es una ciudad porque ya tiene cuarenta y tres mil habitantes y es la segunda en extensión de la isla de Mallorca —explicó Pastor en 2014—. Pero tiene sentimiento de pueblo, toda la gente se conoce, lo que le permite a Rafael Nadal vivir aquí prácticamente desapercibido, porque la gente no lo molesta, lo considera como uno más».

El «Manacor vip» no existe, y, si existiera, Nadal no se movería por él. No es lo que le gusta.

Antes de convertirse en esposo y padre, cuando estaba en su ciudad, el hombre que marcó una era en el tenis prefería estar con sus amigos de toda la vida. Uno de ellos es Tomeu Artigues, al que Nadal derrotó en infinidad de finales en sus épocas de infantil y juvenil. «Estoy hasta la polla de trofeos», dijo Artigues un día ante la acumulación de copas de finalista en su habitación.

¿Los tiró? No. Se deshizo de lo más aparatoso y se quedó sólo con las placas con la leyenda «segundo clasificado». Con ellas armó unos cuadros: el recuerdo seguía ahí, pero ocupaba mucho menos espacio.

Artigues, Salvá, Nadal y Joan Suasi, otro de los amigos íntimos del tenista, fueron jóvenes de costumbres nada extrañas: torneos de fútbol en la playa, paseos en barco —privilegio de aquellos que crecen junto al mar— y, en las noches, dos lugares infaltables: Cubic, hasta las tres de la madrugada, y Bauxa, un sótano en el centro de la ciudad en el que las noches se estiran hasta el amanecer.

Todos los veranos, Nadal invitaba a sus amigos a unos días de vacaciones. No le gusta ser estrella, y con ellos es cuando más cercano se siente a sus orígenes, al Rafel de Manacor. Con la aparición del Great White, esas vacaciones subieron en nivel y espectacularidad.

¿Y María Francisca Perelló? La novia y luego esposa de Nadal, a la que todos llaman Xisca, pero a la que el tenista llama Mery, marcando la «e», es un canto a la discreción.

Durante años fue mucho más habitual verla recorriendo junto a su madre el «paseo del colesterol» en Manacor que disfrutando en las grandes ciudades del mundo de la fama y el dinero de su novio.

El «paseo del colesterol» es el nombre irónico que los manacoríes le dedicaron al anillo que circunda la ciudad, un paseo que María Francisca, con gorra de Nike para protegerse del sol, desandaba habitualmente junto a su madre, llamada también María. Todo cambió una vez que se casó, fue madre y se mudó a la mansión de Porto Cristo.

Licenciada en Administración y Dirección de Empresas, Xisca fue durante años perfectamente capaz de llevar una vida independiente de la de la estrella del tenis cuando ambos coincidían en Manacor. De tanto en tanto viajaba a los torneos para estar junto a su novio, al que acompaña habitualmente en las grandes finales. Allí se la veía junto a Ana María, su hoy suegra, y María Isabel, hermana de su pareja. Todas cumplían con el «protocolo» nadaliano: una fila para los hombres, la delantera, y otra para las mujeres, la posterior. Si las cantidades dispares obligan a combinar géneros, Sebastián, el padre del jugador, se sentaba junto a su esposa.

La división hombres-mujeres no es en la isla una exclusividad de los Nadal, aunque la practiquen con convicción: en Sa Punta, el restaurante de la familia Nadal en Cala Bona, en la zona de Porto Cristo, se suele comer en mesas para hombres y mesas para mujeres.

Sebastián Nadal, infinitamente menos extrovertido que su hermano Toni, es sin embargo la otra gran clave del «imperio» familiar. Nadie le puede negar su olfato y capacidad para los negocios, ya desde mucho tiempo antes de que su hijo comenzara a generar millones a espuertas. En Manacor es mito —y en cierta forma orgullo— una historia que habla de las capacidades de los Nadal a la hora de negociar por millones.

Miguel Ángel, poderoso defensa central, no estaba satisfecho con lo que en 1997 le ofrecía José Luis Núñez, por entonces presidente del Barcelona, por renovar su contrato. Fue así que su hermano hizo que el teléfono del futbolista sonara en plena reunión con Núñez. ¿Quién estaba del otro lado? Lorenzo Sanz, por entonces presidente del Real Madrid. Miguel Ángel Nadal lo saludó diciendo con claridad su nombre y Núñez entendió el mensaje. La renovación, con cifras muy superiores a las planteadas inicialmente por el club, se firmó días después.

Sebastián Nadal no necesitaba a su hijo para ser millonario. Lo era ya desde mucho tiempo antes gracias a Vidres Mallorca, una empresa dedicada a la construcción de ventanas y que se reparte al 50 por ciento con su hermano Toni. En parte, allí reside la razón de algo que Toni Nadal siempre dice cuando surge el tema: su sobrino no le paga un sueldo, y tampoco querría que lo hiciera, porque no aceptaría tenerlo como su jefe.

Toni, claro, no trabajó gratis: no le pagaba su sobrino, le pagaba la empresa, a la que los éxitos de Miguel Ángel Nadal como futbolista y el consecuente crecimiento económico ayudaron a potenciar. Otra de las claves para que los negocios de los Nadal se consolidaran fue ganar la exclusividad en la comercialización de Climalit, un doble acristalamiento muy apreciado por las legiones de alemanes que residen en la isla.

Los negocios llegan a los Nadal sin que los busquen. Sólo un ejemplo que podría multiplicarse por decenas: tres hermanas mallorquinas, Encarna, Lidia e Isabel Piñero, dueñas de un grupo que cuenta con grandes hoteles en España y el Caribe, decidieron regalarle al tenista una casa al borde del mar en La Romana, República Dominicana. La mansión, construida especialmente para Nadal, tiene un costo estimado de setecientos mil dólares.

De ese negocio se hablaba en 2012 en Jimmy'z, uno de los clubes nocturnos más concurridos de Montecarlo, en el que una botella pequeña de cerveza cuesta treinta y cinco dólares. Las hermanas Piñero explicaban cómo le habían «regalado» a Nadal la casa. No era exactamente un regalo, sino el pago por utilizar su imagen como promoción para un complejo que busca atraer a otros ricos y famosos. En la misma mesa poblada de vasos de vodka, Red Bull y jugo de arándanos, estaba sentado el ideólogo de la campaña de un ron que Nadal promociona invitando a beber responsablemente.

Todos felices, porque la de Nadal es una de las mejores imágenes a las que se pueda asociar hoy cualquier marca. Feliz también Nadal, que ama el mar. Por eso invirtió en su momento en un lujoso hotel en la isla mexicana de Cozumel, por eso vive sobre un acantilado que mira al Mediterráneo y a Porto Cristo, por eso se compró un catamarán. Sin el mar, Nadal sería menos Nadal.

Un Nadal con tentáculos de alcance asombroso en los negocios, que, más allá de la academia, van desde el inmobiliario y hotelero al ocio, pasando por el turismo, el sector audiovisual y las energías renovables.

Negocios con las familias Escarrer y Matutes, dos emporios hoteleros con origen en las Baleares. Promociones inmobiliarias de lujo en Madrid, Portugal, Marbella y Los Ángeles, así como en un edificio de superlujo que data de 1899 y está ubicado, según *El País*, en la Plaza de la Villa de París, uno de los sitios más caros de Madrid.

Los Nadal manejan sus negocios a través de una decena de sociedades y así invierten en asuntos tan diversos como el festival de música Mad Cool, la serie de Netflix *Yo soy Georgina*, que escruta la vida de la novia de Cristiano Ronaldo, o *La marquesa*, con eje en Tamara Falcó.

Como buen madridista, Nadal también comparte negocios con Cristiano: la cadena de restaurantes Tatel.

Una cadena de restaurantes italianos, Totó, y decenas de proyectos más: a Nadal no le faltan negocios ni ofertas. Se trata, nada más y nada menos, que de hacer rendir y multiplicar los 130 millones de dólares largos que ganó en premios oficiales en más de dos décadas compitiendo en todo el mundo.

12

Dopaje

—Rafa, ¿por qué no te dopás?

Diciembre de 2006 se escurría, Nadal tenía veinte años y venía de una nueva temporada para el recuerdo, con el segundo título de Roland Garros y la final de Wimbledon como hitos. El número dos del mundo captó sin dificultades el sentido de la pregunta. Le llegó en «argentino», con tilde en la «a», en aquel salón vacío de Sa Punta, el restaurante familiar en Porto Cristo, uno de los tantos rincones mágicos de la isla de Mallorca. No se le estaba proponiendo una transgresión, se le estaba preguntando por lo opuesto, por algo más profundo, por su filosofía de cara al dopaje.

—*¿Por qué no te dopás?*

—Porque yo no entiendo el deporte de esa manera —respondió con absoluta convicción—. El deporte es competir dando lo mejor que uno tiene, no lo que uno no tiene.

El razonamiento, impecable, saldría de los labios de Nadal incontables veces a lo largo de una carrera en la que siempre hubo un porcentaje de aficionados y periodistas que sospecharon de su exuberancia física.

Las sospechas son libres, pero el dato concreto es que a muy pocos tenistas se les sometió a más controles antidopaje que a Nadal. Y nunca se dio a conocer un positivo.

No le fue suficiente, porque no se recuerda artículo periodístico serio en el que se haya siquiera insinuado que Roger Federer recurriera a ayudas prohibidas, mientras que Nadal, básicamente en los primeros cinco o seis años de su carrera, leyó y escuchó su nombre decenas de veces en textos con insinuaciones más o menos claras. Ya era así en 2006. En aquella conversación franca en Porto Cristo, Nadal dejó claro su hartazgo por las insinuaciones en torno a la operación Puerto. Tras ese curioso nombre había un operativo policial que reveló una amplia trama de dopaje en España. La operación Puerto comenzó prometiendo mucho y terminó dando bastante menos, con el ciclismo quejándose de haber sido la única disciplina con deportistas sancionados.

Eufemiano Fuentes, el médico canario que manejaba el suministro de dopaje a los deportistas involucrados, insinuaba en conversaciones privadas que había también futbolistas y tenistas implicados, e incluso lo dijo con todas las letras en una entrevista con el diario francés *Le Monde*.

La sola mención del tema incomodaba a Nadal. Mucho. Ante la pregunta sobre Fuentes y *Le Monde*, el español reaccionó como suele hacer cuando prefiere no hablar de algo: negó estar al tanto.

—No, no escuché nada, no escuché nada.
—*¿Nada?*
—No.
—*¿Nada?*
—No.

Y entonces se soltó. «La verdad es que no me preocupan mucho todas estas cosas, y ya está comprobado que son poco creíbles todas las cosas que salen en ese periódico».

Con «ese periódico» Nadal se refería a lo publicado por *Le Journal du Dimanche* en mayo de 2006. El periódico francés relacionó al español con el dopaje sin aportar más que comentarios anónimos de otros jugadores.

Aquello también ayudó a que los Nadal se convencieran de que en Francia no se los quería. Tan diferente a lo que habrán pensado en aquella madrugada de junio de 2022 en la que Nadal fue ovacionado por el Philippe Chatrier al derrotar a Novak Djokovic.

«Da igual. Cuando salen cosas así sin pruebas son siempre estúpidas. Lo mejor es no meterse, ignorarlos es lo mejor que uno puede hacer, hay que ser conscientes de que si alguno de estos que escriben, que son tan listos y saben todo..., estuvieran en el circuito y supieran cómo funcionan las cosas, sabrían que no pueden escribir eso. El sábado, a las nueve de la mañana, me buscaron en mi casa para un control antidopaje. Aquí, en mi casa. Nueve de la mañana».

Lo que Nadal presentaba casi como un allanamiento de morada, como algo cercano a lo inconcebible, en realidad forma parte del trabajo de cualquier deportista de élite: hay controles, todos están obligados a someterse a ellos y los controladores pueden aparecer por sorpresa. Es así, no hay atajos.

Pero con la frescura de sus veinte años, Nadal veía las cosas de otra manera: ¿cómo se les ocurre aparecer en la casa familiar de Manacor en la mañana de un sábado?

«Mi madre me llamó y me dijo: "Están aquí abajo los del dopaje". " Vale, que suban", dije yo. Me vino bien, porque me terminaba de levantar, y cuando uno se termina de levantar le es más fácil ir al baño...», recordó con naturalidad. Era el decimosexto control al que se sometía en aquella temporada. Un tercio de ellos fueron también de sangre.

Las jeringas, admitió Nadal, no son precisamente algo que le agrade. «Ahora ya me he acostumbrado —dijo riendo—, porque me he hecho bastantes análisis. Pero antes alguna vez me mareaba, una vez me desmayé, porque no me gusta nada la sangre».

Los años posteriores lo obligarían a acostumbrarse a jeringas y a procedimientos quizá más duros aún. Pero por aquel entonces sólo los pinchazos molestaban.

Lo que más fastidiaba —y fastidia— al zurdo es ser vigilado y seguido a cada paso cuando se le realiza un test de dopaje, aunque con el tiempo aprendiera que es un aspecto fundamental para la seriedad y validez de cualquier control, incluso algo beneficioso para él.

«Cuando has firmado el papel te siguen hasta que vas al baño, te miran. Te vas a duchar y tienes que ducharte con la cortina abierta. Increíble, cosas que son de juzgado. [Sucede] en el circuito, pero en mi casa también. Una vez que firmas estás controlado, por si cambiases, no sé...».

Ya lanzado, Nadal dejó una reflexión que su entorno lamentó que hiciera pública: «Es que es una cosa... Nos tratan como delincuentes, y es una cosa a tener en cuenta, porque no veo que los políticos pasen controles antidopaje ni nada de todo eso. ¿Y por qué los deportistas sí?».

Someter al antidopaje a los políticos es una de esas típicas ideas que se lanzan al vuelo en un debate acalorado entre amigos o en la sobremesa familiar, pero nadie espera que salga de los labios de uno de los deportistas más famosos del mundo. Al fin y al cabo, él y su familia también estaban acostumbrados a tratar con políticos en España y al nivel más alto.

Pero la reflexión era oportuna. Por un lado, millones de españoles la apoyarían sin la más mínima duda. Por el otro, en aquel diciembre de 2006 circulaba la historia del programa satírico italiano *Le Hiene*, que había realizado controles involuntarios a unos cincuenta parlamentarios. En varios de ellos detectó rastros de consumo de cannabis, e incluso de cocaína.

Nadal abrió los ojos asombrado al escuchar sobre la experiencia italiana. Se sintió, quizá, reivindicado. «Bueno, pues a lo mejor tendría que haber más. Porque no puede ser que nos traten como delincuentes, no me parece correcto. No sé cómo los deportistas lo permitimos». Estaría bien «hacer algo», añadió.

«Yo estoy dispuesto, por todo lo que nos hacen pasar. Porque nos tratan como delincuentes, me parece patético que [el argentino Guillermo] Cañas fuese al US Open [2005] y no le dejaran pasar. ¿Por qué? ¿Porque ha matado a alguien, ha violado a alguien? A lo mejor se tomó una aspirina que no sabía que no podía tomar. Y entonces ¿esto qué es?».

Con el tiempo, las declaraciones públicas de Nadal insistiendo en su molestia por el sistema de controles antidopaje se harían habituales. El asunto formó también parte de sus reivindicaciones en los años en que formó parte del consejo de jugadores de la ATP. Sin éxito, como era previsible.

Tras blanquear su indignación con «los políticos», Nadal dio un par de pasos atrás. «A mí me da igual, yo simplemente soy un deportista más. Acepto los controles antidopaje, pero me parecen exagerados». Su intención, dijo, era sólo dejar claro lo que «no está bien».

«Hace dos años venía de perder en Australia un partido a cinco sets con [Lleyton] Hewitt, un partido que tuve muchas opciones de ganar. Y en el pasillo, apenas salgo de la puerta me dan el papelito para que les firmase para el control. Y no les firmé, ¡no les firmé! Te siguen a todos lados. Me parece que hay que ser un poco listos, usar la cabeza, esperar diez minutos a que salga del vestuario y me tranquilice un poco».

Tranquilizarse al hablar es clave para un personaje público, y con el tiempo Nadal fue aprendiendo que no se puede opinar sobre un tema tan delicado como el del dopaje sin ser preciso y cuidadoso. Lo que se debate en la intimidad familiar, acaloradamente, al tratarse de los Nadal, no puede trasladarse sin filtro a la esfera pública. Lo que no significó, claro, que el asunto quedara fuera de la agenda. Obsesionado con el tema, el entorno de Nadal llegó a grabar a los controladores para documentar cómo irrumpían en el hogar. De tanto en tanto, jugadores, entrenadores y allegados veían el vídeo que los indignados Nadal mostraban en su ordenador portátil en torneos de todo el mundo.

Meses después de aquella entrevista en Manacor, una foto

impactó a aficionados, rivales y periodistas. Era enero de 2008 y una imagen de Nadal durante uno de los entrenamientos previos al Abierto de Australia daba la vuelta al mundo.

Si el increíble Hulk jugara al tenis, cualquiera hubiera dicho que en esos días se había reencarnado en el mallorquín. Sólo le faltaba ser verde. Como se sabe, las fotos son instantes, no la verdad absoluta, pero lo cierto es que la instantánea sacudió a muchos y asustó al «clan Nadal», consciente de que esos músculos sin límites, ese dorsal gigantesco y esa mirada fiera en un rostro pétreo instantes antes de pegar un revés excitaría las mentes de aquellos que siempre insistieron en que el físico del español no era normal, en que allí había ayudas externas.

Paul Crock, australiano, es fotógrafo de la agencia francesa AFP y el autor de aquella impactante imagen. Recuerda bien el momento. «Fue uno de esos días realmente calurosos que hay en el Abierto de Australia y Rafa estaba en una de las canchas traseras entrenándose sin camiseta. Tomé esa y otras imágenes y eso fue todo».

Crock fotografiaba tenistas en Australia desde hacía una década, lo que le permitió seguir la evolución de Nadal. «Era un muchacho grandote por entonces, ahora está más delgado». El «ángulo de la foto influyó mucho» para el resultado, admite el fotógrafo. «Esto es simple y llanamente lo que hacemos, sacamos fotos de las sesiones de entrenamiento. Aquella era una sesión abierta, pero no había mucha gente».

El tiempo pasó y fotos como aquella dejaron de ser posibles, porque el físico de Nadal se afinó, tal como Ion Țiriac le había sugerido en 2005 que debía hacer. No es lo mismo el cuerpo de un deportista a los veinte que el de quien se acerca a los treinta, aunque el jugador negara año tras año que hubiera perdido peso o que su musculatura se hubiera moderado. Y también se impuso una medida tan sencilla como práctica: basta de entrenarse en público sin camiseta.

Hay un extenista que en sus años como jugador no generaba precisamente simpatía entre sus colegas: Christophe Rochus. A finales de 2010, el belga habló sin reparos sobre dopaje en una entrevista con el diario de su país *La Derniere Heure*. Se dijo «harto» de la «hipocresía» en el tenis y aseguró que no vería con malos ojos la legalización del dopaje en su deporte. «Hay mucha trampa, lo que sucede es que la gente no le gusta hablar de ello —aseguró—. Me gustaría terminar con esa simulación, la hipocresía es exasperante».

Rochus, hoy retirado, llegó a ser número 38 del ranking mundial en 2006. Nunca ganó un título, pero jugó dos finales, se midió dos veces a Nadal y perdió en ambas. La primera, en Australia 2009, terminó con un 6-0, 6-2 y 6-2. La segunda, tres meses más tarde en Barcelona, fue 6-2 y 6-0 para el español.

Está claro que Nadal no le genera buenos recuerdos a Rochus, que cada vez que se decide a hablar con la prensa de su país echa un manto de sospecha sobre todo el tenis. «He visto cosas, como todos —dijo a *La Derniere Heure* sin dar más detalles, y añadió—: Para mí es inconcebible jugar cinco horas bajo el sol y regresar al día siguiente como un conejo. Recuerdo un partido de un jugador cuyo nombre no diré. Gané el primer set fácilmente, él se fue al vestuario y volvió metamorfoseado. Se puso en ventaja de 5-3 en el segundo set, y cuando igualé en cinco... su nariz comenzó a sangrar. Me dije que todo eso era muy extraño».

Dos años más tarde, Rochus volvió sobre el asunto en una entrevista con otro periódico de su país, *La Libre Belgique*. Hablaba en los días de la confesión de dopaje del ciclista Lance Armstrong.

«¿Es el doping una realidad en el tenis?», le preguntó el periodista. «Claro que es una realidad —respondió contundente Rochus—. Es un deporte que se volvió más y más físico, así que hay inevitablemente más tentaciones para consumir sustancias que mejoren el rendimiento. Y ahora, con el tema Armstrong, tenemos que admitir que el hecho de que alguien no haya dado nunca positivo no significa que esa persona no se haya dopado. Cuando uno puede permitirse buenos médicos para hacer controles personales, se puede consumir sustancias indetectables. Así que, en mi opinión, los controles antidopaje son inútiles y no prueban realmente nada. En cuanto a Nadal, los rumores son rumores, aunque todos se hagan la misma pregunta: ¿cómo puedes ser tan fuerte en Roland Garros y, un mes más tarde, no estar aparentemente en condiciones de jugar. Por eso es tan sospechoso, pese a que no tengamos ninguna prueba. Quizá realmente esté lesionado».

El periodista recoge el guante y profundiza en el tema: «Hay que admitir que todas esas pausas de Nadal y de otros son realmente intrigantes...». Y Rochus avanza con gusto: «¡Esa es la idea! ¡Que no sea obvio! Todos buscan que no sea claro. Cuanto menos mientas, cuantas menos explicaciones des, mejor. Tomemos a Robin Söderling. Ganó Bastad en 2011 y desde entonces no volvió a jugar al tenis. Aparentemente está muy enfermo (de mononucleosis), cuando sé que era imbatible por entonces. No podemos negar lo dudoso que suena. Estaba en la cima de su carrera y, un día más tarde, dice de repente que no puede jugar al tenis... Creo realmente que es increíble».

Las palabras de Rochus llegaron enseguida a oídos de Nadal, que en una entrevista con el diario *Marca* escuchó la siguiente pregunta: «¿Ha tenido la oportunidad de cruzarse con Christophe Rochus después de que insinuara que su largo parón y el de Robin Söderling podían ser consecuencia de un posible dopaje?».

Nadal, habitualmente cuidadoso a la hora de hablar del tema, respondió con un obús: «No me he cruzado con él, y si lo hiciera no le diría ni una palabra. No me siento aludido. Al final es fácil cuando uno está en su casa decir cosas para ser protagonista cuando ya lo has dejado de ser. Fue protagonista como tenista, no mucho, no le dio para serlo mucho, pero si quiere ser protagonista diciendo estupideces, que diga lo que quiera. No me siento ofendido por un personaje como Rochus aunque diga una estupidez».

A Nadal le gusta discutir, y si eso sirve para defender a un amigo, más aún. Dueño de un fuerte sentido de la lealtad, el español no repara en daños cuando se trata de defender algo en lo que cree o a alguien en quien cree. Así, cuando el francés Richard Gasquet dio positivo en cocaína en 2009, Nadal se convirtió en defensor público del jugador al que entre 2004 y 2022 derrotó las dieciocho veces que se enfrentaron y al que tan sólo cedió cuatro sets. Fue Nadal el que mencionó por primera vez la teoría del beso de Gasquet a una chica en una discoteca de Miami. La chica, conocida como Pamela, había consumido cocaína, alegó la defensa del francés, que finalmente salió del caso casi sin rasguños.

Pese a que Nadal no se movió un milímetro de sus opiniones, en su exposición pública cambió las formas. Ya más maduro y con la experiencia de lidiar con el tema durante años, el español entendió que quejarse reiteradamente de los controles debía dejar de ser parte de su discurso.

La sociedad y los medios españoles habían moderado bastante ese victimismo que los llevaba a considerar un «complot internacional» (en general de franceses, británicos o estadounidenses) cualquier positivo de un deportista propio. Nadal, además, era ya una estrella que excedía al deporte, y escucharlo decir una semana sí y otra también que el sistema antidopaje era injusto e inadecuado no ayudaba precisamente a su imagen. Y una buena imagen, se sabe, es la base para mejores contratos y más dinero.

Las protestas de Nadal se transformaron en una propuesta novedosa: transparencia e información total.

«Desde mi punto de vista los controles tienen que ser públicos, lo que no sabe la gente de la calle es todos los controles que pasamos o dejamos de pasar, con lo cual no veo por qué razón no tiene que ser público cada control que se haga».

La frase es de febrero de 2013 en Viña del Mar, el torneo chileno que marcó el regreso de Nadal al tenis tras siete meses de ausencia por una doble lesión de rodilla.

El de Manacor, que cuando quiere instalar un tema es tan persistente como desde el fondo de la pista, insistió en el asunto días después en São Paulo: «Es necesario divulgar cuándo ocurren los controles y cuántos son. Yo estoy aquí para afrontar todos los exámenes y cuando quieran. Si tengo que hacerme uno por semana, lo haré sin ningún problema». Un control de dopaje por semana y a los ojos de todo el mundo: Nadal no era el mismo de seis años antes.

La idea tenía su sentido, porque es extremadamente difícil saber a cuántos controles se somete a cada tenista a lo largo de un año. Los controles pueden venir por tres vías: el Programa Antidopaje del Tenis (TADP), las agencias nacionales antidopaje y la Agencia Mundial Antidopaje (AMA).

No existe una web en la que se pueda encontrar con facilidad a cuántos controles se ha sometido un deportista mediante cualquiera de esas tres vías. La información, desperdigada, se revela tardíamente y en forma incompleta y no exactamente clara.

La propuesta de Nadal en su gira sudamericana llegaría días después a oídos de Roger Federer mientras jugaba el torneo de Dubái. «Seguro, es una idea. Estoy a favor de la transparencia y de controles agresivos, siempre he estado a favor —dijo el suizo—. Es importante que podamos asegurarnos de que la integridad del juego se mantenga donde se supone debe estar. El circuito, los jugadores y todos debemos estar de acuerdo en intentarlo. Pienso que hay una gran urgencia para garantizar que nuestro deporte se mantenga tan limpio como sea posible. Es muy importante».

Aunque Nadal esa misma semana, en Acapulco, se mostrara contento de que Federer estuviera de acuerdo con él —«Me alegro de que coincidamos en esto, es importante»—, las frases del suizo no implicaban una coincidencia real. Mientras que el español proponía informar al instante de a quiénes se estaba controlando, el suizo apelaba a la terminología habitual cuando de lo que se trata es de moverse en los peligrosos senderos del dopaje: «transparencia», «integridad», «deporte limpio». Parecían coincidir, pero Federer y Nadal hablaban de cosas muy diferentes.

El español nunca explicó cómo se pondría en práctica ese sistema de «controles públicos». Detrás de su propuesta estaba el deseo de que todos supieran que él es uno de los jugadores más controlados, algo aplicable también a Novak Djokovic. Y, de paso, que quedara claro que hay otros a los que se controla menos.

Un *top ten* se somete a un promedio de diez controles al año. Si jugadores como Nadal acumulan temporada tras temporada entre dieciséis y diecisiete test, significa que hay otros hombres entre los diez mejores a los que se controla quizá cinco o seis veces: la tercera parte del español.

El complejo sistema de control antidopaje en el tenis incluye un grupo fijo de jugadores que controlar. Ese círculo está integrado por los cincuenta primeros del ranking mundial y las diez mejores parejas de dobles. Se controla, por supuesto, a otros tenistas fuera de la élite, pero si se obtienen buenos resultados, es inevitable ser testeado.

A los responsables del TADP no les pareció muy razonable la propuesta de Nadal de hacer públicos todos los controles: «Nuestra filosofía es que no queremos darles a los jugadores que queremos controlar datos para que se les haga más fácil engañar al sistema».

El italiano Francesco Ricci Bitti, por entonces presidente de la ITF, reaccionó con un toque de ironía, quizá sorprendido ante la propuesta de un jugador que durante años se dedicó a criticar el sistema.

«Es bueno ver que jugadores *top* como Rafael son tan abiertos para debatir este tema, pero hay límites. No podemos divulgar todo, si no, no tendremos controles sorpresivos. Tenemos un límite, que es el de la confidencialidad».

Veterano dirigente, Ricci Bitti se toma las críticas con cierta filosofía. Según él, no hay manera de conformar a nadie cuando el asunto en debate es el de los controles antidopaje: «El tema del dopaje es una *lose-lose situation*. Si los positivos son muchos, es malo. Si son pocos, también».

Por esos días, los Nadal estaban algo sensibilizados con el tema del dopaje, porque desde que confirmó su regreso al circuito tras los siete meses de ausencia entre 2012 y 2013, el español había sido objeto de una gran cantidad de controles.

«Hay jugadores que son controlados mucho más que otros, a los que se apunta más. Si alguien vuelve a jugar, se lo controla más. No estoy informado, pero tiene que ser el caso de Nadal, al que se lo testeará seis, siete veces, porque está volviendo a jugar», explicó Ricci Bitti.

En el entorno de Nadal comentaron con sorna que el máximo responsable del tenis estaba tan poco informado que fue él mismo el que les preguntó si se lo había controlado y cuántas veces.

«En el tenis se analiza sobre todo a los cincuenta primeros de los hombres y las mujeres. Cuando alguien queda fuera de los cincuenta primeros es menos probable que se lo analice», continuó Ricci Bitti, que puso ejemplos con nombre y apellido: «Serena Williams estuvo fuera de los cincuenta por un tiempo».

Días antes, el serbio Novak Djokovic, número uno del tenis mundial, había asegurado no haber sido objeto de un control de sangre «en los últimos seis o siete meses». Ricci Bitti, que discutió durante años con la ATP, la WTA y los Grand Slam cómo se repartía la cuenta de gastos del sistema antidopaje —unos increíblemente modestos cuatro millones de dólares—, no le dio importancia a lo dicho por el serbio: «Lo de Djokovic tiene más que ver con el plan de controles, que es algo que va cambiando día a día».

Hombre de amplísima experiencia en el mundo olímpico, el italiano se resistía a sufragar la cuenta total de gastos de los controles, y lo hacía con un argumento lógico: «El antidopaje cuesta mucho dinero, y lo que inviertes en ello se lo quitas al desarrollo».

La principal función de la ITF es desarrollar y expandir el tenis por todo el mundo, pero la cifra de cuatro millones de dólares destinada al sistema de controles antidopaje en un deporte que mueve miles de millones al año habla bien a las claras de lo muy relativo del compromiso de los entes rectores. Y si Ricci Bitti añadía que «sólo cinco o seis países hacen bien las cosas» en cuanto a sistemas de agencias nacionales antidopaje, el panorama era clarísimo.

O, más bien, oscuro. Oscuro y espinoso, un tema espinoso en el que el propio tenis no siempre actuó como debía. Así, cuando Andre Agassi admitió en *Open*, su autobiografía, haber consumido metanfetamina en 1997, muchos abrieron los ojos de asombro. Pero cuando leyeron que la ATP perdonó al estadounidense pese a haber dado positivo, esos mismos ojos se les salieron de las órbitas.

Agassi recordó en *Open* el momento en que un médico de la ATP lo llamó con un tono de voz lúgubre: «Parecía que me iba a decir que estaba a punto de morir». Algo de eso había, porque el médico llamaba para contarle que había dado positivo en «cristal».

«Mi nombre, mi carrera, todo estaba en juego ahora. Todo lo que había logrado, aquello por lo que había trabajado, podía convertirse en nada en breve. Días más tarde me senté a escribir una carta a la ATP, repleta de mentiras y con algunas verdades».

Agassi argumentó haber consumido la sustancia sin darse cuenta al beber del vaso de un amigo. No fue muy diferente la argumentación del argentino Mariano Puerta tras dar positivo en la final de Roland Garros 2005 ante Nadal. Agassi siguió jugando sin problemas y resucitó su carrera con el título de Roland Garros 1999. Para Puerta, que era reincidente y cuya explicación era inverosímil, fue el final de su vida deportiva. Terreno abonado para los amantes de las teorías conspirativas y para los que creen que a los jugadores del «primer mundo» no se los toca, que los que pagan siempre son los menos fuertes.

«Haberlo sancionado habría sido una enorme vergüenza y

un serio golpe para la integridad del deporte. Lo es de por sí —escribió en 1999 Stephen Bierley en el *Guardian*—. Muchos pueden optar por comprenderlo, dadas las circunstancias de su vida en esos momentos. Para otros [...] disminuye la credibilidad del tenis y de sus entes rectores, muy especialmente de la ATP».

Por esos días el circuito masculino estaba dirigido por el estadounidense Adam Helfant. En una entrevista, el autor de este libro le preguntó si esperaba nuevos desarrollos en el «caso Agassi». «No, no lo espero —dijo—. Pasó hace mucho tiempo, él hizo unos comentarios en su libro. Investigamos y vimos que [en la ATP] se trató el caso apropiadamente. No vimos nada que pudiéramos hacer, dado que pasó hace tanto tiempo. Y la decisión fue tomada independientemente de la ATP».

Mats Wilander podría, a la vez, darle la razón y quitársela a aquellos que creen en las teorías conspirativas. El sueco fue uno de los tenistas más grandes de las últimas décadas, pero el tenis no tuvo piedad con él. Al regresar de su retiro para jugar dobles junto al checo Karel Nováček, el ex número uno del mundo dio positivo en cocaína en 1995.

Hombre que ve mucho más allá del tenis, comentarista para Eurosport y *L'Equipe*, cabeza de un original proyecto como es Wilander on Wheels, el sueco habla sin guardarse nada. Y si la conversación con él transcurre en enero de 2013 en Australia apenas días después de la recordada entrevista de Oprah Winfrey a Lance Armstrong, el contexto es casi ideal. Pocos personajes más distantes que el manipulador exciclista y el políticamente incorrecto extenista.

—*Es como si el tenis hubiera redescubierto esta semana el tema del doping, aunque siempre haya estado ahí. ¿No es un tanto hipócrita?*

—Yo creo que en todos los deportes y en todo el mundo se

habla de dopaje, no creo que sólo en el tenis. Obviamente, en estas dos semanas es *el* tema, pero con todos los controles que se hacen no creo que el dopaje pueda dañar al tenis. No puedo imaginar que los entes rectores del tenis dejaran seguir jugando a alguien que ha dado positivo. Sí, hubo casos en el pasado. Se pilló a jugadores, se pilló a jugadores que se doparon involuntariamente, se pilló a jugadores que consumieron drogas recreativas y habrá otros, supongo, a los que no. Yo creo que es la sociedad, la sociedad no está limpia. No creo que encuentres ningún aspecto de la vida, del trabajo, de las corporaciones, de los gobiernos, ningún sitio en el mundo que esté limpio. Eso es lo primero.

—*Cuando ves partidos de tenis, ¿crees lo que ves? ¿Es real?*

—Lo creo, lo creo. Yo podía jugar fácilmente cuatro partidos a cinco sets en ocho días, jugar cinco horas cada día. Ningún problema. Pero hoy son más veloces, entrenan mucho mejor. Y fíjate en lo que comen, en lo que beben, en las bebidas de recuperación. Fíjate en los suplementos y las vitaminas que toman. En las raquetas, aunque las raquetas no necesariamente te ayuden en la forma física. Sencillamente se entrenan mucho mejor, son grandes atletas. Los tenistas son, hoy en día, de los mejores deportistas del mundo.

—*El debate acerca del dopaje es a veces extraño. Por ejemplo: tú estás en la lista histórica de dopaje del tenis. ¿Te parece bien ser parte de esa lista?*

—Es que yo no creo que eso sea dopaje.

—*Exactamente esa era mi pregunta. No te dopaste para jugar al tenis y elevar tu rendimiento.*

—Pero era ilegal.

—*Sí, lo es. ¿Ayuda a la lucha contra el dopaje un positivo en cocaína?*

—No lo creo. Lo que creo es que la razón por la que las drogas recreativas están incluidas en los controles es por si la persona que da positivo tiene un problema. Y la razón por la que buscamos detectar esteroides y todas esas cosas es porque dañan la salud. Y porque es hacer trampa. Esa es la gran diferencia.

—*Pero entonces verte en una lista de tenistas que se doparon no sería exactamente correcto.*

—No importa. Si das positivo en un control estás en esa lista. Sea cierto o falso, no creo que importe. Así es la vida.

Wilander se sorprendió al escuchar sobre el «pasaporte biológico», un sistema que, con el control constante de determinados parámetros a lo largo de un periodo de un año o más, puede establecer, incluso sin un positivo, si un deportista es sancionable por dopaje. El sueco no conocía el sistema, que el tenis iba a comenzar a utilizar ese año, pero que ya era asunto habitual en el ciclismo. Tampoco lo conocía Nadal en aquella entrevista de junio de 2013, algo más que sorprendente.

«¿Sabe en qué consiste el pasaporte biológico?», le preguntó el periodista español Joan Solsona. «No mucho, la verdad —fue la llamativa respuesta de Nadal, que añadió una explicación un tanto confusa—: Es que el tenis está bastante fuera del dopaje y su trama que tienen otros deportes. Casos de positivos hay muy pocos. Y que conste que no es porque no pasemos controles. Pasamos los mismos que la mayoría o más. No creo que el dopaje en el tenis tenga sentido. Tiene sentido en los deportes que dependen exclusivamente de aguantar más o de resistir más. Hay más cosas en el tenis, tanto técnicas como mentales. No sé lo que es el pasaporte biológico, pero todo lo que haga que el deporte sea más limpio, lo apoyo».

Que Nadal no supiera qué es el pasaporte biológico, tema ampliamente discutido ya por entonces en el mundo del deporte, no le impidió insistir en su propuesta de esos meses: «Volvemos a lo mismo. Estas preguntas no se me harían si los controles fuesen públicos. Es el camino a seguir para que todo el mundo sepa los que pasamos o los que no pasamos».

Lo que había tras el por entonces muy publicitario concepto de «pasaporte biológico» es un seguimiento regular a lo largo de un tiempo prolongado de valores en la sangre y la orina de un deportista. Si esos valores ofrecen anomalías entre sospechosas e imposibles, los responsables del sistema antidopaje tienen un arma valiosa para estrechar el cerco sobre el atleta, tan valiosa que pueden suspender al deportista aunque nunca haya dado positivo en un control.

La conversación con Wilander prosiguió hasta que al sueco lo ganó cierto escepticismo.

«Hay, obviamente, un componente financiero en todo eso. ¿Se puede controlar a todos? Es muy caro. ¿Valdría la pena? Muy probablemente. Pero creo que el problema en el deporte, no sólo en el tenis, es que no necesariamente hacen todo para asegurarse de que está limpio, porque no quieres invertir miles de millones de dólares. Confiamos en que el tenis esté limpio, pero no podemos estar al cien por cien seguros».

Ese análisis era ya más propio del Wilander tantas veces afecto a la duda y a la relativización. El sueco escuchó con atención una teoría: mucha gente preferiría doparse y vivir una vida al extremo, aunque muriese a los cuarenta o cincuenta años, antes que llegar a los noventa o cien tras una vida «aburrida», «normal».

Eso podía decirse en los ochenta y los noventa según los resultados de una encuesta que planteaba el «dilema de Goldman». ¿Tomaría una droga que le garantizara el oro olímpico y, a su vez, morir cinco años después? En aquellos años un 52 por ciento de los encuestados respondía con un «sí» a la pregunta planteada originalmente por un investigador estadounidense, Bob Goldman. El estudio, basado en preguntas a doscientos doce atletas de élite en Estados Unidos, se repetía cada dos años sin variar demasiado los resultados, pero en 2014 el *British Journal of Sports Medicine* se encontró con que sólo el 1 por ciento respondía positivamente.

¿Habían tomado conciencia por fin los deportistas? Los expertos miraron con escepticismo esos resultados, más aún en el contexto de una sociedad en la que la presión apunta al modelo de superhombre y al consumo de sustancias de todo tipo para aliviar las exigencias de la vida diaria.

Wilander también lo ve así. «El mundo está lleno de yonquis. Algunos son adictos a la adrenalina, otros, a las endorfinas, otros a las drogas, otros al alcohol, otros a la velocidad. Algunos son adictos al juego. Es así, está lleno de adictos, de yonquis buscando estar bien arriba. No hay un solo jugador de tenis que no busque esa sensación, la del "subidón". Eso es algo que puedo asegurarte al cien por cien. Y ese "subidón" no viene de las drogas, viene de la adrenalina, de las endorfinas, de la felicidad. Todos, muy probablemente el 90 por ciento de la población, es adicto a algo en la vida. A lo que sea. A veces es legal, otras veces, ilegal. "Subidones" y "bajones", de eso trata la vida».

13

Laboratorio

Al tenis se lo mira muchas veces mal, del tenis se sospecha, y no es ilógico hacerlo cuando se ve a dos hombres pegarle con furia a la pelota y correr cinco horas bajo 35 °C en el mediodía del verano australiano o en la húmeda y ardiente Miami. Lo hacen un día y vuelven a jugar uno o dos más tarde. A veces también un partido de cuatro horas. Y así muchas veces a lo largo de toda una temporada.

No parece humano.

Pero Agassi cree que sí, Agassi cree que es posible. «Cuando yo jugaba lo hacía con cierto sentido de urgencia, con actitud de velocista en una maratón. Sabía que tenía más o menos cuatro horas antes de comenzar a decaer físicamente», explicó en enero de 2013 en medio del ambiente recargado que había dejado la confesión de Armstrong.

«Los veo jugar ahora y son más calculadores, juegan más lento, así que seis horas no son las mismas seis horas que jugaba yo. Son, además, mucho mejores a nivel físico, parecen tener un tren inferior mucho más fuerte que el mío, probablemente no sea lo mismo si hablamos del tren superior. Mi juego no era tanto de usar las piernas, sino de mover la pelota por todos los sectores de la cancha. Así que sí, creo que es posible. Creo que son conscientes desde una edad muy temprana de lo importante que es estar preparados».

Se coincida o no con el análisis de Agassi, en esos días valía la pena fijarse en un dato: las cifras de 2012 mostraban que, de todos los controles hechos en el tenis, un 29 por ciento fueron de sangre, proporción que crece al 38 por ciento en el ciclismo y al 50 por ciento en el atletismo.

Los controles de sangre, se sabe, van mucho más allá que los de orina, pues pueden detectar un rango de sustancias y un periodo de consumo bastante más amplio. Para atrapar a los que se dopan con la hormona del crecimiento se necesitan controles de sangre, que también son imprescindibles para el pasaporte biológico. La eritropoyetina (EPO), en cambio, es detectable tanto vía orina como vía sangre. ¿Qué aporta la EPO? Más oxigenación a la sangre y, por lo tanto, más fondo y resistencia física.

La EPO ayuda así a rendir más —y ganar más, y cobrar más— a atletas, ciclistas, tenistas... y futbolistas. ¿Qué hizo el fútbol en 2012? Un 99 por ciento de análisis de orina y un 1 por ciento de sangre.

Roger Federer, que además de un enorme tenista es un fino político, tenía claros todos esos datos, sabía que no se podía tomar en serio a Joseph Blatter cuando el entonces presidente de la FIFA decía que «no hay indicios de dopaje» en el fútbol.

Nada menos que en el fútbol, el deporte más popular y competitivo del planeta, el escaparate al que todos quieren llegar, el pasaporte al dinero y la fama si las cosas se hacen medianamente bien.

Por eso el suizo reaccionó sin ocultar su molestia ante el alarde de demagogia de Djokovic, grave en sí mismo, pero más por venir del entonces número dos del mundo. El serbio aprovechó una noche de noviembre de 2013 la presencia de decenas de periodistas de todo el planeta para arremeter, durante una rueda de prensa en el Masters de Londres, contra el sistema antidopaje.

En los fríos pasillos del O2 Arena y en sus exclusivos rincones para invitados vips, el tema de discusión tenía nombre y apellido: Viktor Troicki.

El serbio había eludido en abril de ese año en Montecarlo un control antidopaje. Le pidió a la médica encargada del control realizarlo al día siguiente alegando no sentirse bien. Pese a que la médica lo autorizó, Troicki estaba obligado a saber que postergar un control no es posible, por lo que recibió una sanción de dieciocho meses, luego reducida a un año por la Corte Arbitral del Deporte (CAS).

Mientras Nadal confirmaba su nuevo estilo —«Es una situación complicada para todos, creo en Viktor, pero hay alguien que tiene que tomar las decisiones»—, Djokovic decidió incendiar la sala de prensa.

«Esto prueba nuevamente que el sistema de la AMA no funciona», dijo el serbio leyendo apuntes en un papel. «Ya no confío más en ellos, no confío en lo que está pasando», añadió. Hacía equilibrios sobre el alambre de la irresponsabilidad.

Postergar un día un análisis de dopaje es una situación insólita en el hiperprofesionalizado mundo del deporte. Hay métodos para, en menos de veinticuatro horas, borrar los rastros del consumo de determinadas sustancias. Ningún sistema serio de control, por lo tanto, podría aceptar días y horarios de test «a la carta». Djokovic lo sabía.

Federer no le dejó pasar el comentario al serbio y un día después hizo sentir todo su peso de presidente del consejo de jugadores.

«Cuando te llaman para un control debes hacértelo. No importa lo mal que te sientas, lo lamento. Un control al día siguiente ya no es un control desde mi punto de vista, porque quién sabe lo que pasó en la noche. En general confío en el sistema, creo que son muy profesionales», añadió por si alguien no lo había entendido.

La ITF, la AMA e incluso la ATP estaban furiosas con Djokovic que, por defender a un amigo, no dudó en hacer tambalear todo el edificio de los controles en el tenis. Pero el serbio tuvo suerte, porque Federer, entusiasmado con el tema, hizo un comentario que irritó a la ITF y desvió la atención de las declaraciones de Djokovic: «Tengo la sensación de que no nos controlan lo suficiente. No me hicieron pruebas en Basilea, tampoco en París. Aquí me hicieron uno tras el primer partido. Sencillamente siento que deberían hacerse más controles. Sé que el presupuesto puede ser pequeño a veces, todas esas cosas [...]. Simplemente siento que solían hacerme más controles, creo que me hicieron veinticinco pruebas en 2003, 2004. Desde entonces bajó claramente. El año pasado cuando gané en Dubái, Róterdam e Indian Wells tres torneos consecutivos no me hicieron un control en ninguno de ellos. Para mí eso no está bien».

La ITF salió a corregir al suizo. «Las estadísticas no respaldan la sugerencia de que hay menos controles que antes. Roger Federer fue controlado un promedio de ocho veces al año entre 2004 y 2006, once veces al año entre 2007 y 2009 y nueve entre 2010 y 2012. Lo que no conocemos es la cantidad de pruebas realizadas por las agencias nacionales, y es posible que esos controles hayan sido más frecuentes en el pasado». Hablaba la ITF, o, en realidad, la figura clave en el sistema antidopaje del tenis, un hombre del que pocos conocen el nombre, mucho menos su rostro y con el que casi nadie habla: Stuart Miller, el dueño de los secretos del laboratorio.

—Doctor Miller, doy por hecho que a usted le gusta el tenis, que ve partidos.

—Me pagan para trabajar por el tenis, así que por supuesto que tengo que verlos.

—¿Se da una situación en la que usted está viendo un partido y se dice: «No puede ser, tenemos que hacer un control a este jugador»?

—Podría suceder, sí. Para ser honesto, es muy extraño que algo así suceda. Tuvimos situaciones en las que sucedió algo que nos llevó a hacer pruebas específicas y dirigidas a un jugador con muy poca antelación. Sí... Pero como regla general, ver un partido por televisión no te lleva a decir «Tenemos que hacerle una prueba a esta persona ya». Hay que pensar que nuestra sede está en el Reino Unido. Si pasa algo en Australia, es probable que estés durmiendo, así que no podemos reaccionar al instante».

—*Cuando ve partidos de tenis, ¿nota algún cambio en el jugador en el que pueda haber influido la hormona del crecimiento (HGH)?*

—Es que no es así... Eso es una percepción, y las percepciones nunca son algo sencillo, no puedes basar un caso de dopaje en percepciones, necesitas pruebas concretas. Lo que sí puedes hacer es usar percepciones como parte del camino que te lleva, junto con otras informaciones, a detectar el consumo de una sustancia. Por ejemplo, si ves a un tenista corriendo dos veces más rápido que otro, entonces puedes tener la impresión de que algo está pasando y hacer algo en ese sentido.

—*¿Existe un peligro real de dopaje genético?*

—De cara al futuro es algo que hay gente que podría estar tentada de utilizar. Ya está prohibido, detectarlo es un desafío, pero hay herramientas como el pasaporte biológico, cuya gran ventaja es que no tienes que detectar la sustancia en sí misma, sino su efecto.

—*Pero el pasaporte biológico no puede detectar el dopaje genético, ¿estoy en lo cierto?*

—No, el pasaporte no puede detectarlo. No soy un experto en dopaje genético, que es algo muy nuevo, hay mucho que aprender acerca de cómo funciona, cómo cambia el cuerpo y los modos de detectar eso. Es un largo camino.

—*Eso quiere decir que hoy por hoy, en 2014, el deporte no está listo para detectar el dopaje genético.*

—El deporte está trabajando muy duramente en ello, pero creo que es correcto decir que aún se necesita un tiempo para desarrollar y probar métodos que nos lleven a eso. Admitámoslo: hay mucho margen de mejora en muchas otras áreas, como el dopaje autógeno de sangre, que es probablemente otro gran desafío. Es sencillo detectar que me inyecté sangre de otro para mejorar mi forma y mi capacidad atlética, pero es mucho más difícil identificar que extraje mi propia sangre y que volví a introducirla en mi cuerpo con los glóbulos rojos reforzados. También tenemos que controlar eso, así que hay mucho que hacer.

—*Pero aquí sí serviría el pasaporte biológico.*

—¿En las transfusiones de sangre? Sí, puedes hacerlo con pasaporte biológico porque verás los efectos en los glóbulos rojos. Hay otras maneras también. Si conservas la sangre en bolsas plásticas, parte de ese plástico pasará a la sangre, son los llamados plastificantes. Aunque no fue parte del caso, hubo plásticos detectados en el caso de [el ciclista español] Alberto Contador que sugirieron que la sangre había sido almacenada en bolsas de plástico.

—*Habrá leído que Nadal reclama que los controles se hagan públicos. ¿Qué opina sobre eso? ¿Qué entiende por público?, ¿qué cambiaría?*

—Nuestra política es seguir el código de la AMA en cuanto a qué se hace público. Presentamos un informe al final de cada año, decimos cuántas pruebas se hicieron, mencionamos a cada jugador sometido a controles y especificamos cuántos se le hicieron. Creo que la gente que está pidiendo que se hagan públicos detalles de pruebas específicas tendrá un beneficio a corto plazo. Si fueron controlados muchas veces durante un periodo corto de tiempo, se verá claramente que fueron objeto de un programa riguroso. Pero puede haber otras situaciones y otros jugadores u otros deportes en los que se controle menos, y eso puede llevar a cierta especulación acerca de que tienen muchas posibilidades de doparse, lo que sería completamente infundado. Nuestra responsabilidad es velar por el mejor interés del deporte, así que informamos sólo una vez al año.

—*¿Tiene usted contacto personal con los jugadores?*

—Sí, tenemos contacto con jugadores.

—*Y cuando piden controles públicos... ¿qué entiende? ¿A*

qué se refieren exactamente, teniendo en cuenta que hasta cierto punto los controles son públicos?

—Nunca hablé con nadie sobre este tema. Escuché lo mismo, sugerencias de que los controles sean públicos. Tenemos contacto con muchos jugadores, pero debo decir que no muchos nos han pedido eso.

14

Plasma en el País Vasco

«¿Me tengo que pinchar más veces? Pues duérmeme...». Los campeones tienen sus límites, también Rafael Nadal. La primera vez que llegó al edificio de la calle Beato Tomás de Zumárraga, número 10, el zurdo no sabía lo que se iba a encontrar. Sabía, eso sí, a qué había ido a Vitoria, la pequeña y pulcra capital del País Vasco español en la que comer se eleva a la categoría de arte. Nadal quería que alguien terminara con los dolores de rodilla que lo venían martirizando desde hacía tanto tiempo. Quería volver a jugar sin sufrir, y le habían dicho que Mikel Sánchez era el doctor que lograría ese milagro.

Sánchez, un sonriente y persuasivo médico que en ese primer encuentro con el zurdo de Manacor estaba a mitad de camino entre los cincuenta y los sesenta, tenía la solución: cirugía regenerativa, plasma enriquecido. Y tenía también una jeringa que prometía mucho dolor.

Sánchez recuerda claramente aquel primer encuentro con Nadal, el hombre que le dio fama a su novedoso tratamiento. En teoría es simple: se extrae sangre, se la centrifuga ocho minutos, se quitan los glóbulos rojos y blancos y se da forma a un líquido denso y rico en plaquetas, el plasma enriquecido.

Plasma enriquecido, factores de crecimiento, células madre... Nombres casi inquietantes. ¿Qué es eso de las células madre?

«Los tejidos están hechos de células y de una matriz. Todos los tejidos gastan y fabrican para mantenerse, pero no siempre gastan y fabrican al mismo ritmo —explica Sánchez en una entrevista con el autor de este libro—. Cuando hay más gasto de lo que se fabrica, hay una degeneración del tejido. Lo que intenta hacer la medicina regenerativa es recuperar ese equilibrio. Cuando se rompe un tendón, lo que se busca es curarlo para que quede de una forma lo más parecida a como era antes de la lesión».

Sánchez se explica con entusiasmo. Sabe que el tema no es sencillo y que muchas veces da pie a sospechas infundadas. Así que apela al reino animal como ejemplo de que lo que hace no es ningún invento suyo.

«Esto es algo que lo ha inventado Dios, la naturaleza, quien sea, durante la evolución de las especies. Un león, un dinosaurio, se curan o curaban de la misma manera que nosotros. Lo que hemos hecho es observar qué hace la naturaleza. Lo que sabemos es que todos los tejidos funcionan con las células fabricando matrices o células. Lo que hacemos es darles estímulos para que fabriquen más o menos, para definir cuándo y cómo. Esos estímulos son generados por unas proteínas que tenemos en las plaquetas en la sangre, en el plasma, y lo que hacemos es estimular muchas células para que trabajen todas a la vez. Así llegamos a una curación más rápida y de mejor calidad».

El doctor Sánchez hace una pausa para ayudar a digerir mejor tanta información. «Esas proteínas se llaman factores de crecimiento, por eso la técnica se llama plasma en factores ricos de crecimiento. El plasma es la sangre a la que hemos quitado los glóbulos rojos, los blancos y hemos añadido plaquetas. Es un plasma enriquecido en plaquetas con factores de crecimiento».

Confiado en que el interlocutor va entendiendo, Sánchez detalla el siguiente paso: la centrifugación de la sangre. «Es muy rápido, se centrifuga durante ocho minutos. Si lo hacemos muy rápido, se pueden romper las plaquetas; si lo hacemos demasiado tiempo, se rompe un equilibrio. Este plasma, una vez listo, se inyecta en el sitio donde queremos recuperar algo. Cómo preparar el plasma es importante, también cómo se inyecta, dónde, cuánta cantidad, en cuántos sitios...».

Es sabido que la tripa natural para los encordados de la raqueta proviene del estómago de las vacas. Se necesitan dos vacas y media para generar un cordaje estándar. Así, el tenis le debe bastante a este pacífico herbívoro. Otra cosa es que tenga también una deuda con las ovejas. Eso era más difícil de imaginar.

Pero es así. Sánchez y sus colegas inyectan plasma coloreado de azul en ovejas para ver cómo y en qué cantidades se distribuye por el organismo. «Es un animal de buen tamaño y con suficiente sangre y relativamente barato».

Leones, dinosaurios, ovejas... Sánchez tiene claro cómo gusta ejemplificar, también sabe que se necesita algún toque de humor para asimilar mejor tanta información científica.

«Es difícil ver un león cojo o comentar "Mira qué artrosis tiene este jabalí en el monte". Es difícil porque están siempre haciendo ejercicio y tienen su cartílago mejor nutrido que nosotros. Las lesiones de cartílago son sobre todo patología del ser humano. Siendo animales, nos hemos hecho sedentarios. Yo tengo una condromalacia rotuliana. Cada año, antes de la temporada de esquí, me pincho».

Encontrar un tratamiento que le permitiera recuperar lo perdido era para Nadal como volver a nacer. Con el tiempo, el tratamiento de células madre se extendió a otros sectores de su cuerpo. Si en diciembre de 2013 en Doha celebró no tener dolores en las rodillas en su «vida cotidiana» por primera vez en años, doce meses más tarde, comprimido en el asiento trasero de un Opel Corsa que manejaba Benito Pérez Barbadillo por las intrincadas carreteras cercanas a Manacor, Nadal le contaba al periodista español Ignacio Naya por qué le habían hecho «dos agujeros» en la espalda, tal como había explicado días antes a otro español, Javier Martínez, en una entrevista en *El Mundo*.

«Sacan el plasma de tu propia sangre, lo centrifugan y quedan factores de crecimiento que te inyectan para intentar regenerar», explicó a Martínez en Londres durante una pausa de una partida de póquer, en aquellos años una nueva dimensión de Nadal a mitad de camino entre la pasión y (sobre todo) lo comercial.

Si las inyecciones en los tendones de la rodilla eran dolorosas, el tratamiento para la espalda sonaba un tanto aterrador.

«La metodología de uno y otro tratamiento no creo que sea muy lejana, sólo que simplemente esta resulta un poco más agresiva porque tienen que hacerte unos agujeros en la parte inferior de la espalda para extraerte las células madre de la cresta ilíaca. Después, han de cultivarse y reproducirse para intentar que la regeneración de los tejidos sea más rápida».

La combinación de agujeros en la espalda y células madre extraídas de la cresta ilíaca era fuerte para estómagos sensibles, pero Nadal no tenía más remedio que explicar todo y en detalle. Para disgusto del resto del clan, su tío Toni había revelado durante una entrevista con el autor de este libro el tratamiento de espalda, destruyendo el plan de camuflarlo con la operación del apéndice a la que el zurdo se había sometido en esos días.

Naya, que sería años más tarde jefe de Deportes en la agencia alemana de noticias DPA, encontró tres semanas más tarde la forma de preguntarle a Nadal con elegancia por un asunto que sonaba a excesivo para los legos, aunque fuera perfectamente razonable para los expertos: «Según contó, el tratamiento con células madre le exige realizarse agujeros en la cresta ilíaca. ¿Está forzando demasiado su cuerpo o no es tan agresivo como suena?».

Nadal respondió sin dudar: «Nunca haría algo que fuera en contra de mi salud en el futuro para alargar mi carrera deportiva. La vida personal y la felicidad van mucho más allá de mi carrera tenística. Eso vaya por delante. A partir de ahí, no hago nada más de lo que me han aconsejado los médicos. Y tengo un grupo de médicos de máxima profesionalidad que intenta ayudarme a que mi cuerpo esté lo más sano posible, aunque después hayan pasado incidentes como han pasado este año».

El tenista tenía la respuesta estudiada, porque los agujeros en la espalda habían acercado nuevamente a su nombre la palabra maldita: dopaje. Tras la revelación de Toni Nadal, el diario deportivo *As* había salido con un llamativo artículo en cuyo título se afirmaba que el tratamiento al que se sometía el jugador era considerado dopaje en Italia.

La afirmación, inexacta, molestó a Nadal hasta límites difíciles de imaginar. Días después de que se publicara aquel artículo en *As*, el jugador aprovechó una pregunta de Juan José Mateo en *El País* para consumar una pequeña venganza.

«Se hace público el tratamiento y desayuna con titulares de que está prohibido en otros países», comentó el periodista. Nadal respondió con furiosa frialdad. «La incompetencia hace que se pueda transmitir la información de manera errónea. ¿Cómo va a ser dopaje? Primero de todo, habría que saber cómo es la técnica. Segundo, si hubiera el más mínimo riesgo de que fuera dopaje, ¿cómo voy a hacer dopaje? Mi forma de entender el deporte, sin ninguna duda, me duele hasta contestarlo, es que colgaría la raqueta lo más alto que pudiera para no poder descolgarla antes de hacer una trampa y tirar por tierra todo lo que he hecho durante todos estos años. Uno tiene límites. Los cuerpos tienen unos límites. Uno no puede engañarse a sí mismo, engañar a la gente. Eso es lo que consigue el dopaje: engañar a todo el mundo, y al primero al que engañas es a ti mismo. Y encima pones en riesgo tu salud».

Lo cierto es que para escribir y hablar sobre el asunto había que documentarse, y mucho, porque se estaba en terreno pantanoso.

Hasta poco tiempo antes, el tratamiento que le había cambiado la vida y la carrera a Nadal había sido considerado dopaje por la máxima autoridad en la materia: la Agencia Mundial Antidopaje (AMA). El propio doctor Sánchez lo explicó con sinceridad: «Cuando se dice que tratamos a un deportista con algo que viene de la sangre y que se llama factores de crecimiento... suena tremendo. Suena demasiado a hormona de crecimiento».

No sólo el nombre le sonaba llamativo a la AMA: a la organización con sede en Montreal le había llamado la atención los resultados, tan buenos como rápidos. «La agencia antidopaje dijo: "Vamos a ver qué es esto". Y durante un tiempo fue dopaje, estaba en la lista de prácticas prohibidas, y había que pedir permiso para poder aplicarlo, cosa que no era lógico. Si tengo una lesión muscular y tengo que pedir permiso a la agencia antidopaje, que tardará diez u once días en responderme, entonces no tengo ningún interés en aplicarlo. Hubo una convención en Lausana en 2012 de expertos de todo el mundo y concluyeron en que no había ningún fundamento para considerarlo dopaje».

Lo que no significa que toda sangre reinyectada con jeringas tenga vía libre. «La reinfusión de sangre con alta concentración de glóbulos rojos para incrementar la oxigenación y, en consecuencia, el rendimiento es una cosa: eso es dopaje. Pero aquí, a los glóbulos rojos los tiramos, los desechamos. Nos quedamos con un poquito de plasma, cinco o diez centímetros cúbicos con plaquetas. No es dopaje, es todo lo contrario».

Así, sin la sombra del dopaje, el principal problema de Nadal pasaba por lo doloroso del tratamiento. ¿No se puede apelar a agujas menos dolorosas para él y todos aquellos que someten a sus articulaciones a repetidos pinchazos para regenerarlas? Sánchez sonrió negando. «El problema no es la aguja, sino el volumen de líquido que tienes que meter en un sitio. El pinchazo es un instante, ya está, el problema es todo lo que entra, entre cinco y diez milímetros de líquido. En el tendón es doloroso porque se expande muy poco, es poco elástico. En el músculo, en cambio, es muy poco doloroso, es más elástico, cabe más. El tendón es colágeno, muy denso».

El problema de Nadal estaba en los tendones, con lo que el dolor se hacía insoportable. Así, el tenista optó por que se le durmiera completamente cada vez que ese líquido denso se metía en los tendones de sus rodillas.

«En un tendón cabe poco y tienes que meter a presión un líquido. No podemos meter anestesia local, que a nivel celular genera un efecto totalmente opuesto. Lo que hacemos entonces es anestesia general, sedación, pero entonces hay que ir al quirófano con anestesistas, que es un poco más complejo. A Nadal se le hizo así al final, porque hubo que repetirle varias veces».

El sacrificio valía la pena. Sánchez estaba quizá salvando la carrera del deportista más grande de la historia de España. «A Nadal no le gusta nada que hablemos de sus lesiones. Es como si hablas de las averías de una moto de carreras...», argumentó el médico.

Es cierto que no le gusta, pero hablar de Nadal sin mentar las lesiones sería hablar de un Nadal incompleto. Él es eso: sus éxitos y sus lesiones, unas lesiones que agigantan el mérito de su carrera, una carrera en la que cada año ha sufrido una lesión de importancia, algunas de suma gravedad. La degeneración de sus rodillas lo era. Nadal calza un cuarenta y uno, un pie insólitamente pequeño para su altura y peso. «Es de futbolista de élite, tiene los pies pequeños como el brasileño Sócrates —compara Jofre Porta, aquel entrenador del Nadal niño y adolescente—. Por eso el eslabón débil del físico de Nadal está en sus rodillas. Con 1,85 de altura, el peso de un tenista es de setenta y ocho o setenta y nueve kilos. Rafa, con ochenta y cinco, tiene una carga extra de seis kilos. Y ahí sufre».

A eso hay que sumarle aquello de lo que hablaron Ion Ţiriac y Andrea Agassi en 2005: el desgaste excesivo al que Nadal somete su cuerpo por un estilo de juego que, en especial en sus primeros años como profesional, se basaba en puntos larguísimos y de potencia y despliegue asombrosos. Otros jugadores —el ejemplo clásico es Roger Federer— sufrían un desgaste físico mucho menor.

Otra vez, todo deriva de aquel «miedo» (¡qué palabra paradójica tratándose de Nadal!) del que habló su tío Toni en los inicios de la carrera tenística de su sobrino.

Con los años, el desgaste de las rodillas de Nadal se tornó

imparable: su cuerpo gastaba —y gasta— más tejido que el que es capaz de generar. Si seguía a ese ritmo sin encontrar solución al problema, su carrera entraría en los libros de historia a una edad parecida a la de Björn Borg, los veintiséis años.

La primera vez que pisaron el consultorio de Sánchez, los Nadal desplegaron una teoría: todo se originaba en los problemas del jugador al pisar, problemas que en 2006 llevaron a fabricar unas plantillas especiales para cambiar su pisada y evitar la enorme sobrecarga en los tendones.

«Tenía una tendinopatía degenerativa. La teoría de los Nadal es factible, pero yo antes no lo conocía, no puedo confirmar que haya sido esa la causa. Se sobrecarga un tendón y gastamos más de lo que generamos. Es muy difícil de demostrar, pero es una hipótesis que puede ser».

El doctor comentó alguna vez al diario *Marca* que la primera vez que estudió las rodillas de Nadal no pudo creer que jugara al tenis en esas condiciones. «Su capacidad de jugar con dolor, de sufrir y pese a todo ganar es enorme».

Y la capacidad de Sánchez de cambiarle la vida a mucha gente parece también asombrosa: desde el entonces rey de España a Nadal, pasando por el ciclista Joseba Beloki o los futbolistas Xavi y Carles Puyol. También el portugués Cristiano Ronaldo estaba ansioso por visitar Vitoria.

«Se escriben muchas tonterías, claro. Por ejemplo, el caso Beloki... El problema de Nadal es un problema de sobreúso, gasta más tendón del que fabrica, por su manera de jugar, por lo violento que es su juego. El problema de Beloki fue otro, se cayó, se destrozó el codo y la cadera y fue capaz en seis semanas de subirse a la bici. Con Beloki ganamos más de mes y medio al tiempo que habíamos previsto. Nos escribieron de la Universidad de Nantes para preguntarnos cómo lo hicimos».

A Sánchez se le nota pasión en lo que hace, pero también una importante combinación de confianza y audacia. A cinco metros de su despacho tiene un aparato que en aquellos años era de ciencia ficción: una impresora 3D de huesos a tamaño natural.

«Nos toca ver pacientes con secuelas de otras lesiones. Lo que hacemos es un escáner e imprimir su rodilla en 3D en material sintético para ensayar la cirugía antes de operar al paciente. Si no nos gusta el resultado, volvemos a imprimir otra vez y cambiamos la técnica para que vayamos con todo preparado al quirófano».

Si una máquina que imprime huesos a tamaño natural impresiona, el futuro que imagina Sánchez impacta el doble. «En el futuro se imprimirán medicamentos a la carta, tejidos vivos. Ahora todos tomamos lo mismo, aunque somos diferentes. Entonces será una máquina que te fabrique la pastilla a medida y un tejido con células. El futuro es impensado».

El médico ofrece ver la máquina y explica cómo se arregló una rodilla a la que no se ve precisamente en buen estado. «En esa rodilla tuvimos que injertar media tibia de un cadáver. Se puede fabricar la estructura del hueso a medida en una impresora que cultivamos con células para tener células y matriz propia. Eso será en el futuro. Y el gran desafío pendiente es el cartílago. Una prótesis de cadera o de rodilla, que es algo muy efectivo, al final es el fracaso de la medicina regenerativa, porque sustituyes una parte del organismo con algo de metal y plástico. El desafío es conseguir que se regenere de verdad un tejido».

Sánchez ya era un profesional reconocido antes de que Nadal lo consultara, pero el empuje que le dio el tenista a la imagen del médico fue enorme. «Siempre hay modas, y la gente piensa que si a este famoso lo arregló este médico, entonces debe ser bueno», admite Sánchez.

En dos décadas en la cima, Nadal se las tuvo que ingeniar para entrenar con dolor y jugar con dolor. Quizá una de las cumbres del Nadal sufriente fue el choque de octavos de final de Wimbledon 2011 con el argentino Juan Martín del Potro. El español lanzó alaridos en plena pista central por un inusual dolor en el talón del pie. Su padre admitiría luego que no recordaba haberlo visto sufrir tanto.

Pero Nadal también mostró su enojo con el argentino, y se quejó de que este protestara porque había sido atendido en pleno partido, aunque Del Potro jurara que fue exactamente al revés: aseguró haberle pedido al juez de silla que le diera todo el tiempo necesario a su rival.

Nadal no creyó ni aceptó esa teoría, y no dudó en desandar sus pasos y volver a la sala de conferencias de prensa cuando ya se había despedido para plantarse en la puerta de entrada y clavarle la mirada al autor de este libro, que le dijo que Del Potro negaba sus acusaciones.

«Nada de eso. Yo sé lo que vi y escuché», dijo con el rostro tenso y sin muchas ganas de disimular la furia que sentía, pese a que había ganado el encuentro. No es una sorpresa, lo dice un hombre que conoce a Del Potro como nadie: «Juan y Rafa son amigos para la foto, pero si pueden se sacan los ojos».

Aquel drama sobre el césped británico permitió, de rebote, comprender las increíbles ramificaciones que tiene el «negocio Nadal». Todo lo que toca —incluso todo aquel que lo toca— puede convertirse en oro. Y que se «llenó de oro» es la frase literal de su entorno cuando se habla de Sánchez. El haber atendido a Nadal con éxito hizo estallar de llamadas el teléfono de una clínica que lleva un nombre más que adecuado: La Esperanza.

Los Nadal, que no son para nada amantes de regalar negocios, mantuvieron en absoluto secreto el nombre del sitio en el que el zurdo fue atendido tras aquel tenso choque con Del Potro. La idea era evitar a toda costa que la clínica londinense donde se le trató y el médico que lo hizo se beneficiaran con la buena publicidad que siempre genera atender a una megaestrella del deporte. No sólo eso: durante varias horas la presencia de Nadal en cuartos de final de aquel Wimbledon estuvo en duda. El anuncio de que finalmente jugaría su partido ante el estadounidense Mardy Fish no se hizo a través de un comunicado ni en una conferencia de prensa. No, se hizo vía Facebook: decenas de miles de clics, tráfico reforzado en la página y más y mejores negocios para la empresa del jugador.

Que el tratamiento de Sánchez ayudó a Nadal es algo que parece difícil de rebatir, aunque el propio médico hable del peso del «efecto placebo» en los deportistas. Pero una cosa es que exista un «efecto placebo» y otra que el tratamiento no tenga realmente ningún resultado pese a lo caro que es. El español Carlos Arribas, cronista de *El País* y uno de los periodistas que mejor entiende y explica la temática del dopaje, escribió a finales de 2014 un artículo relativizando el tratamiento de Sánchez.

> Leído recientemente en un tuit de Karim Khan, editor de la revista científica *British Journal of Sports Medicine*:
>
> Jugador: ¿Las células madre me van a curar el dolor de espalda?
>
> Doctor (mentira): Sí.
>
> Doctor (verdad): Ni idea, pero es muy improbable. ¿Quieres ser el conejillo de Indias?

El inicio del artículo era devastador, y Arribas añadía que Nadal difícilmente le vería la gracia al diálogo inventado por el especialista británico. «Pero la eficacia y la seguridad del tratamiento despiertan polémica en el mundo científico y entre los traumatólogos desde que su uso halló resonancia mediática por primera vez, cuando, según informó el *New York Times* entonces, salvó el hombro y el codo y relanzó la carrera del *pitcher* de los Yankees, Bartolo Colón, en mayo de 2011».

El método de Sánchez, que según el propio médico se practicaba ya en 2014 en otros cincuenta centros de todo el mundo, aunque un reporte científico elevaba la cifra a setecientos, es también mal visto por unos cuantos de sus colegas españoles. Así, traumatólogos de prestigiosas clínicas especializadas en Madrid dicen —aunque siempre pidiendo el anonimato— que el método es sobre todo muy efectivo para recaudar dinero.

En su artículo, Arribas hizo hablar a expertos a favor y en contra del tratamiento. «Mi experiencia personal y la de la gente que conozco que usa esas técnicas es muy buena», dice Luis

González Lago, traumatólogo español que trabajaba en el Baniyas, un equipo de fútbol de Abu Dabi. González Lago, que se desempeñó antes en el Atlético de Madrid de balonmano, es un gran partidario de la medicina regenerativa.

Juan Manuel Alonso, miembro del comité médico de la Federación Internacional de Atletismo (IAAF), no coincide, escribió *El País*: «Evidentemente, no puedo estar a favor de los tratamientos con células madre porque es una terapia aún muy experimental, y se practica sin datos científicos que muestren sus beneficios y sus riesgos a largo plazo, que son desconocidos. No lo veo como algo serio».

Alonso es colega de Karim Khan en el centro de medicina deportiva Aspetar, en Doha. «Si los deportistas quieren ser cobayas, adelante, pero tienen que saberlo: éxito dudoso, riesgo desconocido a cambio de una buena cantidad de dinero, unos siete mil euros por infiltración». Alonso añadió que los dueños de las clínicas que ofrecen el tratamiento usan como sostén publicitario los aparentes milagros que logran para sanar lesiones imposibles de deportistas famosos. «Ello ha dado nacimiento a una industria muy criticada por la comunidad científica pero que se aprovecha de noticias infundadas de éxito con famosos», se lee en el *Nature* que refleja los efectos de la operación del beisbolista Colón en la República Dominicana.

El artículo de Arribas fue seguramente leído por los Nadal, pero es difícil que convenza al jugador de que el tratamiento de Sánchez es mucho más caro que efectivo.

El megacampeón de Roland Garros no sólo vio como las inyecciones le devolvían la paz a sus rodillas: mientras las agujas metían el plasma enriquecido en las articulaciones de un Nadal sedado, el tenista estaba remontando una desventaja casi de fábrica respecto de Roger Federer.

En el tramo final de su carrera, los problemas no serían las rodillas, sino el pie izquierdo (siempre el pie), costillas fisuradas y, en enero de 2023, el psoas, que a punto estuvo de retirarlo definitivamente.

Cuando algo se arreglaba en un sector de la anatomía de Nadal, otra cosa se desarmaba en algún otro. Así fue como a lo largo de su carrera sumó casi cinco años (a noviembre de 2023) sin competir debido a los parones por lesión.

«Federer no ha tenido lesiones de sobrecargas excesivas y lleva muchos años jugando al tenis», remarcó Sánchez. También juegan un papel los kilos extra de Nadal que mencionaba Porta. «Claro, pero es difícil que lo pierda, porque no es de grasa. Pero eso influye. Hay muchos factores. Nadal tiene cualidades físicas fantásticas, superior a la media, es un *top* en todo. Si tuviera un mal físico nunca llegaría a ser tan grande, pero lo cierto es que si tienes un tendón degenerado con tendencia a la degeneración y sigues haciendo lo mismo, tendrás que seguir inyectándote».

Y otra vez Federer: «Su manera de jugar y su físico hacen que tenga un buen equilibrio». Que el médico que le devolvió la vida a las rodillas de Nadal lo comparase desfavorablemente con Federer llama un tanto la atención. «No le diga eso, pobre Nadal», bromea el periodista. Y entonces, Sánchez sorprende: «No, lo de Federer lo dice él. Yo, lo poco de tenis que sé es lo que me han enseñado ellos».

15

Cuerpo

—Perdona, otra vez no tengo la credencial...

—Por favor, Rafa, tú puedes pasar.

Rafael Nadal acaba de perder con una contundencia poco habitual en él en un torneo de Grand Slam, y una hora después de esa derrota ante el checo Tomáš Berdych, el español se mueve por los pasillos adyacentes al vestuario de jugadores del Abierto de Australia.

Es enero de 2015 y puede decirse que el 99 por ciento de la población mundial sabe quién es Rafael Nadal. Obviamente también el guardia de la puerta trasera del vestuario, con el añadido de que él lo había visto entrar y salir decenas de veces en esos días. A Nadal lo ayuda también el estar en Australia, un país en el que, ante algo fuera del guion, la sonrisa precede a los dientes apretados. O al menos así era hasta que irrumpió la pandemia de la COVID-19 y el país se convirtió en una fortaleza, como bien comprobaría Novak Djokovic.

No en todos los Grand Slam es así, aunque la regla básica sea en todos la misma: incluso los jugadores más grandes de la historia deben moverse con una credencial colgando de sus cuellos para acceder a los distintos sectores del torneo. También al vestuario, un sector del que los tenistas se sienten, con razón, prácticamente dueños. Otros deportistas de su jerarquía ni siquiera se molestarían en pedirle disculpas a quien esté en la puerta por no llevar su credencial. Entrarían sin más. Pero Nadal, en eso, también es diferente.

La credencial del que en ese entonces ya era nueve veces campeón de Roland Garros estaba ese 27 de enero de 2015 en manos de su tío Toni, que jugueteaba con ella. Se le cae y la recoge del suelo. El «clan Nadal», normalmente vital, está desperdigado y mustio. Por ahí va Sebastián, su padre, con la mirada entre el suelo y la nada para evitar cruzar miradas con los periodistas. Más atrás se mueve Jordi Robert, apodado Tuts, el hombre de Nike que viaja por todo el mundo con Nadal. Benito Pérez Barbadillo va y viene, Toni conversa con diferentes grupos y Ángel Ruiz Cotorro, el imprescindible médico, camina con sonrisa nerviosa de un lado a otro. Nadal pasa la mayor parte del tiempo en el vestuario con Rafael Maymó, como siempre tras un partido.

La zona de jugadores y vestuarios en Melbourne Park es un laberinto de paredes blancas y decenas de fotos de los campeones del torneo, de los mejores tenistas australianos de la historia y de las promesas de su tenis. Hay múltiples puertas, y es mejor tener la vista puesta en cada una de ellas si se quiere encontrar a alguien y abordarlo para hablar. En algún momento aparecerá.

«¡Joder, estamos rodeados!». Maymó acaba de asomarse por la puerta trasera del vestuario y, al ver a un grupo de periodistas, suelta el comentario y cierra la puerta. A los veinte segundos sale por la principal, pero allí también hay prensa. No le queda más que sonreír mientras acelera el paso.

El propio Nadal parece incómodo cuando emerge del vestuario y se encuentra con ese puñado de rostros que lo sigue desde hace años por todo el planeta. Para los periodistas tampoco es la más relajada de las situaciones, pero no deja de formar parte de su trabajo.

Los Nadal no tienen ganas de hablar porque saben que la pregunta obligada es la del enésimo problema físico de Rafa, que perdió ante Berdych con evidentes problemas en la pierna derecha. El checo jugó un gran partido, sí, el checo es un gran jugador, también, pero Nadal no perdía con él desde 2006: le había ganado las diecisiete últimas veces que se enfrentaron.

La reacción del clan, más allá de cuestiones de imagen, más allá de implicaciones comerciales, era absolutamente humana: volver a hablar de una lesión era lo último que querían hacer. La de ese día no era grave, ni siquiera era estrictamente una lesión, pero sí un problema físico que le había impedido hacer la segunda cosa que más le gusta: competir, apenas por debajo de la que más disfruta, que es ganar. Lo explicó una tarde de septiembre en Nueva York, durante el US Open.

«Amo el deporte y lo entiendo sólo de una manera: el deporte sin metas es estúpido, esa es mi sensación. Si no trato de dar lo mejor, entonces no hago deporte, mejor hago otra cosa. El deporte es jugar con la pasión a pleno y disfrutar la sensación. El deporte es competir, competir para intentar ganar». No era la primera vez, pero sobre todo no sería la última que dejara esa inquietante advertencia.

«¡Ja, ja!». Roger Federer reía feliz. Dominante por casi una década en el tenis, acostumbrado a que se le cuelgue el cartel de «mejor de la historia», el suizo mira a los periodistas sin dejar de aferrar su brazo izquierdo: «Es enorme, impresiona, asusta a mis rivales». El brazo, bastante magro, confirma que Federer se está burlando de sí mismo.

Aquello sucedió una tarde de enero de 2013 y también en Melbourne, durante un Abierto de Australia en el que precisamente no estaba el dueño del brazo izquierdo más famoso y musculoso del tenis mundial: Rafael Nadal. Federer tiene un enorme respeto por el español, pero aquel día en Australia era inevitable pensar que se estaba comparando con él, dueño de un físico que impresiona a espectadores y rivales.

Federer se había embutido en una estrecha camiseta con vivos rosados para derrotar al canadiense Miloš Raonić. Al suizo, de físico afinado como un violín, no le sobran kilos, pero lo suyo tampoco es un derroche de músculos. De ahí que siguiera burlándose: «Me la puse porque mis grandes músculos tienen que mantenerse calientes».

En un deporte hipercompetitivo y extremadamente exigente en lo físico —basta con recordar los cuatro días consecutivos a 44 °C de aquel 2013 en Melbourne—, tener músculos es importante, pero más lo son la resistencia, la capacidad de explosión y, sobre todo, que el cuerpo no se rompa, que la armadura no se desarme.

El tenista de Manacor fue durante años el rey de los músculos en el circuito, pero también —en lo que quizá no sea una paradoja— líder en cuanto a fragilidad física. Nadal y sus triunfos son un tema tan obligado como Nadal y los problemas de su poderoso físico.

Poderoso. ¿O frágil? ¿O frágil por poderoso?

Entre 2003 y 2023 sufrió por lo menos veinte lesiones que implican cinco años sin competir: ¡cinco de veintiuno! La cuarta parte de su carrera, todo un tiempo en el que Nadal, simplemente, no pudo ejercer de Nadal.

Si la primera, en 2003, fue el hombro izquierdo lo que le detuvo un mes, luego siguieron tres meses de pausa por una fractura por estrés en el pie izquierdo (2004), cuatro meses por una inflamación en el pie izquierdo (2005), un mes por una tendinitis en la rodilla derecha (2008), tres meses por tendinitis en las rodillas y rotura abdominal (2009), un mes y medio por la rodilla derecha (2010), siete meses por una rotura del tendón de la rodilla izquierda y una hoffitis (2012-2013), tres meses por una desinserción de la vaina de la muñeca derecha (2014), dos meses y medio por algo similar, pero en la muñeca izquierda (2015), dos meses por problemas en la rodilla derecha (2016-2017), dos meses y medio por una lesión del psoas ilíaco (2018), dos meses por una tendinitis en la rodilla derecha (2018), un mes por una lesión abdominal (2018), dos meses por una lesión en la espalda

(2021), dos meses por una lesión en el pie izquierdo (2021), cuatro meses y medio por una nueva lesión en el pie izquierdo (2021), un mes y medio por una fisura de costilla (2022), cinco semanas por una rotura abdominal (2022), dos meses por una nueva rotura abdominal (2022) y todo 2023 por una lesión en el psoas ilíaco y el labrum que lo llevó a sentarse ante los medios en mayo de ese año en Manacor y hacer su dramático anuncio: pararía la máquina para ver si podía volver a activarla de cara a una temporada de despedida en 2024.

La carrera de Nadal estuvo tan marcada por las victorias como por las lesiones, aunque el 99 por ciento de los tenistas firmaría tener un 10 por ciento del éxito deportivo del español: el dato de sus veintidós títulos de Grand Slam y el competir por el cartel de jugador más exitoso de todos los tiempos sintetiza una aventura deportiva en la que el zurdo fue mucho más allá de lo que incluso él había soñado.

Con semejante historial de lesiones, ni Federer ni Djokovic hubieran ganado lo que ganaron. Pero, otra vez: en una de sus grandes virtudes (el poder físico) está también uno de sus grandes problemas, las lesiones por sobreexigencia.

«¿Qué cosas cambiaría en mi vida? Muchas. He tomado decisiones erróneas», admitió en septiembre de 2023 durante una entrevista en Movistar Plus+.

Tras la admisión, la marcha atrás, como tantas veces en el sinuoso discurso de Nadal. «¿Ha forzado demasiado?», le pregunta el periodista. «Hace muchos años que juego muy poco, lo que pasa es que la gente se queda con los recuerdos del comienzo. Si vas a los números, desde hace años soy de los que menos partidos juega del circuito».

A Nadal, en definitiva, hay que tomarlo integralmente: él es, fue y será eso, sus éxitos y sus lesiones, su poder físico y su fragilidad. Y algo más: una tenacidad, una fortaleza mental que le permitió volver una y otra vez con grandes éxitos cuando cualquiera se hubiera retirado para disfrutar de la vida de otra manera.

Catorce veces campeón de Roland Garros, pocos recuerdan hoy que Nadal llegó tarde al templo del tenis francés. No jugó ni en 2003 ni en 2004 debido a lesiones. Tenía dieciséis y diecisiete años, y su cuerpo ya le daba problemas.

Problemas que también aparecieron en la absurda final del Abierto de Australia 2014. Absurda porque Nadal debía ganarla: enfrente estaba Stanislas Wawrinka, el talentosísimo suizo que venía de perder sus doce partidos previos ante el español sin arrancarle siquiera un set.

Absurda, también, porque Wawrinka jugó un tenis celestial en el primer set, pero su victoria irá siempre acompañada por un pequeño asterisco que reza: «Nadal jugó disminuido físicamente».

¿Qué pasó aquella final? Vale la pena recordarlo, es una buena forma de entender el «modo nadaliano» de vivir el tenis, también de comprender las ventajas y límites de su físico. Fue una noche en la que, con el partido ya definido, el inmenso Rod Laver sacó su teléfono móvil y, casi tan concentrado como en un *match point*, se dedicó a sacarle fotos al devastado Nadal. Una noche dramática en la que el español fue ovacionado, pero también abucheado.

Transcurrían apenas cincuenta minutos de juego, Wawrinka ganaba 6-2 y 2-1 y la final como tal ya se había acabado. Serio y con la ceja izquierda elevada —sólo se le sube cuando algo no le gusta—, el español se fue a su silla y el fisioterapeuta le hizo dos preguntas. No había dudas.

«Vamos al vestuario», dijo el médico. El túnel deglutió al español, que salió de la pista sin explicarle nada al juez de silla, el portugués Carlos Ramos. Wawrinka se quedó solo y desconcertado en el estadio, y el diálogo que se generó a partir de ese instante permitió un inusual acceso a los fantasmas y debilidades de las estrellas del tenis. Los tenistas viven al borde del precipicio emocional, mucho más de lo que podría pensarse.

—WAWRINKA: ¿Por qué se fue?, ¿qué tiene?

—Ramos: No lo sé... Y en realidad no tenemos por qué decírtelo.

—W.: Si él llama al fisio tienes que decirme por qué.

—R.: ...

—W.: ¿Para qué es el tratamiento?

—R.: Stan, no lo sé.

—W.: ¡Pregúntalo! O sea, ¿te puedes ir así como así de la cancha?...

—R.: Es algo entre él y el fisio. Tienes la posibilidad de discutirlo o de aceptarlo. Me parece que deberías aceptarlo.

—W.: Me lo tienes que decir, me lo tienes que decir siempre, ¡en cualquier partido!

Mientras Wawrinka esperaba claramente aterrorizado el regreso de Nadal, el español estaba en el vestuario tratándose un bloqueo en la espalda. El público no sabía qué estaba pasando, pero entre los catorce mil espectadores del Rod Laver Arena había un porcentaje importante que tenía algo muy claro: fuera lo que fuese, no les gustaba.

La noche australiana se tornó definitivamente incomprensible cuando un Nadal más serio que nunca, sin camiseta y exhibiendo el torso desnudo, regresó a la cancha caminando pesada, casi torpemente. Se dirigía a su silla para volver a jugar, aunque sabía que no podía. Wawrinka ya había dejado la suya para irse a estirar a la pista, preocupado por no enfriarse. Y entonces sucedió algo que muy rara vez se vio en un estadio de tenis: una amplia mayoría del público silbó a Nadal.

«Fue muy extraño», admitiría luego Wawrinka.

«Yo jamás voy a criticar al público de este torneo —diría más tarde un casi autoflagelado Nadal—. Ellos pagaron para ver el mejor partido posible, y por momentos yo no pude ofrecerles eso».

La hora y media que siguió le dio la razón al francés Fabrice Santoro, que jura que Nadal «asusta» a sus rivales. Wawrinka sólo tenía que meter la pelota dentro de los límites y mover a

Nadal, cuyo saque había caído al nivel de un partido de sábado en el club, un Nadal que jugaba únicamente con el brazo, porque rotar le era imposible. Así y todo, se llevó el tercer set de aquella final, que Wawrinka terminó ganando con lo justo en cuatro parciales, en una guerra interna que reveló también algo bueno del suizo: se sentía incómodo derrotando a un rival tan inferior físicamente.

¿Tan inferior? Nadal es, antes que un tenista, un deportista. Juega al fútbol con calidad y potencia, fue un delantero temible en su adolescencia. Uno de sus tíos, Miguel Ángel Nadal, fue centrocampista y defensa central del Barcelona y de la selección española. Era tan poderoso físicamente que sus compañeros lo llamaban Tarzán. Su sobrino bien podría haber heredado el apodo.

«Cuando entra a la cancha, todos tienen miedo de jugar contra Rafa. Dirás que Djokovic es un gran jugador, Federer, otro gran jugador, Murray... Pero si es Rafa, tengo miedo. —La frase es de Santoro, que continúa explicando esa combinación de intimidación físico-mental que genera el español en sus rivales—: No es sólo la manera en que juega, sino el modo en que lucha, lo fuerte que es. Pero al mismo tiempo es muy humilde en la pista. Él juega y lucha, nunca pondrá presión psicológica sobre su rival o el juez de silla».

La intimidación que genera Nadal en sus rivales es espontánea, natural, nunca buscada, nunca un truco. Pero hay pocos como él que comienzan ganando el partido incluso antes siquiera de haber llegado a la cancha. Un testigo habitual de lo que sucede en los vestuarios de los grandes torneos relata esos minutos previos a la batalla: «Antes del partido, los jugadores saltan, se mueven, flexionan los brazos con una goma que usan para calentar las articulaciones, van a la ducha, al baño, se miran al espejo... Rafa tiene auriculares y escucha música, salta, hace pequeños esprints, estira. Genera una tensión mezclada con respeto, admiración, temor. Lo suyo es por momentos una locura... Federer no, es muchísimo más medido».

Hay algo entonces que parece incomprensible en Nadal. ¿Por qué esa exuberancia física está acompañada de tantas lesiones? ¿Por qué a lo largo de su carrera Federer apenas tuvo una torcedura de tobillo, una mononucleosis y problemas en la espalda?

Hay muchas explicaciones para esas distancias entre los protagonistas de una de las mayores rivalidades en la historia del tenis. La principal es que Federer juega «fácil», le pega a la pelota plano y anticipando, se mueve liviano por la pista. Nadal, en cambio, es una oda al desgaste físico. Lo resumió a la perfección Chris Evert, aquella gran jugadora de los setenta y los ochenta que también protagonizó una histórica pugna con Martina Navratilova.

«Federer es un artista. Y Nadal... ¡Nadal es un guerrero!», explicó.

Feliciano López, con su juego de saque y red, uno de los últimos representantes —hasta su retirada, en 2023— de una especie extinguida en los últimos años, conoce muy bien a los dos. Es íntimo amigo de Nadal y admira profundamente a Federer.

«Si tuviera que elegir el físico de alguien para jugar al tenis, yo elegiría el de Federer. Por todo: velocidad, coordinación, resistencia... Tú fíjate que en los partidos a cinco sets que ha jugado casi nunca ha acabado agotado. El otro jugador ha gastado mucha más energía que él. Todo eso va sumando en una carrera como la suya. Al final ha ganado mil partidos y no ha tenido lesiones importantes. Otros jugadores, con mucho menos, han sufrido un montón».

Federer nunca abandonó un partido, siempre jugó hasta el final: 1.526 encuentros en individuales y 223 en dobles.

Nadal le gritó a su tío un «No me retiro ni cagando» durante el partido que perdió con su compatriota David Ferrer en el Abierto de Australia 2011. Ya se había retirado un año atrás en el mismo escenario ante el británico Andy Murray, uno de los nueve enfrentamientos a lo largo de su carrera en los que no llegó al final. No estaba dispuesto a sumar otro.

Más impactante es lo de Novak Djokovic: hasta agosto de 2023, su historial marca trece partidos en los que el serbio se fue antes de agotar el marcador.

«Es irreal, absolutamente irreal que el mejor tenista de la historia no se haya retirado nunca —enfatiza López abriendo los ojos en gesto de asombro tras las gafas de intelectual que había comenzado a llevar desde un par de años antes—. Además de que se ha cuidado, de que ha llevado una vida correcta, no ha salido, no ha castigado su cuerpo, tienes que tener también un poquito de suerte, tener un cuerpo genéticamente fuerte».

López vio jugar a Federer durante más de dos décadas. «Lo ves y físicamente es muy dotado, muy coordinado. Lo he visto jugar con quince, dieciséis años y ya le veías condiciones físicas para jugar al tenis. Es elástico, alto, está coordinado, no está descompensado de ningún lado, sus movimientos en la pista son perfectos. Eso también ayuda».

Ferrer sonríe cuando se le comenta el análisis de su compatriota López, que llega a decir que el suizo, más que correr, levita. «A Federer lo idolatran mucho... Pero sí, es el jugador que más coordinación tiene, siempre llega bien apoyado, a nivel de movilidad es el mejor».

López profundiza: «No he visto a nadie desplazarse en una pista de tenis como lo hace él. La técnica es la mejor. Y por la pista de tenis va flotando. Siempre lo ves bien colocado, nunca lo ves en un gesto donde te puedas lesionar. Fíjate que siempre tiene el cuerpo erguido, está agachado de piernas, nunca está en una posición mala».

Federer es tan pero tan bueno, dice López, que hasta se las arregla para salir bien en las fotos mientras juega. «En las fotos nunca está mal colocado, nunca le ves un mal gesto de esos con los que te puedes lesionar. Todos los jugadores salimos en fotos con la cabeza para abajo, otro con la pierna por ahí... Él siempre tiene el cuerpo erguido, el brazo siempre bien colocado, la bola tocando adelante y las piernas flexionadas. Y el saque, técnicamente, es buenísimo».

Un superhombre. Está claro que en lo técnico y lo físico, Federer es insuperable. En la fuerza mental, en cambio, tiene competidores a su altura.

«Roger tiene que ganar todos los días que sale a una pista de tenis. Él, Rafa, Djokovic, cada vez que salen a una pista de tenis tienen que ganar. Tienes que estar preparado para eso, para mantener esa ambición cada día, eso sólo lo pueden hacer grandes deportistas como son ellos, gente de una fuerza mental brutal».

El juego de López es tan fino como aguda es su capacidad de análisis. ¿Son tan diferentes Federer y Nadal? «Son muy distintos, completamente diferentes. Rafa tiene también una movilidad brutal, pero la manera en que juegan Rafa y Federer es muy diferente. Rafa tiene una táctica distinta en cada punto, algo que muy pocos son capaces de hacer. Federer va siempre a por la bola. Han crecido en diferentes ambientes tenísticos, Federer en pista cubierta en Suiza. Sin viento y con temperatura estable, el golpeo de la bola es diferente; Rafa, en tierra batida, al aire libre y en Mallorca. Es absolutamente diferente. Fíjate cómo juegan los checos, los nórdicos, buena parte de los franceses... Juegan con golpes planos, bien apoyados siempre. Es muy distinto, en España es otro tipo de tenis. Pero Rafa, a nivel de movilidad en una pista de tenis... ¡cuidado! Yo he visto a poca gente más rápida. Hace mucho más esfuerzo que Federer, claro, pero Federer es el que menos esfuerzo hace de todos».

Federer es un artista y Nadal, un guerrero. Basta con escuchar a Federer para confirmar una vez más que en toda simplificación hay algo de injusticia, pero nadie puede decir que Evert no sepa de tenis. Sin dejar de ser un guerrero —ni podría, ni le convendría, ni querría dejar de serlo—, Nadal fue comprendiendo con el paso de los años que no iba a poder jugar toda su carrera como en aquella final de Roma 2005 que le ganó al argentino Guillermo Coria. Pasó una década y muy pocos partidos en el circuito igualaron esa intensidad, cinco sets con un nivel de desgaste físico asombroso y la adrenalina disparada al límite.

Aquel 2005 fue el año de la explosión de Nadal, cuando el mundo del tenis y el propio jugador sentían que el español podía siempre jugar una pelota más y ganar el punto por más que estuviese cuatro metros por detrás de la línea de fondo. «Todo es posible poniendo todo de tu parte», decía con la confianza y la sencillez que sólo dan la juventud.

Y bastante de eso había: Nadal era un superhombre, dueño de una fuerza física que, sumada a una mentalidad de hierro, lo propulsaron en pocos meses desde fuera de los cincuenta primeros al segundo puesto del ranking mundial. El primer título de Roland Garros ya estaba en el bolsillo y la pregunta era hasta dónde podía llegar ese asombroso español de mirada huidiza y brazo de hierro.

La respuesta llegó a finales de ese mismo año: si de su mente dependía, el horizonte de Nadal era infinito. Pero los límites vendrían por otro lado, se los pondría ese mismo físico que atemorizaba a sus rivales.

Shanghái esperaba a Nadal. Era su primer Masters, se había ganado un lugar entre los ocho que se citan cada fin de año y el español estaba ahí, pero no para jugar, sino para explicarle al público chino por qué no podía hacerlo. Si en las semanas anteriores la tendinitis en las rodillas había complicado su juego, en China el problema era en un ligamento del pie izquierdo.

A la renuncia a aquella gran cita le sucederían unas cuantas más, pero aquel 2005 de la explosión tenística seguida de la desilusión puso a Nadal ante un dilema impensable para un deportista de diecinueve años: el retiro. Analizó por unos días, incluso, dejar el tenis y pasar a desafiar a Tiger Woods. Pensó en convertirse en golfista profesional. De alguna manera tenía que calmar sus ansias competitivas.

Porque el mayor enemigo en la carrera de Nadal no fue Federer, no fue Djokovic, fue su cuerpo. Primero, un delicado hueso del pie izquierdo, el escafoides del tarso. Más tarde, el desgaste en sus rodillas, también con una dolencia de nombre extraño, la hoffitis.

La lesión es congénita, y tras desconcertar a varios especialistas, un médico en Madrid que había escrito una tesis sobre el diminuto hueso en cuestión le dio a Nadal su diagnóstico: existía la posibilidad de que debiera dejar para siempre el tenis y retirarse a los diecinueve años.

Nadal estaba desolado, se arrastraba como un alma en pena, sin alegría, motivación ni apetito. La sola idea de verse obligado a dejar el tenis lo martirizaba. Fue entonces cuando a su padre, Sebastián, se le ocurrió la idea: «Con todo ese talento y esas pelotas que tienes —comenzó a argumentar—, no veo ninguna razón para que no puedas convertirte en un golfista profesional».

La historia del Nadal golfista fue revelada por el propio jugador al periodista y escritor John Carlin, coautor de *Rafa*, la autobiografía que el español lanzó en 2011. Carlin se molestó cuando se encontró en los medios con esa interpretación, que tildó de exagerada, pero basta con leer a Nadal para comprender que el pensamiento cruzó seriamente por su mente y la de su equipo: «Aquella posibilidad, más bien distante, tiene que esperar por ahora, y espero que para siempre», escribió.

En aquellos días de incertidumbre —sólo comparables con el periodo entre junio de 2012 y febrero de 2013, en el que otra vez pensó que el tenis se había acabado para él, y la pausa de 2023—, la marca de ropa deportiva Nike trabajaba en diseñar una zapatilla y una suela especial para ese delicado pie izquierdo. Pero el tiempo pasaba y el humor de Nadal en Mallorca era de perros. No podía entrenar. Tampoco sabía si tenía sentido volver a hacerlo.

Entonces a su tío-entrenador, Toni Nadal, se le ocurrió una «solución»: Rafael entrenaría cuarenta y cinco minutos diarios sentado sobre una silla. Así, al menos, movería los brazos y liberaría energía y frustraciones, aunque no pudiera apoyar el pie.

Nadal, que de tan expuesto que está, de tanto interés que genera, alguna vez convirtió en exageradamente famosa una ampolla en su mano izquierda, prefiere bajar el tono a sus problemas físicos, aunque —paradoja central del nadalismo— siempre termine hablando de ellos.

«Creo que si les preguntas a los jugadores, la gran mayoría te dirá que está jugando o ha jugado con dolores en la temporada. Es así: el calendario no da tregua, te obligan a jugar muchos torneos y el cemento es malo para las articulaciones. Yo ya no lo veré, pero ojalá las nuevas generaciones tengan un circuito más saludable», dice.

Mientras esas nuevas generaciones llegan, el español ya no es el de sus inicios. Cada vez que puede plantea el partido jugando sobre la línea de fondo para intentar ganar con puntos más cortos y menos despliegue físico. Saca mejor y tiene más confianza y recursos a la hora de definir en la red. Sigue habiendo tiros heroicos, agónicos, impensables —el *passing-shot* de *drive* paralelo y el revés corto cruzado cuando ya parece vencido son los dos más espectaculares—, pero ya es imposible que juegue un partido como aquel con Coria en el Foro Itálico. En parte porque el tenis ha cambiado, en parte porque Nadal también.

Con un físico más afinado y algunos kilos menos, el paso del tiempo no le es indiferente al español, que desde que cumplió veinticinco años se ha referido cada vez con más frecuencia a su edad. En esa recta final de su carrera —una recta mucho más larga y exitosa de lo que cualquier experto esperaba—, la meta de Nadal es que se lo deje de medir por los resultados o el ranking. Lo niega incansablemente, desvía la atención del tema siempre que puede, pero en los años finales lo suyo es una batalla con la historia, primero con Federer, luego con el suizo y Djokovic, y finalmente entre él y el serbio. ¿La meta? Ver quién gana más títulos de Grand Slam.

En ese sentido, los tres han pervertido cierto sentido del tenis, porque hasta la extraordinaria emergencia del «Big Three» la disputa no consistía en acumular títulos de Grand Slam como un niño que intenta atrapar la mayor cantidad de caramelos con la mano. Todos los títulos eran tomados en cuenta para calibrar la dimensión de un grande. Con Federer, Nadal y Djokovic, no: el conteo se centró en los Grand Slam.

Por eso las lesiones y las prolongadas ausencias del circuito frustraron tanto a Nadal, que es capaz de aceptar perfectamente una derrota: lo que no entra en su cabeza es la imposibilidad de competir.

De haber ganado la final de 2014 en Australia —y la de 2012 ante Djokovic, en la que tan cerca estuvo de hacerlo—, y de no haber fallado Federer en la final de Wimbledon 2019 con dos *match point* a favor sobre Djokovic, o en dos semifinales consecutivas del US Open en la misma situación, la carrera por la historia lo hubiera visto claramente al frente.

La pregunta era obvia, y Nadal la respondió en febrero de 2015 en Río de Janeiro en su enésimo regreso tras un periodo de lesiones. ¿Se está convirtiendo su físico en su peor rival, incluso por encima de sus oponentes en el circuito?

«Yo no lo considero al físico como a un rival. El físico me ha ayudado mucho en toda mi carrera, me ayudó a estar donde estoy y confío en que me siga acompañando hasta donde sea posible para seguir compitiendo bien y tener condiciones de hacer lo que me gusta».

Rodillas, pie, talón, abdominales, psoas, costillas, muñecas, espalda... Todo falló en algún momento, pero Nadal siempre estuvo ahí.

16

Increíble, pero real

«Creo que Federer abrirá algunas cervezas esta noche». Directo y bien gráfico, Mats Wilander entendió en aquella tarde del último día de mayo de 2009 que algo muy importante acababa de pasar. Una semana más tarde, Wilander vio confirmada su intuición.

Robin Söderling se acercaba a la red en aquella fría tarde de nubes cargadas en París cuando algo que vio del otro lado lo instaló en la dimensión desconocida: en vez de maldecir por la derrota, una sonrisa brotó en su interior. Se estaba alegrando de la victoria de su rival. Acababa de perder y sonreía.

«Él estaba llorando, estaba feliz. Y yo estaba triste, pero cuando vi lo feliz que él estaba, también me alegré un poco por él. Era muy raro... Me dije: "Pero ¡¿qué estás haciendo?!"».

Cuando Söderling habla de «él» se refiere a Roger Federer, ante el que acababa de perder la final de Roland Garros. ¿Qué estaba haciendo? Simple. Söderling era causante y testigo directo a la vez de un momento clave en la historia del tenis. En el duelo de Nadal y Federer por la gloria eterna, la final de Wimbledon 2008 —que, tras ganar, le permitió al español saltar una barrera infranqueable hasta poco antes— es tan importante como los octavos de final de Roland Garros 2009, el día en que sucedió algo increíble, algo que no se había dado hasta entonces y volvería a verse muy excepcionalmente en los años posteriores: Rafael Nadal derrotado en el Abierto de Francia.

El culpable de tumbar a Nadal fue Söderling, y el que permitió elevarse a Federer, también. La historia no siempre se escribe en las finales. Que Söderling le limpiara el camino en aquel torneo es algo que Federer nunca terminará de agradecerle. Venía de perder en las semifinales de 2005 y las finales de 2006, 2007 y 2008 con Nadal. La última derrota había sido especialmente humillante, un 6-0, 6-3 y 6-1 que mostró al suizo como un juguete a merced de Nadal en uno de los escenarios más emblemáticos del tenis.

«Fue quizá el mejor tenis que haya jugado nunca sobre tierra», admitiría Nadal años más tarde. Pero para Federer fue casi una ignominia. Lo último que quería el suizo era volver a cruzarse con el español en ese rectángulo naranja.

Y entonces apareció Söderling para jugar el partido perfecto ante Nadal. Mandó desde el fondo con una autoridad impensable. El *top spin* del español no le hacía daño, más bien parecía darles más fuerza a sus golpes. De modo que Nadal se pasó la tarde corriendo de lado a lado, desarmado como nunca se lo había visto en una cancha de tierra batida. Controlado. Dominado. Superado.

Así hasta las 17.55 de ese 31 de mayo de 2009, cuando una volea ancha de Nadal cerró el partido con un 6-2, 6-7 (2-7), 6-4 y 7-6 (7-2) para el sueco. Söderling levantó el pulgar en señal de victoria, pero era mucho más que eso: cortaba la racha de cuatro títulos y treinta y una victorias consecutivas del español, que se fue rápido, inevitablemente molesto con el «¡Robin, Robin!» que seguía vitoreando un estadio que apoyó al sueco sin tapujos.

Sesenta y cuatro meses después de aquel día único, Robin Söderling no parece un tenista, aunque de alma lo siga siendo. Es una tarde de octubre de 2014, en un Estocolmo lluvioso y otoñal, y el hombre que cambió la historia del tenis tiene más pinta de ejecutivo de alguna firma de moda sueca. Delgado y en forma, sigue midiendo 193 centímetros y pesando 87 kilos, quizá alguno menos. Pero es otro. Impecable con su chaqueta azul oscuro entallada y camisa azul claro sin corbata, la sonrisa relajada y feliz del sueco no alcanza para ocultar que algo le falta.

Sentado tras un escritorio caoba en una oscura oficina que atrasa medio siglo en el segundo piso del tradicional Club Kungliga, a su izquierda puede ver por la ventana cómo el búlgaro Grigor Dimitrov —gran talento, valiosa persona— hace lo que a él más le gusta: jugar al tenis.

Söderling dirige ahora el torneo de Estocolmo, pero él lo cambiaría todo por ser un jugador como Dimitrov. El sonriente sueco es un hombre clave para los libros de historia de su deporte, el hombre que interrumpió una gran racha de Nadal, impidió que Federer se sumara a Pete Sampras, John McEnroe, Ivan Lendl, Mats Wilander, Stefan Edberg, Guillermo Vilas y algunos otros más en esa lista de tenistas capaces de ganar tres de los cuatro Grand Slam y a los que el cuarto siempre se les atragantó. No, Söderling reseteó la historia, sacó a Nadal de Roland Garros a puro palo y, cuando en la final se inclinó ante Federer, se alegró por su rival, que en ese mismo instante ya era como Donald Budge, Fred Perry, Roy Emerson, Rod Laver y Andre Agassi: campeón de cada uno de los cuatro grandes. Seis meses después, Nadal se sumaría a la lista al ganar en Australia. Djokovic también se uniría a ellos luego. Söderling retó a la historia, cambió su rumbo y dos años más tarde ya no pudo seguir escribiendo la propia, esa que tan bien se perfilaba.

El «no» es contundente cuando el autor de este libro le pregunta si está hablando con un extenista, pero lo cierto es que el sueco lleva a esas alturas más de tres años sin jugar en el circuito debido a una mononucleosis. «Voy a volver a intentar jugar, y espero que funcione».

Tres años antes, con veintisiete, Söderling se perfilaba como una seria amenaza para el trío Roger-Rafa-Nole. Era un jugador molesto, con potencia, talento y descaro, una máquina de buscar la victoria, un hombre que supeditaba casi todo al éxito y que no era exactamente querido por la mayoría de sus colegas en el circuito.

«En 2011 gané cuatro torneos en seis meses. Siempre pensé que jugaría hasta los treinta y cinco, así que aún tengo esperanza. Cuando esto pasó estaba en los mejores años de mi carrera...». Lo cierto es que Söderling nunca volvería a jugar en el circuito y confirmaría su retiro en 2015.

Una mueca brota en su rostro cuando escucha que Federer es afortunado incluso a la hora de contraer mononucleosis. La del suizo duró unos meses y no afectó en nada su carrera. La de Söderling es otra cosa.

«Al principio fue horrible. Los primeros seis meses no podía caminar ni diez metros, tenía que descansar tras cinco metros. Eso duró seis meses, pero el primer año fue realmente malo...».

Tres años después, el sueco vivía lo que define como «fatiga posviral». «A veces, si no tienes suerte, el cuerpo puede estar cansado por mucho mucho tiempo. Mario Ančić también tuvo muchos problemas, le costó años volver. Los médicos me dicen que todos se recuperan al cien por cien. A algunos les cuesta dos meses. A otros, tres años».

El Söderling de la fatiga posviral ve cosas que antes no veía. Le pasa al entrar al vestuario o la sala de jugadores del torneo que dirige.

«Pequeñas cosas, ves jugadores que toman un poquito de agua y luego tiran la botella. Yo también lo hacía cuando jugaba, no pensaba en eso. Pero ahora, desde la perspectiva del torneo, ves doscientas botellas de agua y... Hay otras cosas también, por ejemplo, que se llevan las toallas. Cuando estás del otro lado piensas de manera diferente. Como jugador se te malcría mucho. Tienes todo, cada semana, y lo das por hecho. Te acostumbras, piensas que es lo normal. Aunque es también una vida dura, se dice que tienes todo y que ganas mucho dinero y viajas por todo el mundo, pero es una vida muy dura, en especial en lo físico, pero también en lo mental. Tienes que rendir cada semana, tienes la presión de los medios, de los patrocinadores, del ranking, de todos. Todas las semanas, y es muy poco el descanso que tienes».

El tenista que no puede ser tenista dedicó dos años de ese «limbo» deportivo a diseñar una pelota que se adapte a cualquier superficie, y viajó a Tailandia para explicarle en persona al fabricante cómo deseaba que fuera. «Creo que los jugadores conocemos el tenis mejor que la máquina que produce las pelotas. Es asombroso, no había hasta ahora ninguna pelota diseñada por un tenista». Que bautizara la pelota como «RS» da cierta idea del estado de ánimo de Söderling: si la vida lo condena a mirar por siempre el tenis desde fuera, que al menos haya algo que deje su marca en las pistas.

Lo de Söderling es, al fin y al cabo, humanamente inusual. Llegó a la cumbre de su vida profesional a los veinticinco años. Lo más grande que hizo le llegó cuando justo comenzaba a ser adulto. «No hay nada en la vida comparable a entrar al estadio Philippe Chatrier, repleto de espectadores, y saber que millones de personas te van a seguir por televisión. Y juegas bien y derrotas a Federer, y juegas bien y derrotas a Nadal. No puedes tener eso en ningún otro aspecto de la vida».

El sueco insiste en algo: el éxito sobre Nadal en octavos de final de Roland Garros no es lo que más valora cuando revisa su carrera. «No quiero ser recordado por haber ganado un partido ante un jugador. Esa victoria mía creo que dice más de él que de mí, de lo increíble que es su récord. Yo quiero ser recordado por haber jugado dos finales de Grand Slam y ganado diez títulos. Para mí eso es más grande que haber ganado ese partido».

El mismo mes de ese encuentro con Nadal, Söderling había perdido 6-1 y 6-0 con el mallorquín en los octavos de final de Roma, aunque el resultado fue engañoso. «Lancé diez tiros ganadores por punto y a pesar de todo perdí», dijo el sueco, que cinco años y medio más tarde tiene bien presente el partido, una batalla de ochenta y cuatro minutos en el Foro Itálico que, por duración, desmiente que haya sido arrasado. «Jugué bien —dice, pese al resultado—. Fue un buen partido. Esto es así, quizá en París jugué un 15 por ciento mejor y él un 5 o 10 por ciento menos».

Con la separación de sus padres —luego se vería que temporal—, Nadal estaba atravesando un mal momento personal en aquel 2009, en el que también se había involucrado en cuanta batalla existiera: contra el presidente de la Federación Española de Tenis (RFET), Pedro Muñoz; contra el jefe de la ATP, Etienne de Villiers; con el sistema de control antidopaje, y con el trato que le dispensaba el torneo de Madrid. Nadal era una caldera con exceso de presión. No era casual que acabara de vivir algo inédito en su carrera, perder dos finales consecutivas sobre tierra batida. La de Madrid ante Federer y la de París con Söderling.

El sueco, en todo caso, le hizo indirectamente un favor al español, porque le permitió celebrar por única vez en muchos años su cumpleaños en Mallorca. Los 3 de junio son siempre día de trabajo para Nadal, enfrascado en la sintonía fina de la conquista de un nuevo Roland Garros.

«Creo que en cierta forma perder lo ayudó —aventura Söderling—. Si pierdes una vez ya nunca debes pensar "nunca perdí aquí". Se quitó toda la presión».

No hay dudas de que Nadal habría preferido mantener esa presión, pero el español no puso excusas. Dijo, eso sí, alto y claro que la derrota era su culpa, algo inusual en él, que siempre intenta —aunque no siempre lo logre— darle el mérito a su rival. «Jugué corto, muy mal. Creo que la derrota fue más bien culpa mía —dijo Nadal ante una sala repleta de periodistas que querían escrutar cada palabra, cada gesto, del hombre que había dejado de ser invencible—. Si los dos jugamos al máximo nivel, sobre esta superficie debo ganar yo».

Aunque objetivamente el análisis era cierto, a Söderling no le gustó nada: «Si él dice que jugó mal es cosa suya, yo no diría nunca algo así». Cinco años más tarde seguía pensando igual: «Cuando pierdo un partido puedo llegar a decir que no jugué tan bien, que sé que podría jugar mejor, pero nunca le quitaría mérito a mi oponente. Eso no se hace. Se lo puedes decir a tu entrenador, pero no a los medios. No me parece adecuado. El tenis no trata de eso, no trata de quién es el mejor cuando estás jugando tu mejor tenis. El tenis consiste en ganar partidos, y nadie puede jugar su mejor tenis en cada partido. ¿Por qué son tan buenos Nadal o Djokovic? Porque no juegan [siempre] su mejor tenis. Y el tenis no consiste en jugar siempre a tu mejor nivel. He estado pensando en eso, en que si hubiera sido un poco más como Federer o Nadal, algo más sólido, podría haber llegado más lejos aún. Porque cuando jugaba mi mejor tenis podía derrotar a cualquiera. Batí a Federer, a Nadal, a Djokovic. Era, seguro, uno de los tres mejores del mundo cuando jugaba mi mejor tenis. Pero, insisto, eso no es el tenis».

Sea lo que fuere el tenis, el cruce de palabras entre el español y el sueco iba más allá de aquel partido. A Nadal, sencillamente, Söderling no le caía bien. «Söderling es un chico extraño —dijo Nadal tras derrotar al sueco en Wimbledon 2007 por 7-5 en el quinto set en un partido que duró cinco días debido a las interrupciones por la lluvia—. Le saludo y no me contesta nunca».

Dos años más tarde, en la tarde de aquel 31 de mayo de 2009, Söderling se cansó de que le preguntaran por el tema: «Estoy harto de esa pregunta. Para mí es un jugador como cualquier otro del circuito».

Pero ¿es cierto que no les devolvía el saludo a sus compañeros? Söderling buscó las palabras mientras se acomodaba tras el escritorio en el Kungliga.

«No... Bueno, quizá si no lo viera. Notaba que a veces la gente esperaba que el otro dijera "hola" primero. Si te veo, espero hasta que me digas "hola", y si no me dices "hola", yo no te digo "hola". Y entonces dicen: "No, no te saluda". ¿Entiendes lo que digo?».

Pero Nadal se refería a otra cosa: cruces en pasillos, salas de jugadores, canchas de entrenamiento y ninguna respuesta del sueco ante su saludo.

«Nunca haría eso —asegura el Söderling posmononucleosis—. Quizá si no lo viera, quizá no le decía hola a todos los jugadores porque te los cruzas todo el tiempo».

El Söderling treintañero tenía sin embargo una mirada crítica sobre el veinteañero: «Me veo en algunos partidos y no parezco la más simpática de las personas... Tal vez no lo era en la pista, pero fuera de ella era diferente».

Es probable, añade, que se haya tomado el tenis excesivamente en serio. «Quizá demasiado en serio, porque cuando jugaba no hacía mucho más. Me gusta jugar al golf, me gusta cazar, me gusta bucear, pero no lo hacía porque... No, no, tenía que enfocarme en el tenis. Estaba en una burbuja, mi vida entera era tenis».

Pero al final esa obsesión por el tenis le dio resultados, funcionó: «Funcionó, sí, pero probablemente funcione incluso un poco mejor si tienes otra cosa». Y entonces regresa el recuerdo de aquellas dos finales, la derrota ante Federer en 2009 y la caída ante Nadal en 2010.

«Son dos jugadores diferentes, así que se hace difícil decir quién de los dos es mejor. Para mí, Federer es el mejor. Me era mucho más difícil jugar contra Federer que contra Nadal. Porque Nadal es uno de los mejores jugadores de todos los tiempos, es enorme, claro, pero cada vez que entraba a la cancha sabía qué podía esperar. Sabía qué podía hacer y sabía lo que no haría. Sé que lo que hace lo hace muy bien, pero siempre podía preparar una táctica, sabía qué sucedería. Con Federer jugué, no sé, catorce, quince, dieciséis veces, y creo que puedo decir que sólo jugué bien quizá tres. Jugaba tan mal siempre... Y me decía: "¿Por qué juego tan mal contra Federer?"».

Söderling, que en dieciséis enfrentamientos sólo batió una vez al suizo, en los cuartos de final de Roland Garros 2010, tiene bien claro por qué jugaba tan mal. «Él me hacía jugar mal. Con Nadal podía ganar o perder, pero había mucho más ritmo. Sabes que puede correr durante cinco horas, que todas las pelotas regresan, que es un jugador increíble. De las seis veces que jugué contra él probablemente jugué bien cuatro o cinco, porque no es tan difícil jugar con Nadal como lo es jugar con Federer».

Fueron ocho, en realidad, con seis triunfos del español y dos del sueco, que sigue obsesionado con lo indescifrable que es el tenis del suizo y con su capacidad de concentración.

En aquella final del 7 de junio de 2009 hubo un intruso que pudo cambiar la historia. Jaume Marquet Cuna, un español que acostumbra a interrumpir grandes eventos deportivos, saltó a la cancha del Philippe Chatrier, vestido con una camiseta de la selección suiza, una bandera del Barcelona y un típico gorro catalán que, por un par de segundos, encasquetó en la cabeza de Federer.

Marquet Cuna se autoapoda «Jimmy Jump», marca con cierta lógica para alguien que salta repentinamente a los escenarios más codiciados del deporte y trastoca todo. Incluso la final de la Eurocopa, como hizo en 2004 en Lisboa.

«Recuerdo a ese tipo cuando entra corriendo a la cancha. Fue en el inicio del segundo set. No entendía qué estaba haciendo, veía que quería atrapar a Federer. No sabía qué hacer. Fue algo un poco atemorizante, porque podía tener un cuchillo o algo así».

El desconcierto de la seguridad en Roland Garros fue enorme, porque Jimmy Jump logró eludir a varios de los seis agentes e incluso saltar la red en dirección a Söderling antes de ser reducido.

El momento, insólito, podría haber desequilibrado al suizo, que no estaba jugando un partido normal. «Fue duro mentalmente, pensaba en lo que significaría ganar este torneo —admitió Federer con el trofeo ya a su lado—. Estaba muy nervioso en el inicio del tercer set, porque me di cuenta de lo cerca que estaba. El último juego fue casi imposible de jugar para mí, sólo quería sacar bien. Fue una montaña rusa de emociones».

La aparición de Jimmy Jump podía desconcentrar a Federer, pensó Söderling también en aquellos minutos. «Me dije que debía concentrarme y ganar uno o dos puntos. Y pensé que Roger podía haber perdido la concentración un poco. Pero tras un juego él estaba jugando bien otra vez. Pudo olvidarse de todo y jugar. Eso demuestra lo fuerte que es mentalmente».

Y entonces, a las 17.12 del 7 de junio de 2009 en París, a Federer le importaron poco los 12 °C y el cielo plomizo. Söderling estrelló una derecha en la red, el suizo se arrodilló y comenzó a llorar. Al ponerse de pie, al llanto se le superpuso una sonrisa, y entonces Söderling entendió que también él debía alegrarse.

«Es como cuando ves a una persona muy triste, o ves televisión y te entristeces tú también. Si ves a una persona feliz, tú también te sientes feliz. Y para mí era mucho, pero mucho más fácil aceptar perder contra Federer que contra cualquier otro. Porque es tan bueno, y para mí es el mejor jugador de todos los tiempos».

A cientos de kilómetros de París, otro hombre se emocionó con el triunfo de Federer: Rafael Nadal. «Lloré cuando Roger Federer ganó Roland Garros», confesó el mallorquín en una entrevista con *L'Equipe*. Meses más tarde, Nadal le dijo al *Tages Anzeiger* suizo que en realidad no lloró: «No lloré, pero fue emocionante para mí. Sentí que se lo merecía tras perder conmigo en 2005, 2006, 2007 y 2008 en París. No soy el tipo de persona que espera que sus rivales pierdan siempre».

Nadal vivió el partido por televisión en su casa de Manacor. No suele ver mucho tenis cuando se va antes de tiempo de un torneo, pero no quería perderse aquella final. «Me emocionó. Se merecía ganar un día ese torneo, después de tantas finales y semifinales. Merecía ganar los cuatro Grand Slam».

Cinco años después de aquel inolvidable 31 de mayo de 2009, Söderling siente que repartió mal sus triunfos. «Pienso en eso muchas veces. El primer año derroté a Nadal y perdí con Federer. Al año siguiente batí a Federer y perdí con Nadal. Muchas veces me encontré pensando: ¿No podría haber hecho las dos cosas en el mismo año? Porque preferiría haber ganado una vez el Abierto de Francia y perder al año siguiente en primera ronda que haber llegado a dos finales».

17

En el túnel del tiempo

Pete Sampras tenía a Rod Laver del otro lado de la red cuando surgió un problema inesperado: acababa de romper el cordaje y no tenía raqueta de reemplazo.

«Le dieron una de madera —recuerda Laver, dos veces ganador del Grand Slam (los cuatro grandes torneos en una misma temporada) y el último en hacerlo, en 1969—. Me dijo que no sentía velocidad, aunque sin dudas tenía *timing* para impactar la pelota».

Aquello fue, muchos años atrás, un peloteo sin pretensiones entre dos leyendas del tenis, pero Laver cree que si a los jugadores de hoy se los hiciera jugar en el circuito con raquetas de madera de un día para el otro, sufrirían un *shock*.

Entre las raquetas que usaba Laver y las que utilizan hoy Nadal o Djokovic hay galaxias de distancia. La diferencia de velocidad entre su época y la actual es enorme, destaca Laver, que recuerda cómo su entrenador, Charlie Hollis, le insistía en que necesitaba años para perfeccionar cada uno de los golpes del tenis: dos años para la derecha, dos para el revés, dos para el servicio.

«Ya no es así —le dice Laver al autor de este libro—. Los jugadores de hoy pueden perfeccionar todo eso en seis meses. Cuando nosotros jugábamos era saque y volea, saque y volea.

Recogíamos unas pelotas y volvíamos a empezar, porque tampoco teníamos recogepelotas con mucha frecuencia en aquellos tiempos...».

El australiano Darren Cahill fue un buen jugador de individuales y dobles, además de entrenador de Andre Agassi. Coleccionista de raquetas —tiene más de doscientas en un depósito en Las Vegas—, sabe que no hay nada más importante en su deporte. «A la raqueta hay que entenderla, conocerla, confiar en ella. Es parte de tu familia. Esas historias de gente que se lleva la raqueta a la cama y duerme con ella: vivimos para eso. Vemos más a nuestras raquetas que a ninguna persona en nuestra vida».

Cahill confió al *New York Times* un secreto de Agassi: el ex número uno compraba raquetas que utilizaban sus rivales para probar por qué tal o cual tiro les salía tan bien. Formaba parte de la preparación de cara a ciertos partidos.

El tenis cambió, y no porque en 2015 Rafael Nadal estrenara una raqueta con un microchip. No, lo fundamental es que las raquetas de hoy permiten unos tiros y una potencia impensables en sus predecesoras de madera.

Una raqueta de más de trescientos gramos hoy en día se considera pesada. Medio siglo atrás las raquetas de madera pesaban hasta ciento cincuenta gramos más. Es un nuevo mundo de raquetas que parecen catapultas. Así, los jugadores pegan más fuerte que nunca y se lesionan las muñecas también más que nunca antes. Es lógico: el cuerpo humano, a diferencia de las raquetas, tiene límites. Ni hablar si, además, las pelotas cambian de características según los torneos: peso, dureza, revestimiento.

La pregunta circuló durante años en el mundo del tenis: ¿quién sufriría más con una raqueta de madera? ¿Federer o Nadal?

El suizo Marc Rosset responde con malvada ironía: «Sufriría la raqueta, con Nadal siempre sufre la raqueta».

Martina Navratilova cree que ninguna de las estrellas de hoy podría jugar con aquellas pesadas raquetas de madera de los años sesenta. «Nadie podría. Roger no podría jugar de la manera en que lo hace, porque fallaría muchas pelotas, se vería obligado a cambiar el golpe». Pero el retroceso tecnológico afectaría más a Nadal, precisa la estadounidense: «Sería un problema más serio por el modo en que le pega a la bola».

El *top spin* exagerado de Nadal, que le imprime a la pelota una velocidad de rotación sin parangón en el circuito, sólo es posible con las raquetas actuales. Con las de entonces, por una cuestión de tamaño, cuerdas, materiales y peso, sería impensable.

«Creo que Rafa llevó el juego a un nivel superior —analiza el austriaco Thomas Muster, que llegó a ser número uno del mundo con un juego de potencia y *top spin* desde el fondo de la cancha que lo sitúa como engarce entre el Guillermo Vilas de los setenta y ochenta y el Nadal de la actualidad—. Si ves a Guillermo Vilas y ves a Rafa, ahí está la evolución del tenis. Son de estilos similares, zurdos y con *top spin*».

Jimmy Connors, que se aferró por más tiempo del imaginable a su legendaria raqueta metálica T-2000, no quiere analizar el tema en profundidad: «Las opiniones son como los zapatos, todos tienen unos».

Hace ya años que los espectadores se acostumbraron a ver tiros imposibles, desde saques supersónicos hasta *passing shots* paralelos en los que la pelota supera la red con gran altura para luego caer bruscamente dentro de los límites de la pista. Hay muchas situaciones de ese tipo todas las temporadas, pero en 2014, los reyes de los tiros imposibles fueron el búlgaro Grigor Dimitrov y el australiano Nick Kyrgios.

Que sucediera en la pista central de Wimbledon fue la clave para que el golpe de Kyrgios se convirtiera en el tiro del año. Rafael Nadal lanzó una derecha que encontró mal ubicado al australiano. La reacción de este, sin tiempo para moverse e impactar la pelota, fue colocar la raqueta entre sus piernas: la pelota rebotó y cayó mansamente del otro lado haciendo imposible la respuesta del español. Es de esos tiros que se hace en los entrenamientos, pero difícilmente en el estadio de tenis más famoso del mundo. Es, también, de esos tiros que una raqueta de madera no permitía hacer.

El escenario de los golpes de Dimitrov contó con menos espectadores, aunque no por ello fue menos atractivo: el Kungliga Tennishallen de Estocolmo es probablemente el estadio de tenis bajo techo más bello del mundo.

En aquel octubre de 2014, Dimitrov le ganó dos puntos consecutivos de forma muy heterodoxa al estadounidense Jack Sock. El segundo punto fue un tiro entre las piernas que se convirtió en golpe ganador, pero el primero fue superior. Dimitrov sacaba 30-0 y conectó un buen servicio abierto que Sock devolvió con un derechazo furioso a las zapatillas del rival. La pelota aterrizó a la izquierda de Dimitrov, junto a su pierna, y al búlgaro le pasó lo mismo que a Kyrgios: no tenía tiempo, la pelota llegaba a una velocidad supersónica, ni siquiera podía preparar un intento de revés.

El por entonces novio de Maria Sharapova optó por transmutarse en mago: pasó la raqueta por atrás de su espalda de derecha a izquierda, ubicándola en forma vertical al suelo, con la cabeza apuntando al suelo. La pelota retornó al campo contrario impulsada por la violencia del golpe previo y dejó sin reacción a Sock. El búlgaro no necesitó darle la más mínima aceleración al golpe, no movió la raqueta. Le alcanzó con ponerla en el lugar justo.

Ya en 2022 y 2023, el tenis comenzaría a acostumbrarse a los tiros imposibles del español Carlos Alcaraz. Es como dice Antonio Martínez Cascales, que lleva al veinteañero por el circuito en dupla con Juan Carlos Ferrero: «En los entrenamientos le he visto hacer tiros que no sabía que existían».

Tiros imposibles con raquetas de madera. ¿O no? Dimitrov

responde con sinceridad mientras caminamos por Melbourne Park. «Creo que el primero, sí, era imposible. El segundo me parece un asunto abierto, para ser honesto».

El búlgaro no tiene problema en admitir su asombro por las raquetas de madera que se utilizaban veinticinco años antes de que él naciera. «Es bastante increíble cómo jugaban con esas raquetas, ¡sería muy interesante dar unos tiros con ellas!».

Stan Smith jugó y ganó dos torneos de Grand Slam con raquetas de madera, pero además vivió el salto al metal, al grafito y a los compuestos actuales. Sabe muy bien de lo que habla.

«Algunos de los tiros que se ven hoy son sólo posibles por las raquetas modernas —dice—. Las raquetas de hoy son más livianas que nunca, pero además más grandes. Las cuerdas son completamente diferentes. Todo esto cambió el tenis de forma drástica».

En sus años, recuerda Smith, todos jugaban más o menos con un mismo tipo de raqueta, no existía la variedad de hoy. Al estadounidense le divierte imaginar qué podrían haber hecho los jugadores de su época con la tecnología actual. «A Laver le hubieran encantado estas raquetas, porque le habrían permitido muchísimo *spin* tanto de derecha como de revés. Para Rosewall no hubieran sido mucho cambio, mientras que yo habría podido darle algo más de *top spin* a mis tiros. O quizá no, pero sin duda habría tenido más control con los golpes de fondo, podría haber golpeado más fuerte la pelota. Todos le habrían pegado más duro de haber tenido estas raquetas. Tal como hacen hoy».

Manolo Santana, fallecido en 2021, fue el tenista más grande de España hasta la aparición de Nadal. Lo crio su madre, ya que su padre murió cuando él tenía trece años, vencido por una enfermedad que contrajo en la cárcel en la que fue retenido durante la Guerra Civil. En su casa no había dinero, así que su primera raqueta estuvo lejos de ser una Dunlop Maxply: no, Santana, al que Laver consideró en vida «un mago», usó el respaldo de madera de una silla para construirse una.

Smith cree que las raquetas actuales habrían beneficiado mucho al español. «Manolo tenía golpes con efectos de *top spin* y *slice*; con estas raquetas hubiera sacado mejor y devuelto con mucha más efectividad. Son raquetas hechas para un Santana, para un Laver. ¡Y Vilas —añade—. Vilas hubiera sido increíble. También habrían ayudado a Borg, todos estos jugadores amarían estas raquetas. A Connors y McEnroe, en cambio, no les hubiese cambiado mucho. Quizá hubieran ayudado a mejorar el servicio de Connors, su control, aunque él jugaba con esa locura de raqueta».

Más allá de los tiros de Kyrgios y Dimitrov, que no dejan de ser rarezas, Smith tiene un claro ejemplo de un «tiro imposible» con raquetas de madera y que en la última década fue de los más habituales e importantes en el circuito: el revés de Rafael Nadal cuando se ve acorralado contra la esquina, apurado por un oponente. «Un golpe absolutamente imposible con una raqueta de madera. De hecho, es un tiro que pega atrás, vencido, no impacta la pelota adelante».

Smith ofrece la precisión de un cirujano cuando el debate se plantea a la inversa: raquetas de madera para Federer, Nadal y Djokovic. ¿Quién sufriría más?

«A Nadal le haría daño. Él sería, de lejos, el más afectado. Con todo ese *spin* que les imprime a sus golpes, pegaría con el marco de la raqueta un tiro de cada dos. No tendría suficiente superficie de encordado. Federer juega más como en la vieja época, así que podría jugar con ellas, aunque también se vería afectado en su derecha. No tendría el *spin* que le da hoy a ese golpe. Tampoco su servicio sería tan bueno, tendría menos efecto, la pelota saltaría menos».

¿Y a Djokovic? «Lo dañaría también, afectaría a todos, pero no complicaría su juego tanto como el de Nadal. Federer sería el menos afectado, tampoco complicaría demasiado a Murray ni a Del Potro, que impacta la pelota muy limpiamente. Su servicio no sería tan poderoso, tampoco su derecha, pero seguirían siendo más fuertes que los de todos los demás».

¿Probarías con una raqueta de madera? Nadal reflexiona dos segundos antes de contestar. «Es complicado. A ver, me gustaría, podría ser algo distinto y algo que podría llegar a ser divertido, pero evidentemente no sería probarnos en cuanto a cómo seríamos en esa época, porque no estamos acostumbrados a jugar con ella. Todos los que están ahí o han estado arriba hubieran sido buenos en esta época o en cualquier otra. Uno es bueno no por cómo le pega a la pelota. Es bueno porque es bueno, y al final uno se adapta a las condiciones».

En eso coincide con Connors: «Si fuiste un gran jugador en tu época, serías un gran jugador en cualquier época. Incluso con el cambio tecnológico».

18

El Nadal argentino

Argentina es, tenísticamente, un país especial. La primera vez que lo visitó, el muy latino Rafael Nadal pensó que lo mejor era no volver por un tiempo. La primera vez que lo pisó, el muy suizo Roger Federer pensó que por qué no había ido mucho antes.

Prácticamente en ningún país aparecen titulares sobre un torneo menor del circuito en las páginas iniciales de las webs de sus principales diarios. Tampoco un gran medio titularía «El mundo habla del tenis argentino...» para hablar del torneo de Palermo, un certamen de segunda fila y sin estrellas. Pero así era la Argentina tenística a la que Nadal llegó por primera vez en febrero de 2005. Se hablaba mucho de él, aunque aún no era una gran figura en el circuito, donde sólo había ganado un título, el de agosto de 2004 en Sopot. Era, eso sí, héroe de la Copa Davis, el jugador decisivo en la final ganada tres meses antes a Estados Unidos en Sevilla.

La explosión era inminente, el torneo de Buenos Aires sería para Nadal uno de los últimos en los que se le aceptaría el fracaso. Tras Buenos Aires, el de Manacor comenzó un camino de éxitos que lo llevó al número uno del mundo y a luchar por ser uno de los tenistas más grandes de todos los tiempos.

Pero antes de eso Nadal sufrió. Gastón Gaudio se encargó de

despedirlo en una infernal noche de viernes de verano saturada de humedad, mosquitos y reveses cortados por parte del argentino, por ese entonces reinante campeón de Roland Garros. El resultado de aquellos cuartos de final fue insólito: 0-6, 6-0 y 6-1. Con los años, Gaudio le sumaría al partido un plus mítico: según él, al entrar al vestuario después de la derrota, Nadal destrozó sus siete raquetas. Toda una exclusiva, tratándose de un jugador que siempre juró no haber roto una en su vida, algo que también sostiene su tío Toni.

«Creo que Gastón está equivocado... —diría Nadal entre risas nueve años más tarde en Londres—. Bah, ¡miente! Además, nunca llevo tantas raquetas».

Lo que no fue una broma fue lo que sintió en aquel paso por Buenos Aires. Nadal tenía dieciocho años, su adolescencia transparente e ingenua no estaba muy lejos en el tiempo, y lo cierto es que en su vida se había encontrado con un público como el argentino.

«Cuando volvió de esa gira, Rafa me dijo que no le apetecía mucho volver a jugar en Argentina —recuerda el que era alcalde de Manacor, Toni Pastor, casado con una argentina—. No se sintió cómodo».

Lógico. Ni Manacor es Buenos Aires, ni los españoles viven el deporte en general, ni el tenis en particular, como los argentinos, que van hasta el límite y a veces más allá.

En diez minutos de partido con Gaudio, Nadal —que tiene un radar y no se pierde detalle de lo que sucede a su alrededor— escuchó más ironías, burlas y pullas que en toda su vida hasta entonces.

Esa reticencia hacia el público argentino fue cediendo en cuanto el español creció y comprendió las razones profundas de un país fanatizado por el tenis. Juan Mónaco, uno de sus mejores amigos en el circuito, le explicó mucho sobre ello, también lo hizo David Nalbandian. Y Carlos Moyá, el más argentino de los tenistas españoles, contribuyó a «educar» a Nadal en los secretos de la argentinidad.

Secretos que le eran inaccesibles en abril de 2006, en Montecarlo. El español estaba en semifinales, y enfrente tenía al más argentino de los argentinos: Gaudio. Otra vez. Era un duelo entre el campeón de Roland Garros 2004 y su sucesor en 2005. Gaudio había ganado los tres primeros choques con Nadal y perdido en 2005 los dos siguientes con claridad. Además, tenía en el recuerdo el 6-3 y 6-0 que le asestó Nadal en los cuartos de final de Montecarlo el año anterior. El duelo en semifinales venía, por lo tanto, bastante cargado.

Tan cargado que Gaudio estalló en un cambio de lado. «No te hagás el boludo», dijo el argentino. «¡Si yo no he hecho nada!», respondió el español, por ese entonces de diecinueve años. «En serio te digo, no te hagás el vivo», insistió Gaudio al tiempo que hacía algo insólito en el tenis: darle un leve empujón con la mano a su rival al cruzarse con él camino a la silla.

Ya sentado y toalla en mano, Gaudio siguió hablándole a su rival. «No te hagás el boludo, no me pongas caritas». «¡Pero si no te he hecho nada!», insistió Nadal. El diálogo se puede seguir si se busca el vídeo en YouTube, aunque el sonido es malo y de baja calidad.

Pese a ello, en aquel 2006 se llegó a la conclusión de que el intercambio se cerró con un duro comentario de Nadal: «¡Cállate, sudaca gil!». La expresión «sudaca» es despectiva y ofensiva, pero está lejos de usarse de forma generalizada en España. Los que la aplican, eso sí, engloban en ella a todos los latinoamericanos, porque muchos españoles tienen un concepto de Sudamérica diferente al que es política y geográficamente correcto: sudamericanos son todos los que nacieron o viven al sur del Río Grande, desde Tijuana a Tierra del Fuego.

Era entonces, y sigue siendo habitual, que españoles bromeen con sus amigos latinoamericanos y los llamen «sudacas». También que los españoles —que utilizan el término «gilipollas»—, adopten el «gil» al que apelan los argentinos.

Entre amigos todo es posible y nada ofende si no se sale del acuerdo implícito que cualquier amistad implica. Nadal podría, por ejemplo, bromear con Juan Mónaco y decirle «sudaca», pero hacerlo en la cancha central del Monte Carlo Country Club ante las cámaras de televisión ya era otra cosa.

¿Lo hizo? Nueve años después y ya retirado, Gaudio dio a entender que no. «Yo no lo escuché, y no creo que lo haya dicho». El argentino se enteró más tarde del revuelo que el supuesto «sudaca gil» había causado en su país, pero insiste en que no puede asegurar que Nadal haya dicho lo que tantos creen que dijo. «Me pusieron el audio y tampoco entendí eso».

Para enero de 2008 todo había cambiado. Nadal fantaseaba con ser argentino. Lo anticipó en Australia en una entrevista con *Clarín*, el diario de mayor tirada en Argentina: «Me gustaría alguna vez sentir la sensación de ser argentino».

Los deseos de «argentinidad» de Nadal hicieron sonreír a varios en Argentina y desconcertaron a muchos en España. Un mes después de aquella confesión en Australia, durante una entrevista en el Club de Tenis Manacor, explicaría en detalle qué quiso decir con esa frase. También lo haría en noviembre de ese año, porque Nadal debía estar en pocas semanas en Mar del Plata para jugar la final de la Copa Davis ante Argentina. Finalmente se ausentó por una lesión, pero Mery, su novia, no podía imaginar el contratiempo en esa gris y fría sala de jugadores del torneo de Paris-Bercy en la que Nadal explicaba al autor de este libro qué quiso decir y ella lo escuchaba atentamente, aunque pareciera distraída.

«Dije eso de que me gustaría sentir la sensación porque el ambiente que se vive en Copa Davis en Argentina es difícil de igualar en otro sitio. Me gustaría algún día poder sentir esa sensación, aunque está claro que es imposible».

El «imposible» le chirrió a Nadal apenas abandonó sus labios. Recordó el apoyo incondicional que recibió con dieciocho años en la final de la Davis en Sevilla y buscó moderar la afirmación que acababa de hacer.

«Claro que con nuestro público también se sienten cosas increíbles», aclaró. Pero Argentina «es otra cosa», volvió a admitir. «Ahí es distinto, los cánticos y todo eso, es una cosa distinta. Poder vivir algo similar, sentir todo ese apoyo detrás como local, es algo que me gustaría». Una web argentina aprovechó para titular con lógica tan innegable como amarillista y concretar la venganza en frío casi dos años después: «Nadal pasó del "sudaca gil" a querer ser argentino».

Nadal, que para 2011 se conocía de memoria los principales cánticos futboleros argentinos, supo ese año que en la final de Sevilla —sí, otra vez allí— la hinchada española debía hacer un esfuerzo extra.

Diez años después de la gran crisis que hundió al país en 2001, cientos de miles de argentinos estaban instalados en España. Cuantificarlos no le era sencillo a la embajada en Madrid, porque muchos de ellos se movían con pasaporte europeo y no con el argentino. Aunque en el fondo eso no importara: todos eran argentinos. Sus costumbres y algunas características de su lenguaje encontraban tierra fértil en una España que siempre los vio con simpatía, aunque a veces terminara abrumada ante la verborragia y la confianza en sí mismos que son capaces de desplegar.

Nadal sabía que diez argentinos son capaces de hacer más ruido que cien españoles. Su mensaje fue claro: la hinchada visitante no debía ganarle la partida a la local.

«Lo que hay que conseguir es que, en esta final, a la que vienen dos mil y algo de argentinos, a los veinte mil españoles se les oiga muchísimo más que a los no españoles. Son gente imaginativa con los cánticos, que anima de una forma especial. Todo el mundo sabe que el público argentino es especial y te anima fuerte —explicó—. Teniendo en cuenta a quiénes tenemos enfrente, el público español tiene una tarea especialmente importante».

Nadal tenía el asunto entre ceja y ceja, de ahí que insistiera tanto. Y es imposible establecer si influyó con sus palabras, pero lo cierto es que el público argentino no se «comió» al español en Sevilla. Y España ganó la final.

España no sólo ganó aquella final: Nadal terminaría ganándose a los argentinos, tanto como los argentinos se lo ganaron a él tras aquella incomodidad que sintió en 2005. Si al principio de su carrera era mirado con sospecha en Argentina —al fin y al cabo había aparecido en los años en que Gastón Gaudio y Guillermo Coria dominaban la tierra batida y había finiquitado esa era—, con el tiempo eso fue cambiando.

El regreso de Nadal en 2015 a un partido oficial en Buenos Aires, diez años después de aquella noche de mosquitos ante Gaudio, confirmó el afecto y admiración de los argentinos. Los organizadores del Abierto de Argentina estaban encantados con Nadal: un año antes les había dicho «no» tras el bloqueo de espalda que le afectó en el Abierto de Australia, pero los noes de Nadal son diferentes a los de otros jugadores.

«Pocos jugadores hacen eso», explicó Miguel Nido, director ejecutivo del torneo que se juega habitualmente al final del verano argentino. Cuando Nido dice «eso», se refiere a varias actitudes de Nadal. La más importante, llamarlos personalmente para explicarles por qué no podía jugar en 2014, explicarles que no lo haría en 2015 y comprometerse para 2016.

La serie por la primera ronda de la Copa Davis que debía jugar en marzo de 2015 hacía desaconsejable que fuera a Buenos Aires, pero la derrota de España ante Brasil en septiembre de 2014 por la reclasificación para el Grupo Mundial cambió las cosas: los españoles jugarían en julio y por la Zona Euroafricana.

«Le tenemos que dar las gracias a Brasil», afirmó Nido.

Y a Nadal.

«Cuando Rafa se bajó del torneo en 2014, nos ofreció llamar a nuestro patrocinador titular para asegurarle que iba a jugar en el futuro. Él, en realidad, no tenía que decir nada, pero entendió y entiende muy bien, como Federer, que cuando uno toma un compromiso hay que cumplir. Otro jugador se sale del torneo y le pide al agente que llame él».

19

La independencia a los veinticinco

Aunque el huracán Irene fuera más amable de lo que amenazaba, lo cierto es que el fin de semana previo al inicio del US Open 2011 fue diferente a cualquier otro vivido anteriormente.

La humedad tropical, el cielo gris y cargado y la lluvia complicaron la actividad sobre las canchas de cemento, hasta que el sábado, poco después del mediodía, los jugadores abandonaron las instalaciones de Flushing Meadows. El US Open, literalmente, colgó el cartelito de «cerrado».

Y así pasaron ese fin de semana los mejores tenistas del planeta: encerrados en sus hoteles.

Un huracán en Nueva York es algo inusual, pero no era la primera vez que la amenaza se concretaba. En 1938 el torneo terminó seis días después de lo previsto, y en 1960 el huracán Donna hizo que el australiano Neale Fraser alzara el trofeo siete días más tarde de lo programado.

La pregunta más repetida entre los pocos jugadores, entrenadores y familiares que pasaron en esas horas por las instalaciones del US Open era una y sencilla: «¿En qué piso estás?».

Algunos se alegraban de no estar muy abajo, por el temor a las inundaciones —infundado en el centro de Manhattan—, y otros, como el español Feliciano López, en un piso cuarenta y dos, podían preocuparse por los efectos de los vientos a más de ciento sesenta kilómetros por hora.

Jugadores como López y el argentino Juan Mónaco relataban satisfechos su jugada del día: aquel sábado habían llegado más temprano que nunca al club para entrenar en el turno de las ocho y media de la mañana, ese que casi ningún jugador quiere. Después de las once, con la lluvia, sólo fue posible practicar en las pistas cubiertas, tal como lo hicieron Rafael Nadal, David Nalbandian, Andy Murray, Juan Martín del Potro, Maria Sharapova o Maria Kirilenko.

La incertidumbre era general, aunque, es cierto, algunos estaban más preocupados que otros. «Da en cierta forma miedo, porque no sabemos cuán fuerte nos va a golpear. Y yo tengo una familia, y estamos en Nueva York, que, se sabe, no es una ciudad normal, es algo bastante grande con todos esos edificios —dijo Federer en una sala de prensa algo vacía, pues muchos periodistas tampoco habían podido aterrizar en Nueva York, antes de abandonar el torneo de inmediato para encerrarse en su habitación de hotel. Y añadió—: Voy a seguir de cerca las noticias y voy a tratar de estar lo más seguro posible hasta que superemos esto».

¿Qué hacer ante la perspectiva de un fin de semana encerrado en un hotel, en una ciudad sin transporte público y con cines, teatros y restaurantes cerrados? «Ver unas películas», fue la solución que ofreció Nadal. «Nadie sabe exactamente qué está pasando. El club cierra, todo en Manhattan estará cerrado», dijo el español, el defensor del título al que Irene le jugó una mala pasada.

Aquel sábado 27 de agosto era el elegido para que Nadal y el británico John Carlin, coautores ambos, presentaran *Rafa*, la autobiografía del zurdo español. El acto se celebraría en dos partes: primero, una rueda de prensa ante los medios más importantes del mundo; segundo, una sesión de firma de ejemplares en la librería Barnes & Noble, en la Quinta Avenida. Pero Irene vació la sala de prensa, en la que el nerviosismo de muchos era evidente, y obligó a cancelar el encuentro en la gigantesca librería.

Rafa comenzaba así con el pie torcido. Y las cosas empeorarían para la obra autobiográfica, que nacía con un defecto insalvable: Nadal no había leído su propio libro, no había leído las páginas que firmaba en portada como autor y con tipografía el doble de grande que la de Carlin.

Algo es cierto: nadie espera que Nadal, ni ningún otro deportista de su nivel, se siente frente a un teclado para contar su historia. No, para eso estaba Carlin, un periodista muy experimentado, autor de *El factor humano* —el libro sobre Nelson Mandela que terminó en película de Hollywood bajo el nombre de *Invictus* y con dirección de Clint Eastwood— y sagaz investigador. Pero una cosa es no haber leído tu propio libro, y otra, decir públicamente que no lo hiciste.

A partir de esa confesión de Nadal —que afortunadamente para él y su *management* pasó casi inadvertida—, era mucho más fácil entender las reacciones del jugador durante las ocho ruedas de prensa a las que se sometió en aquel torneo.

«Rafa, en tu libro...». Así empezaban en Flushing Meadows en aquellos días muchas de las preguntas dirigidas al español. En cada rueda de prensa, Nadal recibía una o varias de ellas por parte de periodistas anglosajones. Era lógico, porque el libro había sido publicado sólo en inglés, y hasta el mes próximo no estaría disponible en castellano.

Algunas cuestiones le eran fáciles de responder, pero otras no tanto, en especial las referidas a la relación con su tío-entrenador Toni, un vínculo explicado en detalle y no sin crudeza en *Rafa*.

Como todo libro con ínfulas de best seller, *Rafa* obligó a Nadal a una serie de entrevistas previas con medios seleccionados. Una de ellas fue con Tom Perrotta, periodista estadounidense del *Wall Street Journal* que moriría una década después, a los cuarenta y cuatro años. La ITWA (Asociación Internacional de Periodistas de Tenis) instituyó un premio de periodismo en su honor.

La entrevista de Perrotta con Nadal se celebró en un coche, entre compromiso comercial y compromiso comercial, y el periodista quiso saber, muy razonablemente, por qué Nadal era tan duro con su tío en el libro.

«Ya no soy un niño —sintetizó Nadal. Su tío, añadió, ya no podía regular su vida hasta el más mínimo detalle—. Antes, cuando decía algo, le hacía caso siempre. Ahora puedo responderle. A veces le molesta, pero así son las cosas. Al mismo tiempo, él tiene que aceptar que tengo veinticinco años, tengo más opiniones que antes».

Aquellas frases, repletas de sinceridad, no eran diferentes a las que cualquier joven de veinticinco años hubiese dicho sobre su padre, su madre o un tío hiperpresente como es el que le tocó en suerte al tenista. Pero claro, Nadal no era cualquier joven de veinticinco años, y en cuestión de horas, parte del mundillo deportivo español se enfrascó en un debate que partía de una premisa: estaba llegando el final para una de las relaciones profesionales más productivas en toda la historia entre un tío y su sobrino. Debate muy prematuro, se vería con el paso del tiempo.

Así, los Nadal vieron que, en Twitter —el vehículo de comunicación que en aquellos días comenzaba a imponerse—, se lanzaban nombres de nuevos entrenadores para el jugador. Toni era un inminente pasado.

Aquello desconcertó, primero, y molestó, luego, tanto a tío como a sobrino. No porque Nadal no hubiera dicho lo que dijo, no porque fuese mentira que a los veinticinco años uno es diferente que a los dieciocho. No, lo que molestaba a tío y sobrino era la perturbación que se generaba, lo innecesario del debate a las puertas de un US Open al que el mallorquín no llegaba en su mejor forma, ya suficientemente torturado en su mentalidad en los meses previos por Novak Djokovic, que le ganaba final tras final en aquella temporada.

Aunque lo más asombroso era que el debate había sido promovido por ellos mismos, con el libro, en un principio, y la entrevista al *Wall Street Journal*, luego. Todo fuera del control de

Benito Pérez Barbadillo, el agudo y astuto asesor de comunicaciones de Nadal.

El tenista dijo a través de Carlin muchas cosas en *Rafa*. Una de ellas, asombrosa: el libro incluye un error absolutamente impensable en Nadal, como es el de mencionar Montecarlo, más de una vez, como el escenario del primer título de su vida. Aquel título inaugural llegó en realidad en el verano europeo de 2004 y en la ciudad polaca de Sopot.

Carlin seguramente no tenía ese dato en la cabeza, malinterpretó probablemente a Nadal cuando este le dijo que el principado fue el escenario de su primer título de Masters Series. Y como Nadal no había leído su propio libro, no tuvo la oportunidad de corregir ese detalle.

La obra en inglés fue revisada por dos personas, Carlos Costa, el agente de Nadal, y Sebastián, el padre del jugador y hermano de Toni. Pese al nivel de detalle con que Nadal describió en el libro la dureza de su tío Toni desde su más tierna infancia, tanto agente como padre debieron de haber quedado conformes con lo que el jugador escribió en su dedicatoria: «Un agradecimiento muy especial a mi tío, entrenador y amigo, Toni Nadal».

Porque es así: Rafa es imposible de explicar sin Toni. Y viceversa. Se necesitaron dos Nadal para hacer uno, y hay algo ahí que no se romperá nunca, porque la relación de ambos es simbiótica: se puede hablar con Toni Nadal sobre un tema y, cincuenta metros más allá, dos minutos después, escuchar de su sobrino una reflexión casi calcada sobre el mismo asunto.

Lo que no quita que el joven Nadal comenzara a tener ideas propias. «Puedo decir más cosas, podemos discutir más que antes, pero sigo teniendo un gran respeto por él, eso nunca va a cambiar —dijo al *Wall Street Journal* antes de lanzar la frase que disparó las especulaciones en España—: Él tiene tres hijos, y a veces está cansado de viajar alrededor del mundo todo el tiempo. Nunca sabes lo que puede pasar en el futuro».

El futuro es, en efecto, un misterio, siempre. Pero en aquel presente, el final del verano neoyorquino de 2011, Nadal hizo honor a una de sus frases predilectas —«yo no te voy a mentir»—, y, así, pecó quizá de exceso de sinceridad, algo que ningún periodista en su sano juicio puede nunca rechazar.

No leí mi libro, admitió Nadal. «En serio, no lo hice. Voy a hacerlo. Necesito una gran concentración para leer el libro en inglés, y (de todos modos) conozco mi vida», argumentó. Claro, él sí, pero Carlin no. Ni siquiera su agente y su padre tuvieron presentes todos los detalles. «Lo voy a leer cuando aparezca en castellano, muy pronto. Voy a hacerlo porque me interesa cómo funciona, ¿no?, cómo está escrito, ¿no?», continuó con total y peligrosa sinceridad Nadal.

La pluma era de un fuera de serie como Carlin, pero las anécdotas, recuerdos y vivencias eran de Nadal, que se hizo famoso por otra cosa, por su destreza raqueta en mano, no por escribir. El español había compartido esos detalles de su vida en largas charlas con el británico en Qatar y Australia.

Pero Nadal es un hombre de suerte: en la misma rueda de prensa en que admitía que no había leído la autobiografía que firmó y en la que también respondió con términos equívocos una pregunta sobre el dopaje nunca oficializado del estadounidense Andre Agassi, un incidente extrañísimo dejó en el olvido todo lo que había dicho.

Aquel 4 de septiembre de 2011 el gladiador del tenis, el hombre que ganó lo que muy pocos, el todopoderoso, cerró los ojos con gesto de dolor, echó hacia atrás la cabeza y comenzó a hundirse, a esfumarse lenta e inexorablemente en su silla. «Señores, señores...», musitó Rafael Nadal Parera mientras una veintena de absortos periodistas había olvidado ya que el tenista analizaba las diferencias entre los saques de Gilles Müller e Ivo Karlović. Ante ellos se derrumbaba el número dos del mundo, y nadie sabía por qué.

«No puedo seguir —susurró el defensor del título—. ¿Me puedes llamar al fisio, por favor, me puedes llamar al fisio?», dijo Nadal sin abrir los ojos y con el dolor reflejado en su rostro.

Pérez Barbadillo, el más cercano allegado en la sala, empalideció. «La rodilla», dijo.

Pero no era la rodilla, eran calambres simultáneos en el cuádriceps y en el isquiotibial. Nada inusual para los tenistas, aunque el espectáculo suele darse en los vestuarios, difícilmente un jugador se retuerce frente a los periodistas.

En un par de minutos la sala quedó vacía. Pérez Barbadillo estaba allí junto a Nadal, y el legendario Manolo Santana, el pionero del tenis español, entró a ver qué sucedía con el joven que había llevado mucho más allá la frontera de sus éxitos.

Santana abandonó la sala de conferencias de prensa enseguida, y mientras Nadal seguía tirado de espaldas sobre la alfombra, encajonado entre una pared, una silla y un escritorio, se produjo el siguiente diálogo:

—Eres increíble. No te alcanza con dar espectáculo en la pista... ¡También lo tienes que dar en la sala de prensa! —dijo Pérez Barbadillo antes de romper a reír junto a Rafael Maymó, el fisioterapeuta de Nadal que por fin había llegado tras una búsqueda de urgencia.

—¡No os riais, que me duele mucho! —se quejó un Nadal con tono casi infantil, dolorido, sin dudas, y no muy dispuesto a ser el centro de las bromas.

Fuera esperaba Xisca, la novia de Nadal.

Su gesto preocupado se demostró innecesario al día siguiente, cuando Nadal entrenó con normalidad vistiendo una camiseta amarilla y un pantalón rojo. Colores españoles y taurinos, toda una sutil señal de fuerza, un «estoy a tope» cromático que al final sería insuficiente en aquellos días neoyorquinos: el título no sería para Nadal: Djokovic le derrotó en la final.

20

El hundimiento

Febrero de 2016, Buenos Aires. Todas las miradas clavadas en Rafael Nadal, algo que no se diferencia de lo que sucede en cualquier lugar del mundo. Lo llamativo esta vez es que muchos de los que lo miran ya no saben quién es ese jugador.

Sí, claro, los gestos de Nadal son los de siempre, porque sigue ahí ese castellano nasal con reminiscencias del cerrado catalán-manacorí que habla en casa. Parece él, porque su ceja sigue subiendo y bajando en ángulos inhumanos y porque los latiguillos —«evidentemente», «no te voy a mentir», «¿y tú qué piensas?»— son los de siempre.

Pero no, ese no es Rafael Nadal. Si antes su fe le servía para ganar partidos, ahora le sirve para consolarse tras derrotas impropias de él. Para engañarse acerca de lo que le está sucediendo.

Es una tarde de sábado. Verano. La noche anterior, el cielo se cayó sobre la capital argentina con una tormenta eléctrica tan apocalíptica como la pregunta que una y otra vez plantean los aficionados y los periodistas.

«¿Está acabado Rafa?».

Le dicen «Rafa» incluso aquellos que no lo vieron más que en televisión, tan familiar y propio se les fue haciendo ese zurdo que juega al tenis como nunca nadie jugó antes y muy probablemente nunca nadie vuelva a jugar.

¿Está acabado? La pregunta circulaba desde hacía tiempo en el circuito.

En ese sábado porteño húmedo y agobiante —«un día va a ocurrir una tragedia», había dicho el día anterior un Nadal rojo como un tomate por el calor cercano a los 40 °C—, el mejor deportista español de todos los tiempos se convirtió en fotocopia de sí mismo. Y a la impresora le faltaba tóner.

Venía de tener un *match point* a favor ante el austriaco Dominic Thiem, un jugador de talento y proyección que llegaría a ser número tres del mundo y campeón del US Open, pero en aquel momento lejos aún de ese nivel. La bola de partido llegó con Thiem sacando 5-4 en el tercer set de las semifinales del Abierto de Argentina, y así como llegó, se fue. Cosas que pasan, el que sirve siempre tiene más posibilidades de salvar una pelota de partido que de perderla. Normal.

Lo que no es normal es la forma en que Nadal perdió aquel 6-4, 4-6 y 7-6 (7-4) ante el más joven de los veinte mejores del mundo. Cuando llegó el *tie break* del tercer set, ese momento en el que la experiencia se hace valer, esos minutos en los que los años y años de tenis, los cientos y cientos de triunfos pesan tanto, Rafael Nadal se retrató con crudeza: doble falta en el primer punto.

Cualquiera comete una doble falta, aunque no todas tienen el mismo peso. Dependiendo del momento en el que se falle al apuntar hacia el rectángulo, errar dos saques consecutivos es anécdota o categoría. En los primeros compases de 2016, las dobles faltas y los *tie breaks* marcaron a Nadal, que perdió los dos desempates en su asombrosa derrota ante Fernando Verdasco en la primera ronda del Abierto de Australia, un partido en el que también hubo dobles faltas en instantes clave. Fue también una muerte súbita lo que precipitó su derrota en las semifinales de Río de Janeiro ante un jugador, el uruguayo Pablo Cuevas, que hasta antes de ese encuentro difícilmente lo inquietara.

Ya no había duda: camino a celebrar los treinta años de vida —más de dos tercios los pasó compitiendo—, Nadal estaba sintiendo la presión. Tenía miedo, un miedo saludable, humano, de no poder volver a ser el que fue. Ese miedo le agarrotaba el brazo en momentos importantes, se incrustaba en su mente cuando la presión por ganar el punto subía y le cargaba las piernas hasta anular una fortaleza histórica de su juego: la agilidad.

Y eso que él entra en la categoría de los «especiales». Nadal está convencido de que para ganar mucho hay que nacer con ese «algo especial». «Messi —ejemplifica, sabiendo a qué audiencia se dirigía—. Maradona —añade, rindiendo a sus pies a la audiencia argentina—. Ninguno se hizo sólo trabajando. Para ganar mucho debes ser alguien especial, alguien que se distinga de los demás».

Ganar. Palabra clave. En ese 2016 se cumplía una década desde el último título mundial de Fernando Alonso en la Fórmula 1, pero el balance de Nadal era diferente. No podía sentirse mal con lo hecho. Fue, entre muchos otros logros, el mejor del mundo en 2008, 2010, 2013, 2017 y 2019.

Si en los inicios de su carrera, Nadal era fanático de Alonso y seguía sus carreras estuviera donde estuviera y fuese la hora que fuese, con los años se fue distanciando del asturiano, que nunca mostró excesivo interés en acercarse al mallorquín. Más allá de afinidades personales o no, la distancia entre ambos terminó siendo abismal: uno culpó de sus fracasos sucesivamente a Renault, McLaren, Ferrari, McLaren, Alpine y Aston Martin, además de a varios compañeros de equipo; el otro pocas veces busca excusas: «El gran artífice de los éxitos y de los malos momentos es el jugador».

Llegó muy lejos, claramente más de lo que él y los suyos esperaban, aunque en esas tardes de calor insoportable en Buenos Aires, Nadal dejara una frase que decía mucho viniendo de él: «Nadie gana eternamente».

Nadie. Pero lo que llamaba la atención en el español no era que no ganase. Lo que asombraba era que su juego se estuviera deshilachando. A lo largo de la historia, muchos jugadores se fueron diluyendo sin dejar de ser quienes eran. Nadal, en cambio, se iba difuminando siendo cada vez menos Nadal. Seguía siéndolo a la hora del heroísmo, de resistir y recuperar un punto imposible, pero dejaba de serlo a la hora de rematar situaciones en ventaja.

Cuando todo estaba casi perdido, Nadal sacaba conejos de su notable chistera. Pero en ese 2016 no se le podía pedir regularidad, consistencia, eso que siempre tuvo y había perdido. Todo estaba extraviado en el laberinto de sus emociones. Cuando debía demostrar quién era, más de una vez fallaba como un principiante.

Curioso, porque en su descomunal carrera prácticamente nunca lo fue. El Nadal de dieciséis, diecisiete y dieciocho años que irrumpió asombrando al circuito era un joven que combinaba la mentalidad de marine con la confianza de un dios griego. Él era siempre el jefe. Dejar de serlo lo desorientaba.

El Abierto de Argentina no es —«evidentemente», diría Nadal— uno de los torneos punteros del circuito. Es un certamen modesto, aunque repleto de pasión y espectadores. Por eso, y por otras razones, poner el foco en Buenos Aires para explicar el momento de Nadal en aquella extraña temporada tiene bastante sentido. Por ese torneo del verano argentino pasaron casi todos los «Nadales», salvo el más arrasador. El de la explosión a los dieciocho años y el de la depresión rondando los treinta.

Venía del peor año de su carrera, un 2015 que sería el primero desde su irrupción en lo más alto en cerrar sin ganar un título de Grand Slam. Lo mismo le sucedería en 2016. Pero eso no lo sabía aún cuando, en febrero de ese año, llegó a Buenos Aires buscando un esparadrapo emocional; partidos, victorias y un título que le ayudaran a recordar quién fue y le permitieran seguir creyendo que aún era.

La capital argentina es un buen lugar para buscar esas sensaciones. Cada vez que Nadal pisa Buenos Aires, los estadios se colapsan. Gente de pie, gente ocupando los pasillos, gente sentada sobre las rodillas de otros. Nadal es una cita de honor para el deporte argentino, y quizá por eso el mallorquín recibe con una sonrisa y amabilidad hasta las preguntas más insólitas.

«¿Te interesaría probarte como maquillador gay?».

La chica llevaba micrófono, lo que no significa que fuera periodista, o que esa tarde pretendiese actuar como tal. Trabaja en un programa de televisión que incluye a Juan Ignacio Chela, un extenista argentino, como presentador. Sí, sucede en Argentina: allí, muchos extenistas se reconvierten en presentadores de televisión o comentaristas radiales de los más diversos aspectos de la vida.

Nadal los conoce bien, por eso sabe cómo contestar.

«Hombre... Conocía la faceta de Juan de viajar con una cámara. Lo que no sabía era la faceta de maquillador gay. De momento [yo] no...».

Además de sortear preguntas insólitas, en esos días argentinos le dolió «la barriga», algo que le sucede con cierta frecuencia. «Tomé lo que me dio el doctor, pero no sé muy bien qué tomé», explicó con sinceridad casi adolescente el Nadal que buscaba un título y volver a recordar quién fue.

No sólo se fue sin ninguna de las dos cosas, sino que se llevó además el recuerdo de Toni, su tío y por entonces aún entrenador, protagonizando uno de sus periódicos ataques de sinceridad. Llamativo ataque, podría agregarse, aunque tratándose de Toni Nadal, lo de llamativo sobra: si desde siempre alguien contraprogramó y fue por libre en todo el esquema comunicacional y de relaciones públicas de los Nadal, ese fue Toni.

Rodeado por cientos de argentinos, ya entrada la noche porteña, Toni dio una charla tan abierta como espontánea. La pregunta lanzada desde el público fue si su sobrino no debería cambiar de entrenador para relanzar su carrera. Toni no eludió el tema, aunque, visto lo que dijo, quizá hacerlo hubiera sido lo más sabio: «He tenido la suerte de ser su tío, con lo que le ha costado mucho más cambiar de entrenador. Esto ha sido para mí más fácil, porque si no hubiera sido su tío probablemente ya me habría sustituido».

También añadió que a su sobrino «toda la vida le ha gustado mucho más el fútbol que el tenis» —cierto— y confesó —una vez más— que le habría gustado que la mítica derecha de devastador *top spin* de Nadal no existiera. Querría verlo pegar como Federer: «A mí me hubiera encantado toda la vida verle pegar el *drive* por delante, que es como lo practicamos toda la vida de pequeño».

Más allá de haberlo hecho jugar como zurdo pese a ser diestro —«a lo mejor si hubiera jugado con la derecha, habría sido mejor, yo no lo sé», confesó alguna vez Toni—, el foco del tío más famoso de la última década en España fue otro.

«La voluntad se enseña igual que un *drive*. Yo creo que en la vida lo principal es el dominio de la voluntad [...] he sido un entrenador más preocupado de la cuestión del carácter que de la cuestión técnica».

Si en esos días era el carácter lo que le estaba fallando a Nadal —el virus de la duda anidaba en su tenis—, y su propio entrenador admitía que en condiciones normales habría sido sustituido... ¿cómo seguiría la historia?

La respuesta, apenas un año después: Toni le contaría a un periodista italiano que dejaría de entrenar a su sobrino a fin de año. El pequeño detalle fue que su sobrino no estaba al tanto de la decisión: se enteró por la prensa.

Más difícil que indagar en el futuro de tío y sobrino era responder a la otra pregunta. ¿Estaba acabado Nadal? Ni siquiera él lo sabía. Aunque antes de caer en Buenos Aires dejó un comentario: «La frase de "ganar se aprende ganando" es bastante correcta».

Lo era. Y Nadal se estaba olvidando de ganar. Aunque no para siempre, porque el tenis se reservaba la que terminaría siendo una de las historias más asombrosas de todos los tiempos.

21

La resurrección

¿Cómo es posible? La pregunta circulaba en el tenis con creciente asombro y volumen a lo largo de 2017. Se suponía que debía llegar el futuro, pero lo que regresó, con más fuerza que nunca, fue el pasado. Roger Federer y Rafael Nadal volvían a ser los nombres dominantes tras un par de temporadas que vio a ambos opacados, desgastados y dubitativos.

Tan dominantes que la temporada 2017 se cerró con un balance que parecía atrasar una década: Federer, campeón en el Abierto de Australia y Wimbledon; Nadal, dueño de Roland Garros y el US Open y número uno de la temporada, escoltado por Federer. La última vez que las dos «R» se habían adueñado de las dos primeras posiciones del ranking databa de 2010. Siete años después, los veteranos volvían a mandar, escoltados por jóvenes como Grigor Dimitrov, Alexander Zverev y Dominic Thiem para completar el *top five*.

¿Cómo es posible? Si se escucha a Mats Wilander, ese ex número uno del mundo que es hoy uno de los analistas más agudos y mordaces de su deporte, el 29 de enero de 2017 es una de las fechas más importantes en la historia del tenis. Es el día en que Federer derrotó a Nadal en la final del Abierto de Australia tras remontar una desventaja de 3-1 en el quinto set y una pelota en la que el español pudo situarse 4-2. Ganó Federer 6-4, 3-6, 6-1, 3-6 y 6-3 y su historia de inferioridad con Nadal ya no volvería a ser la misma. «Federer fue claramente el mejor en 2017 porque derrotó a Nadal las cuatro veces que se enfrentaron. Y esto es una absoluta novedad en sus duelos».

A Wilander, que además de alma de tenista la tiene de periodista, le gusta lanzar titulares fuertes, y en esa charla de balance del año en los pasillos de Flushing Meadows fue contundente: «El 3-1 de Nadal en el quinto set de Australia fue el momento definitivo del año, porque cambió todo, todo lo que sabíamos de los dos, todo lo que sabíamos de lo que históricamente es el duelo entre ambos. El quinto set del Abierto de Australia cambió los próximos cinco años del tenis profesional... O, digamos, los próximos tres o cuatro. Los cambió totalmente».

Levemente desmesurada, quizá (¿¡los próximos tres o cuatro años!?), la teoría del sueco se basa en algo sencillo: de haber sucumbido ante Nadal en aquella final —tal como le sucedió veintitrés de las treinta y cuatro veces que se habían medido hasta entonces—, el ánimo del suizo se habría tornado quebradizo. Nadal fue siempre la kryptonita de Federer. El suizo encontró cómo contrarrestar sus efectos en aquel duelo australiano, y eso le dio la fórmula para hacer lo mismo en Indian Wells, Miami y Shanghái. Lo de 2017 no había tenido nunca precedentes en la larga historia común que han compartido: se vieron cuatro veces y las cuatro ganó Federer. Romper esa dependencia psicológica fue clave para que el suizo ganara también Wimbledon, cerrara el año con siete títulos en total y quedara a tiro de un número uno del mundo que recuperaría en 2018 para convertirse en el líder del ranking más veterano de la historia.

Wilander, al intentar analizar qué había pasado en ese año mágico de la historia del tenis, tenía los ojos abiertos de par en par. Simple y puro asombro. ¿Había visto posible un regreso simultáneo y tan exitoso? «No, no era posible. Nunca podría haber imaginado esto... La gente me pregunta qué pasó, por qué pasó. Es sencillo: porque son los dos mejores jugadores de la historia. Punto. Y por diferencia... Sucede, también, que los dos aman jugar al tenis y cuando amas el tenis también sigues aprendiendo. Cuando Nadal está jugando notas el amor que siente por el tenis. Es visible, casi palpable».

Según el sueco, esos hombres a los que define como los dos mejores jugadores de todos los tiempos siguieron aprendiendo cosas nuevas en 2017. «¿Qué aprendieron este año? Bueno, Federer aprendió a subirse más sobre el revés, a atacarlo más. Lo hace ahora, en realidad, casi todo el tiempo. Aprendió también a ser un mejor voleador y a cubrir la red. Estratégicamente es mucho mejor de lo que fue nunca. Y sucede justo lo mismo con Nadal. Ambos tienen hoy mucha más variedad de golpes que antes».

«Si Federer mejoró tan notablemente su revés, debo decir que Nadal cambió su servicio por completo. Es mucho mucho mejor que antes. El primer servicio es mucho más plano que antes, no apela tanto al cortado. Ahora es evidente que controla el juego mucho mejor».

Es cierto: en esos seis meses de 2016 en los que Federer estuvo fuera del circuito preparando un regreso impactante, Severin Lüthi, su entrenador, le dijo a gente de confianza que se prepararan para «ver algunas cosas nuevas».

Una de esas novedades era el revés. Lüthi trabajó mucho en eso, fue su idea cambiar ese golpe. Y fue Ivan Ljubičić el que le dio a Federer sugerencias técnicas decisivas para que su revés se transformara en un arma temible.

Más allá de aspectos técnicos, Wilander cree que hay algo en el tuétano tenístico de Nadal y Federer que les permite ir más allá que todos sus predecesores: «La clave es que los dos respetan mucho a sus rivales. ¿Por qué? Porque aman mucho este deporte. Ellos juegan simplemente para competir contra el que está del otro lado. Y no quieren perder. No juegan para ganar Grand Slam; si siguen jugando, es para derrotar al otro en una batalla en la cancha. Cada punto, cada partido es importante para ellos».

No es menor lo que observa Wilander. En años en los que tantos tenistas jóvenes de indudable talento tiran sus carreras al cesto de la basura y dicen abiertamente que lo que les interesa es ganar mucho dinero y gastárselo, las dos «R» seguían viendo su deporte casi desde la óptica de hace un siglo: el tenis es un deporte de caballeros, respetar al rival es fundamental y no dar todo en la pista, un pecado. Con eso alcanzaba y sobraba para devolverle vida a una historia extraordinaria y hacerla más extraordinaria aún.

Eran las 17.05 del 11 de junio de 2017 en París y Rafael Nadal se encargaba de demostrar, una vez más, que la desmesura de su tenis hacía estragos. Stanislas Wawrinka subió a la red porque, bueno, en desventaja de dos sets a cero algo había que hacer. Pero la verdad es que casi fue a pasear. Merecido, entonces, que el suizo se encontrara con que Nadal le metía un *passing* de *drive* cruzado que festejaría con un rugido bestial.

«¡Esto es mío!», quiso decirle. Mío. Mío. Mío. Y así, hasta seis veces más, diez en total. Muchas veces se rompió Nadal, pero ahora no. Rompía límites. Porque en ese 2017 sumaba ya la impensable cifra de diez títulos de Roland Garros y ya le preguntaban si se detendría en doce o quince. Todo, tras un inicio de año muy duro en lo psicológico por las derrotas ante Federer. Ahora estaba jugando en tierra al mejor nivel de su carrera. Y con el físico más estilizado e «inteligente» que se le hubiera visto nunca.

El Increíble Hulk de Mallorca era sólo un recuerdo. Se reinventó para ganar a los treinta y un años, con quince años en el circuito sobre los hombros. Hasta se dio el lujo de desplazar a Toni, su tío-entrenador, del centro de las decisiones y así y todo con la elegancia de mantenerlo en el centro de la foto a la hora de recibir el trofeo de diez veces campeón. Nadal sabía que su tío no había tomado para nada bien el ingreso de Carlos Moyá como entrenador, y más de un periodista lo había notado tras hablar con Moyá en vez de con él. Pero Nadal sabía, también, que si quería prolongar su carrera debía cambiar y arriesgar.

Con su tío ya no era posible, la relación se había adormilado tras tantos años juntos. Con Moyá y el renovado brío de Francis Roig, por entonces aún en el equipo, el relanzamiento era mucho más viable.

Aquellos días en París, de los que Federer se ausentó para preparar Wimbledon, fueron una locura. La final se jugó bajo un calor húmedo, condiciones sencillamente atroces. Tener un asiento en las primeras filas del palco oficial no era privilegio, sino una tortura. Se observaban muchos asientos vacíos en los palcos, pues muchos optaron por verlo dentro, con aire acondicionado. A eso se le sumó que Nadal tuvo una tarde perfecta y su rival se derritió enseguida. Tan ansioso estaba de comenzar a jugar aquella final histórica el español que, por primera vez, no hizo esperar a su rival en la ceremonia previa al partido juntos en la red. Fue Wawrinka el que se demoró.

La final se puede resumir con sencillez: Nadal sacó por el primer punto a las 15.15; Nadal cerró la victoria a las 17.20. Tras derrumbarse de espaldas, ahogado de felicidad, sobre el polvo naranja de París, subió a la tarima en el Philippe Chatrier para recibir el trofeo mientras por el estadio se oían los acordes de un tango.

Fue el tío Toni el que subió a entregarle la copa tras la exhibición de un vídeo en la pantalla gigante del estadio con los diez títulos nadalianos. Las imágenes ponían la piel de gallina. Allí se veía al Nadal casi niño, al impetuoso, al tarzanesco, al que crecía, al que sufría... y al que ganaba, porque (casi) siempre era el que ganaba. ¿Quién dijo que el público parisino no quiere a Nadal? La ovación fue tan larga como estremecedora. Todos, allí, eran testigos de algo inédito en la historia. Disfrutaban y se emocionaban juntos al estar ingresando en una dimensión desconocida, en una *terra incognita* del tenis.

Dos días después, el diario deportivo *L'Equipe* lanzó una edición especial de cuarenta páginas donde se reflejaban los diez títulos del español. ¡Cuarenta páginas dedicadas a Nadal! Toda una edición exclusiva para él.

Su compatriota Alex Corretja, derrotado por Moyá en la final de 1998, entrevistaba al entrenador del campeón para Eurosport y no salía de su asombro. «Tú lo has ganado, sabes lo que se siente. ¡Y ahora Rafa lo gana diez veces!». «Sí, es increíble —admitió Moyá—. Pensábamos que no lo íbamos a ver en nuestras vidas».

Ya estaba, la vida también era esto: Nadal × 10.

Y lo que faltaba por venir.

Cuando Wilander analizó el asombroso 2017 de Nadal y Federer, ya intuía que el español terminaría la temporada como el número uno del mundo, pero no podía saber que el suizo volvería a esa posición un 19 de febrero de 2018. Con treinta y seis años, seis meses y once días se convertía así en el líder del ranking más veterano de la historia del tenis profesional. Y confirmaba que «cuento de hadas» era una buena fórmula para describir el «*revival* federiano».

Curioso: fue el propio Federer el que apeló al «cuento de hadas» para describir su camino en Melbourne hacia el vigésimo título de Grand Slam, imprescindible para su salto al número uno. Lo llamativo es que meses antes había dado a entender que eso, los «cuentos de hadas», era algo que obsesiona a los periodistas, pero que a él ya no le interesa.

Fue durante una entrevista con Peter de Jonge, periodista del *New York Times*, en agosto de 2016 en el vestíbulo del hotel Mount Stephen, en Montreal. De Jonge quiso saber si ver a Usain Bolt con el bronce, en vez del oro, en los cien metros de los mundiales de atletismo de Londres, no era una pena para él.

«Bueno, a ver, fue quizá una pena que no ganara —dijo Federer, remarcando el "quizá"—. Porque al mismo tiempo esto no cambia nada en mi opinión sobre él, gane o no su última carrera. Hace ya tiempo que superé esa idea de que tu carrera tiene que terminar como un cuento de hadas. Es como que todo el mundo quiere eso, en especial los medios. Y si no ganas es: "¡¡¡Oooh, por dios!!! ¡El cuento de hadas no sucedió!". O sea, claro que hubiera sido bonito que ganara, pero de esta otra manera también está OK para mí».

Federer podrá decir lo que quiera, pero esas dos semanas de 2018 en las que defendió ante el croata Marin Čilić el título de Australia ganado un año antes sobre Nadal fue lo más parecido a un cuento de hadas. No en vano —¡y una vez más en Melbourne!—, sus lágrimas en la entrega de premios conmovieron a todos.

Mientras celebraban su éxito, una certeza rondaba por la mente de muchos espectadores: en Federer hay algo que va mucho más allá de su tenis celestial. ¿Más que eso? Sí, el hombre tiene superpoderes o, al menos, influencias de una potencia inédita. Para aquellos que dudaban, dos imágenes de la noche australiana lo confirmaron.

Una fue la insólita emisión, en plena final masculina, de un vídeo de la rumana Simona Halep dormida y con una sonda en el brazo. Halep se estaba recuperando de la fuerte deshidratación que había sufrido la noche anterior durante la final perdida ante la danesa Caroline Wozniacki. Fue la primera vez que una final de Grand Slam conectó con la cama de un hospital en medio de un partido. La otra, el techo cerrado del Rod Laver Arena, una decisión altamente llamativa: más allá del intensísimo calor, el partido se jugó de noche. ¿Cerrar el techo cuando el sol ya no pega? Estaba claro que los responsables del torneo no querían que Federer terminara como Halep.

Y lo lograron: el suizo aprovechó al máximo las condiciones que más lo benefician —superficie veloz y cubierta— para, sin el desgaste del sol ni las complicaciones del viento, imponerse a Čilić y conquistar por sexta vez un Grand Slam históricamente en desventaja respecto de los otros tres grandes torneos. Australia se aseguraba así ser el gran hito del tenis por segundo año consecutivo. En 2017 lo había sido con la emotiva final que Federer le ganó a Nadal. Esta vez, con «Roger XX», que no casualmente suena a nombre de rey.

¿Recibe Federer trato de favor en los torneos? La respuesta es que todos tienen bien claro qué significa un hombre capaz de ganar un Grand Slam con treinta y seis años y ciento setenta y tres días. Hay que cuidarlo. Y lo hacen.

Abonado casi permanente a las sesiones nocturnas, Federer no se desgastó al sol durante el torneo, y en la final jugó a unos cómodos 23 °C, cuando la noche previa Wozniacki y Halep se habían visto condenadas a jugar en medio del zarpazo de calor extremo que, de vez en cuando, el Outback, el desierto del interior del país, lanza sobre la costa.

Si en 2017 Federer asombró jugando una especie de «tenis ping-pong» para enloquecer a Nadal, un año más tarde mostró una fortaleza inédita en el revés a la altura del hombro, una posición desde la que lanzó tiros ganadores con los que en su juventud ni se hubiera atrevido a soñar. ¿Moraleja? Con el talento no alcanza, hay que trabajar. O quizá se trate de que no todos tienen el talento de querer trabajar. A Federer le sobran ambos: talento técnico y talento para el trabajo.

Así, el suizo comenzó 2018 instalado en una dimensión paralela. Jugaba a otra cosa: no ganaba un Grand Slam desde 2012 en el All England Club, pero, tras conquistar Australia y Wimbledon en 2017, llegó el vigésimo en Melbourne apenas comenzó el siguiente año. ¿Qué más podía querer Federer? Quería más: quería, por ejemplo, llegar a los veintidós grandes como Steffi Graf, cuya foto en las entrañas del Rod Laver Arena acarició al salir del estadio ya con el trofeo bajo el brazo.

La historia diría que el helvético se quedaría ahí, en los veinte, aunque tendrían que haber sido veintiuno: su derrota en la final de Wimbledon 2019 ante Novak Djokovic tras disponer de dos *match points* es una herida abierta en el corazón de sus fans y uno de los partidos más asombrosos que se hayan visto nunca.

Esa dimensión paralela de Federer era tan especial que, en el momento en el que hacía historia en un estadio que se llama Rod Laver, lograba que el propio Laver se dedicase a tomarle fotos para inmortalizarlo. Tendría tiempo el legendario australiano para seguir probando la cámara de su teléfono, porque tanto Wilander como Agassi veían al suizo jugando hasta los cuarenta. Algo de tenis saben el estadounidense y el sueco.

Ya lo había pronosticado Pete Sampras en 2009: «Federer va a ganar veinte grandes». Algo sabe de tenis el estadounidense.

Sonaba a ciencia ficción, pero fue posible porque la mentalidad de Federer es exactamente la que un deportista de élite necesita. Que se emocione hasta las lágrimas con cada gran triunfo confirma que al deporte no le alcanza con el cerebro, necesita mucho del corazón. Bernard Tomic, alguna vez gran promesa del tenis australiano, parece tener déficits en ambos apartados. En la misma noche en que Federer y Čilić se jugaban la vida en cinco sets electrizantes, Tomic, de veinticinco años, aparecía en un *reality show* de la televisión local metiendo su mano en una pecera para ser mordido cinco veces por una víbora.

Otra vez: al talento hay que ayudarlo con otra clase de talentos.

Y así como la generación estadounidense de los años sesenta en aquellos días se conmovió en el cine tras ver *The Post* (*Los archivos del Pentágono*), el filme de Steven Spielberg, es probable que dentro de unas décadas los espectadores jóvenes de hoy hagan lo propio con una película que recuerde a Federer o a Nadal. O a ambos juntos.

Por supuesto, una guerra tiene una dimensión simbólica y real (y una tristeza) imposibles de comparar con el deporte. Así y todo, la guerra de Vietnam y las hazañas deportivas de Federer y Nadal tienen algo en común: son historias potentes que marcaron la mente y el corazón de generaciones. Una generación completa con la conciencia grabada a fuego por la sinrazón de Vietnam, las lágrimas agotadas ante tanto horror. Y otra generación, medio siglo después, que comprobó que a veces, y afortunadamente, las lágrimas llegan por alegrías: es la generación que recordará aquellos años en los que se lloraba con Federer, también con Nadal.

Aunque para lágrimas, el suizo.

Ya se lo dijo a su público tras esa final en Australia: «Ustedes me ponen nervioso». Ídolo global que no cesaba de emocionarse cada vez que redescubría lo grande que era, Federer lloraba,

lloraba y no paraba de llorar. ¿Paradójico en alguien en plena felicidad deportiva pura? Quizá no: es conocido el poder sanador y revitalizante de las lágrimas. Y en 2018, testigos de la historia viva del tenis, para millones de seguidores no había mayor felicidad que imaginarse llorando junto a Roger Federer por muchos años más.

Paul Dorochenko es un nombre que no le dice nada a la inmensa mayoría de los aficionados al tenis, pero el hombre está habilitado para hablar de Federer y de Nadal como muy pocos. Nacido en Argelia, Dorochenko es osteópata, fisioterapeuta y preparador físico, aunque muchos prefieren definirlo como un «gurú» del tenis. Su especialidad es el estudio de la lateralidad.

¿Lateralidad? Dorochenko lo explica: «En el tenis, la relación óculo-manual es la más determinante, lo que permite clasificar a los jugadores como homogéneos, si el ojo y la mano dominante están en el mismo lado del cuerpo, o cruzados, si el ojo y la mano dominantes se encuentran en distinto lado. Además, como un jugador puede ser diestro o zurdo, podemos distinguir entre diestros homogéneos y cruzados, y también entre zurdos homogéneos y cruzados».

Tanto Federer como Nadal son «cruzados»: en el caso del suizo, la mano derecha y el ojo izquierdo son dominantes; en el del español, la mano izquierda y el ojo derecho. «Los dos, además, tienen una derecha natural y sufren con el revés».

¿Qué implica que las dos «R» sean «cruzadas»?

«Los "cruzados" suelen ser poco disciplinados, inconstantes y exhibicionistas, pero también más creativos, intuitivos y dotados para una mejor toma de decisiones. Por el contrario, los jugadores homogéneos son trabajadores, ordenados, analistas y cerebrales, pero la presión hace mayor mella en ellos y los afecta negativamente en la toma de decisiones».

Poco disciplinados, inconstantes y exhibicionistas... ¡Quién diría eso de Nadal y Federer! Del suizo hay razones en su historia para decir que sí. De Nadal, ninguna.

Dorochenko destaca que siete de cada diez tenistas de los cien mejores del mundo son «cruzados». «Si lo pensamos bien no es ninguna casualidad, ya que su mejor golpe (la derecha) también es el que más se ejecuta, y además soportan mejor la presión de la competición».

La lateralidad no era aún el centro de la vida profesional de Dorochenko cuando, en los años noventa, Federer se cruzó en su camino. Un Federer que ya pocos recuerdan.

«En los tres años que trabajé con él, me quemó la cabeza. Tiraba partidos, rompía raquetas y era impuntual... Me tocaba cada diez minutos para provocarme. Y yo, que fui boxeador de la categoría peso mediano, estuve bastante cerca de pegarle. Un día me llegó una oferta muy buena de Sergi Bruguera para vivir en Barcelona. El joven Federer me había quemado tanto la cabeza que lo dejé y me fui con Bruguera. Nunca pensé que Federer llegaría a lo que llegó».

Dorochenko recuerda algo que, dos décadas más tarde, suena casi profético: «En el 98, Federer me decía "Estoy inventando el tenis del año 2000". Me jugaba voleando desde el fondo de pista, un tenis ping-pong como el que mostró en 2017 en Australia. Y me ganaba jugando con la zurda».

Tanta soberbia juvenil por parte del suizo no significó nunca que Dorochenko y Federer se llevasen mal. Ambos siguen, de hecho, congelados en un tiempo indefinido a finales de los noventa. «Cada vez que me lo cruzo me dice "Beee", como el sonido que hace una oveja. Es como si siguiéramos siendo los jóvenes de hace dos décadas».

Dorochenko tiene muy bien estudiado a Federer, y cita tres razones por las que dejó de ser aquel jovencito irrespetuoso e irresponsable para convertirse en uno de los deportistas más grandes de la historia.

«Una es que a los veinte años comenzó a trabajar con un psicólogo deportivo. La otra, que Nike lo obligó a cumplir un papel: si Agassi era el pirata y Nadal el torero, Federer debía ser el *gentleman* del tenis, con una conducta impecable dentro y fuera de la cancha. La tercera razón es Mirka [actualmente, esposa de

Federer], que lo cambió por completo. Es ambiciosa, le gusta el poder y el dinero. Creó una burbuja [de colaboradores] en torno a Federer, que le es totalmente fiel. A Federer no le gusta cambiar las cosas».

«Cuando se habla de su talento natural se dice algo que es cierto, pero no es toda la verdad. Roger es muy natural porque tiene una calidad de visión y coordinación superior, pero es un producto muy trabajado también. Levanta mucho peso en el gimnasio, más de cien kilos en *press* de banca. Es fuerte, rápido, flexible y resistente. Me preguntan, también, por jugadores comparables a Federer. Mencionaría a Sampras y a Dimitrov, que tienen una lateralidad exactamente igual. Pero Dimitrov no tiene la cabeza de Federer, y Sampras es menos completo».

Dorochenko coincide con Wilander en que el revés de Federer estaba en 2017 y 2018 en una dimensión muy superior a la de la mayor parte de su carrera. «Porque Ljubičić le dio un revés paralelo que nunca tuvo; Federer, antes, empujaba la bola al pegar el revés. Ahora le pega de lleno, es otra derecha».

Y, sin saber lo que dijo el sueco, repite la teoría de Wilander: «El triunfo de Federer en Australia 2017 cambió la historia del tenis. De haber ganado Nadal, Federer no hubiera logrado Indian Wells ni Miami».

Ese 2017 tan increíble que Dorochenko sintetiza con eficacia: «Federer y Nadal tuvieron problemas físicos similares y los dos regresaron al máximo nivel en el mismo momento. ¡Notable!».

Este «gurú» del tenis, nacido en Argelia, está convencido de que el suizo es un hombre afortunado: «Tuvo un poco de suerte en su carrera. Se fueron rápido del circuito Agassi, Safin y Nalbandian, todos los que le generaban problemas, y Ferrer y [Nikolái] Davydenko no le podían ganar; se puede decir que, en su primera etapa, Federer aprovechó un hueco estructural del tenis».

Pero aquello es pasado, y lo que importa es el futuro. «Si Roger se cuida físicamente, lo veo jugando hasta los cuarenta. Puede pasar de los veinte Grand Slam. No fuma, no bebe, se cuida». Y entonces, Dorochenko lanza su afirmación más polémica: los Grand Slam ganados por Nadal valen más que los de Federer. «Creo que Nadal es más fuerte que Federer, porque él cayó en una generación tremenda. Para ganar sus dieciséis Grand Slam [cuando se hicieron estas declaraciones] ha tenido que luchar contra gente tremendamente buena. Sus dieciséis tienen más valor que los veinte de Federer. Su récord es más completo, y ha dominado tremendamente a Federer, de una manera que nadie lo ha hecho».

La afirmación sigue siendo válida hoy: según Dorochenko, los veintidós de Nadal valen más que los veinte de Federer. Y no es el único que lo dice.

22

Casi perfecto

«¡Las mujeres pertenecen al dormitorio y a la cocina, en ese orden!».

Once de la noche, finales de agosto en Nueva York. Lo lógico a esa hora era que el que se luciese sobre ese cemento fuera él, Rafael Nadal. ¡Tantas veces lo había hecho! Campeón en 2010, 2013, 2017 y 2019, protagonista de partidos notables, adorado por el público, el US Open es, después de Roland Garros, el torneo de Grand Slam que más satisfacciones le ha dado.

Pero en vez de Nadal, quien brillaba en aquella noche de agosto de 2023 era Michelle Obama. Y lo hacía con un discurso potente, con esa dicción, énfasis, pausas teatrales y energía tan habituales entre los estadounidenses, a los que de jóvenes su sistema educativo los entrena en algo que en la mayoría de los países se desprecia: hablar en público, argumentar. Seducir y ganarse a la audiencia.

Michelle, esposa del expresidente Barack Obama, se estaba metiendo en el bolsillo a los espectadores en el estadio Arthur Ashe, un escenario mucho más afín al Partido Demócrata que al Republicano. A pocos metros la escuchaba Billie Jean King, legendaria figura del tenis de Estados Unidos y del tenis en general. Cincuenta años antes, en 1973, King había convencido al

US Open de que las jugadoras debían cobrar lo mismo que los jugadores. Aquel año, la campeona del torneo femenino cobró veinticinco mil dólares, la misma cifra que el campeón del certamen masculino. Medio siglo más tarde, el premio para los campeones en individuales es de tres millones de dólares.

«¡Las mujeres pertenecen al dormitorio y a la cocina, en ese orden!».

Michelle Obama lanzó la afirmación y el estadio contuvo la respiración. ¡Qué espanto de frase!

«Esa fue la ridícula afirmación de Bobby Riggs, créanlo o no —explicó Obama—. Y sigue habiendo muchos torneos que aún tienen pendiente el pagarles igual a las mujeres que a los hombres. Esto es mucho más grande que un cheque, se trata de cómo se ve y valora a las mujeres en el mundo».

Riggs, tenista estadounidense de los años treinta y cuarenta, que llegó a ser número uno del mundo, fue quien desafió a King a «la batalla de los sexos» en 1973. El hombre, de cincuenta y cinco años, perdió 6-4, 6-3 y 6-3 con la mujer, de veintinueve. «Me sobreestimé y la subestimé», admitiría luego el tenista, fallecido en 1995.

Obama no tenía en muy alta estima a Riggs, y siguió hablando para que las nuevas generaciones en el estadio y en millones de pantallas en todo el mundo entendieran el valor de King.

«Billie Jean nos enseña que todos tenemos una opción que tomar. Podemos callarnos o dar el paso y luchar. Deseo que todos tengamos una fracción del coraje y la tenacidad de Billie Jean».

Tras el discurso, King se fundió en un abrazo con Obama. Estaba conmovida, al borde de las lágrimas. La esposa del expresidente (¿presidenta alguna vez?) había tocado su fibra más íntima ante un público entregado a la causa.

A diferencia de otros años, Nadal no estaba allí, se encontraba en Mallorca, donde se había convertido en un padre hiperpresente, el mejor amigo de Rafael júnior, nacido pocos meses antes.

Hacía meses ya que Nadal se dedicaba a reconstruir su físico, se había prometido a sí mismo regresar, por última vez, para tener la despedida que siente que se merece en el tenis. ¿Qué despedida? Una con victorias y títulos.

¿En serio? Claro que sí. Es Nadal, incapaz de aspirar a menos.

El estar fuera de los grandes escenarios del tenis lo eximía de responder preguntas a los periodistas, preguntas en muchos casos complicadas.

El tema había aflorado algunas veces a lo largo de sus veinte años de vida pública: la desigualdad salarial entre mujeres y hombres. Porque una cosa es que en los torneos de Grand Slam cobren lo mismo hombres y mujeres, y otra es que esto suceda en todos los certámenes.

No, no es así, en muchos torneos aún no sucede. Y cuando el asunto llega en forma de pregunta, Nadal es incapaz de resistirse a esa pasión familiar, la de la controversia y la argumentación, a veces provocadora. Se lanza al debate aun a riesgo de salir chamuscado.

«¿Por qué las mujeres ganan más que los hombres en la moda? Pues no lo sé, pero ahí sí que tampoco hablamos todo el día de diferencia salarial. Evidentemente tengo madre, tengo hermana, y son de las personas que más quiero en este mundo, o sea, qué más quiero yo que los hombres y las mujeres seamos exactamente igual y tengamos los mismos derechos», dijo una de las veces que abordó el tema.

Nadal es de la idea de que la cuestión de las diferencias salariales entre hombres y mujeres «es una comparación que ni siquiera debería hacerse». «Las modelos ganan más que sus colegas, pero nadie dice nada. ¿Y por qué? Porque ellas tienen más seguidores. En el tenis pasa lo mismo, ganan más aquellos que movilizan más público. A veces las mujeres ganarán más, otras los hombres ganarán más, lo que se tiene que conseguir es que no por ser hombres o por ser mujeres se gane más o se gane menos, sino por la calidad de tu trabajo y lo que tú seas capaz de vender o generar. Todo lo demás, lo siento, pero es hipocresía».

Nadie podría acusar a Nadal de cobardía en el análisis, aunque esas palabras del hombre «casi perfecto» de España despertaron a una especie muy minoritaria en el país, la de sus críticos, la de aquellos a los que Nadal no les cae bien.

«Oye, pero que dice Rafael Nadal que si somos guapas y delgadas nos pagan más por posar que a ellos. No os quejéis».

El tuit en la cuenta de Ángela Rodríguez, por entonces diputada de Podemos, años después secretaria de Estado de Igualdad y contra la Violencia de Género en el Gobierno de Pedro Sánchez, fue uno de los ataques más directos a Nadal.

A Rodríguez le llovieron críticas, la mayoría de ellas acusándola de manipular las palabras de Nadal, aunque también recibió unos cuantos elogios. «¡Qué decepción Nadal!», se llegó a leer.

En un mundo dominado por las redes sociales, el apoyo al tenista también llegó vía Twitter. Junto al vídeo en el que Nadal argumentaba sobre la brecha salarial, una frase breve: «La España del sentido común». ¿Quién firma? Santiago Abascal, líder de Vox.

La lesión y su virtual retiro de la vida pública le evitaron en aquellos días a Nadal opinar sobre el gran escándalo del verano de 2023: el beso que Luis Rubiales, por entonces presidente de la Federación Española de Fútbol (RFEF), le estampó a la jugadora Jennifer Hermoso durante la entrega de premios en el Mundial de fútbol femenino conquistado por España.

Aunque Nadal siempre evitó manifestarse sobre política, no es un secreto que la suya es una familia conservadora, históricamente de buenas relaciones con el PP y distante del PSOE.

Toni, el tío-entrenador, fue siempre el teórico «rojo» de la familia, pero con el paso de los años ese rojo, si es que existía, se destiñó bastante. Hoy, en conversaciones francas sobre política, Toni Nadal deja en claro algunos aspectos: no le gusta que le tomen el pelo, no puede concebir ciertas cosas que han sucedido en los últimos años, pero no se ata a ningún partido. Él cree en las personas, en la educación —lo repite una y otra vez— y huye del sectarismo.

Si la personalidad tenística de Nadal —su personalidad en general, habría que decir— fue moldeada por su tío, es lógico que su visión política también vaya en el mismo sentido, aunque el catorce veces campeón de Roland Garros estuvo muy lejos de ser el «rojo» de la familia, como sí lo fue el tío.

Rafael Nadal, que es lo más cercano a un consenso que existe en España, tiene también sus detractores. Pocos, pero los tiene. Como los tiene Roger Federer en Suiza: en Zum Wurzengraber, un local de tintes extravagantes en el corazón de Kleinbasel, el área más alternativa o menos «perfecta» de Basilea, había gente que lo criticaba.

El Zum Wurzengraber existió hasta 2012 como parada ineludible para aquellos que quisieran conocer la verdadera noche de Kleinbasel. Al entrar allí el visitante tenía la sensación de encontrarse en el lugar que el español Pedro Almodóvar habría elegido de haber hecho cine en Suiza.

La estrella era Fränzi, la dueña: pendientes de argolla exageradamente grandes, gafas sesenteras más amplias aún, vestidos breves y ajustados con estampados llamativos, mucho maquillaje, el pelo corto, mechones ralos teñidos de rojo furioso y una edad indefinida.

Si se le preguntaba a su hija, Siwi, acerca de Federer, la respuesta sorprendía.

—Odio a Roger Federer. Lo odio. Tiene tanto dinero... Podría repartirlo.

—¿En serio lo odia?

—¿Qué orgullo puede tener el hijo de alguien que sólo da golpes con la raquetita? —respondió mientras imitaba burlona y mecánicamente con la muñeca el movimiento de un saque.

El desprecio de Siwi por Federer no deja de ser una anécdota. La tirria, en cambio, de ciertos españoles por Nadal encaja más en la categoría. Por ejemplo, para algunos sectores minoritarios de la izquierda española, Nadal representa un atentado a décadas de lucha por los derechos sociales.

¿Qué es eso de jugar con dolor, qué es eso de lesionarse y

volver e intentarlo, qué es eso de ganar sufriendo? Si un empleado se enferma, no trabaja hasta que se cure. Y el empleador le sigue pagando el salario.

La comparación no resiste demasiado análisis, pero lo cierto es que hay unos cuantos españoles cansados de los valores nadalianos del sacrificio y el sudor. ¿Qué es eso de hacer bandera del sufrimiento?

En medio del dramático partido de cuartos de final de Wimbledon 2022, que Nadal ganó lesionado al estadounidense Taylor Fritz, un periodista, Pedro Vallín, habló de que el tenista representaba «un calvario que sustituye el placer del juego por la trascendencia del sufrimiento».

«Coraje en lugar de belleza. Ganar sangrando. Nadal lleva años en la ética del Ecce Homo. Hace años que es un paso de Semana Santa con raqueta».

Lo de eccehomo («He aquí el hombre», en latín) remite a la crucifixión de Jesucristo. Vallín quería generar ruido, y lo logró.

Al igual que el cantante Iván Ferreiro, que en una entrevista con *Esquire* disparó munición pesada contra el hombre al que España considera el mejor deportista de su historia y un enorme embajador del país.

«Me toca los huevos, para mal, Rafa Nadal. El ejemplo de mierda que da yendo a jugar un partido hecho polvo. Y todo el mundo dice: "¡Qué buen ejemplo para los niños!". Pues yo creo que es un ejemplo de mierda. Hemos tardado muchos años en conseguir que cuando nos encontremos mal no tengamos que ir a trabajar, para que este millonario, para tener una medalla, nos diga que fue con el pie roto».

El propio Ferreiro reconoció que sufrió «una semana de insultos» tras conocerse sus palabras. Y, en una entrevista con la radio LOS40, buscó dar marcha atrás, aunque no con mucho éxito.

«Yo creo que he sido muy claro, no he dicho nada contra Rafa Nadal. Es un deportista maravilloso y yo no estaba hablando de él, estaba hablando de ciertas actitudes de ciertos periodistas que ensalzan ciertas cosas».

Quizá haber utilizado la palabra «mierda» no fue lo más adecuado, añadió.

«Bueno, es que hay cierta gente intocable», le dice la entrevistadora. «Bueno sí, hay mucha gente que es intocable y así nos va con el rey emérito que se decidió dejarle intocable».

Más allá de la insistencia de Nadal en valores como el sacrificio y el esfuerzo, conceptos que hoy no poca gente pone en discusión, la antipatía de algunos sectores por el tenista tiene que ver también con lo que se percibe como una actitud machista de su parte.

Observen lo que sucede en las gradas, dicen: los hombres, siempre en primera fila; las mujeres, siempre detrás. Y no se mezclan. A lo sumo Sebastián, el padre de Nadal, se sienta junto a su esposa, Ana María.

Lo de filas para mujeres y filas para hombres entronca con el mesa para mujeres y mesa para hombres que se ve en muchas comidas y cenas de los Nadal. Hay tradiciones muy instaladas, cosas que no cambian, mucho menos en una isla.

Y hubo otro aspecto, en 2022, cuando se convirtió en padre de Rafael, su primer hijo. Ante las preguntas de cómo cambiaría su vida, Nadal repitió más de una vez que inevitablemente dormía peor. El énfasis en lo negativo sobre lo positivo llamaba la atención.

Lo cierto es que Nadal y su esposa, María Perelló, fueron muy celosos de su intimidad y alejaron a su hijo del foco mediático, y no explotaron su imagen en fotografías y posados, como tantos y tantos famosos hacen.

Pendiente de su primogénito, Nadal llegó a terminar entrenamientos antes de tiempo para acompañar a su esposa al pediatra y ocuparse del niño.

Más allá de las discusiones a nivel español y de si Nadal se excede o no con su ética del sacrificio, algo es indiscutible: ese tenista zurdo fue muy, pero verdaderamente muy importante para cambiar la imagen de España en las últimas dos décadas.

El respeto y la admiración que se fue ganando a nivel mundial contribuyó a elevar a España, un país que históricamente se sostuvo sobre una narrativa de victimismo, desconfianza y conspiración a nivel internacional. Nadal no consiguió esto en soledad: la selección española de fútbol, el jugador de baloncesto Pau Gasol y el piloto de Fórmula 1 Fernando Alonso cumplieron papeles clave. Pero ninguno logró el récord de Nadal: veinte años como un ejemplo positivo y de éxito con reconocimiento y admiración mundial.

No es un secreto que España siempre ha luchado contra una especie de complejo de inferioridad, a pesar de los logros de las últimas cuatro décadas. El país salió de la dictadura franquista para convertirse en una democracia europea asentada con una economía potente.

Nadal demostró a los españoles que el mundo no va a por ellos. Francia, el gran rival histórico de España, le vio ganar catorce títulos de Roland Garros. Los franceses son fríos con Nadal, se lamentan a menudo los medios de comunicación españoles. Historia antigua. Y si no lo creen, que le pregunten a Novak Djokovic, martirizado en 2022 por un público francés enamorado de Nadal.

Aquellos roces de los primeros años con Francia, que incluyeron a una ministra de Deportes acusándolo de dopaje, son un tema del pasado. Francia y el tenis francés aman a Nadal. Aunque le costó bastante, necesitó años para lograrlo.

Mientras Roger Federer sólo recibía aliento cada vez que pisaba el césped del All England, el español veía con impotencia como, de tanto en tanto, a unos cuantos franceses no les hubiera molestado que perdiera sobre la tierra batida de Roland Garros.

«Estoy acostumbrado, me conozco el nombre de todos mis rivales aquí», dijo resignado Nadal tras la eliminación de 2009 ante Robin Söderling. Se quejaba del aliento al sueco. «Es una pena que en un torneo que significa tanto para mí nunca tenga un detalle por parte del público».

Horas más tarde su tío Toni sería bastante menos diplomático: «El público parisino es bastante estúpido. A los franceses les molesta el triunfo de un español». El argumento, repetido a lo largo de los años en el «clan Nadal», pero sobre todo en muchos medios españoles, en especial la televisión estatal, es falso: a los franceses, como a los espectadores en cualquier parte del mundo, les gusta formar parte de algo grande, algo inusual. Regresar a casa esa noche y a la oficina al día siguiente para decirles a los suyos: «Yo estuve ahí, yo vi perder a Nadal».

Era el problema de ganar tanto. Hasta que hacerlo dejó de ser problema.

Y Nadal, que casi nunca perdía en el Bois de Boulogne, se demostró humano en aquel 2009 en la tierra anaranjada. Por primera vez y tras ganar cuatro títulos consecutivos. ¿Cómo no alentar a un jugador que está logrando lo imposible?

«A los franceses les molesta el triunfo de un español», insistiría sin embargo Toni Nadal, quizá aquejado de un síndrome parecido al de algunos portugueses respecto de los españoles. El país más pequeño siempre piensa que el más grande lo mira con desprecio. La verdad es a veces mucho más cruel: el grande ni siquiera está pendiente de lo que hace el pequeño.

«Cuando Rafa está entrenando es uno de los jugadores que concita mayor expectación —recordó Toni Nadal—. Pero cuando juega lo que quieren es que pierda. Basar la felicidad en la derrota de otro me parece una mala filosofía».

La primera parte de la afirmación es clave: los franceses admiran a Nadal, les gusta verlo jugar, escucharlo gruñir mientras entrena, estar cerca de ese increíble brazo izquierdo. Si fueran antiespañoles, difícilmente harían largas filas para encontrar un asiento en las pistas secundarias en las que entrena, tampoco mirarían por rendijas entre el alambrado ni se pelearían por un autógrafo.

No, los franceses no basan su felicidad en la derrota de otro. Se entusiasman con lo bello, como todos los demás, y también con lo inusual y lo sorprendente. El tenis de Nadal es bello, aunque de una belleza diferente a la de Federer. Lo es por imponente.

Pero incluso Toni Nadal, pese al cariño por su sobrino, puede entender que verlo ganar en Roland Garros es lo habitual. Y lo habitual, a veces, aburre. Söderling, «culpable» de que Nadal se sintiera maltratado aquella vez, cree que Nadal no debería preocuparse por el tema: «No creo que haya una historia con los espectadores. ¡Lo aman! Es cierto que no les importa si pierde, pero eso no tiene nada que ver con que no lo quieran. Simplemente desean un ganador diferente. Cuando ganas demasiado, en cualquier Grand Slam, llega un momento en que te quieren ver perder. Quieres ver una nueva historia».

Héroe del tenis francés, Guy Forget no entiende que se crea que el público de Roland Garros detesta a Nadal. «Cuando mis hijos eran más jóvenes, ellos y todos sus amigos preferían a Rafa antes que a Roger. Que en un estadio con quince mil personas haya cinco espectadores que griten algo no significa nada. Rafa, además, nunca hizo nada que pudiera justificar que la gente no lo quiera. Lo único que puede molestar a los fans de Roger es que lo haya derrotado allí cada vez que se midió a él».

«Yo adoro a Rafa —insiste Forget—. Y conozco a mucha gente —y recalca el «mucha»— que también lo siente así».

Arnaud Di Pasquale es extenista y director técnico de la Federación Francesa de Tenis (FFT). Cuando el autor de este libro le pregunta si en Roland Garros hay antipatía por Nadal, abre los ojos sorprendido: «Eso es nuevo para mí, debe de ser una leyenda urbana».

El francés se deshace en elogios a Nadal, pero ante la insistencia busca alguna razón para que parte del público del Bois de Boulogne lo mire con antipatía. «Quizá —y enfatiza el «quizá»— no muestre tanto sus emociones, sus sentimientos durante los discursos. Quizá se le vea como una máquina. Pero te digo algo: yo quiero estar ahí cuando Nadal gane su décimo título. Aunque, como yo adoro a Nadal, tal vez no sea la persona adecuada para hablar de él. Quizá no sea un francés verdadero, no lo sé».

Di Pasquale tiene fresco el recuerdo del único partido que jugó con Nadal como profesional: «Tenías que estar bien afirmado, plantado en la pista, porque de lo contrario con sus tiros terminabas aplastado contra el alambrado del fondo. Lo respeto mucho, es una persona tan amable, tan educada... Siempre te saluda».

Y antes de concluir, mientras fantaseaba con una tarde en la que Nadal fuera diez veces campeón de Roland Garros, dejó una broma. O quizá no lo fue tanto: «Vamos a hablar con los franceses en las tribunas para que lo alienten. Esto va a cambiar a partir de ahora».

Lo cierto es que la situación cambió: el público de la pista central de Roland Garros adora a Nadal. Para desgracia de sus rivales, en especial de Novak Djokovic.

Nadal mostró a los deportistas españoles el poder de la disciplina mental, algo que el público también admiró en la selección nacional de fútbol cuando ganó el Mundial de Sudáfrica en 2010 y la Eurocopa en 2008 y 2012.

En la primera década del tercer milenio, mientras Nadal empezaba a acumular un título tras otro, otra mutación se producía en el deporte español: la selección nacional de fútbol dejaba de ser «La Furia Española». En parte inspirada por el Barcelona de Lionel Messi y Pep Guardiola, se transformó en un equipo que privilegiaba el buen juego. Pasó de despreciar el balón a amarlo. «La Furia» ya no era necesaria.

España ya no necesitaba encarnar el estereotipo de potencia mundial herida y rabiosa, siempre deseosa de mostrar su virilidad.

Así y todo, Nadal es una paradoja en sí mismo: feroz en las pistas, arrasador con la raqueta, insoportable con su despliegue físico, pero imponente sobre todo con su poder mental, bien podría haber incorporado algo de arrogancia a su juego y a sus actitudes, a su discurso.

Pero entonces no sería el Rafael Nadal que fue moldeando Toni Nadal.

Algo de eso se olió años atrás en el palacio de la Moncloa, el edificio desde el que se gobierna España. José Luis Rodríguez Zapatero, presidente del Gobierno entre 2004 y 2011, hablaba con el tenista. «Aquí sientes lo que es el poder, Rafa. Cuando estás aquí sientes verdaderamente lo que es el poder». La frase incomodó a Nadal, que a lo largo de su carrera hizo de la modestia una conducta insistente, por momentos exagerada.

Ejemplo: llevaba ganados ocho Roland Garros y se le preguntó por la posibilidad de ganar el noveno. Su respuesta se remitió a su rival en la segunda ronda, el 148 del ranking mundial en ese momento.

Muy bien por el respeto al rival, muy bien por la modestia, pero esas respuestas de Nadal hacían ruido en la sala de prensa. ¿Acaso no es consciente de lo que ha hecho, de lo que hace? ¿Acaso no es consciente de quién es?

Rodríguez Zapatero, líder de un PSOE más escorado a la izquierda que aquel de Felipe González, sabía muy bien con quién estaba hablando: con otro poderoso. Así, su forma de conectar fue hablarle de poder.

Error.

Nadal vivió con bastante incomodidad aquel diálogo, que formaba parte de sus labores de representación. El tramo final de su carrera confirmó su estatus de mayor deportista de la historia de España. ¿Cómo no iban a querer hablar con él reyes y reinas, príncipes y princesas, jefes de Gobierno, políticos, empresarios e influyentes de toda laya? ¿Cómo no desear acercarse al hombre con, quizá, la mejor imagen de España?

En su momento, Nike eligió representar a Nadal mediante la figura de un toro. Efectivo, cercano a la realidad, pero en cierta forma simplista, sin duda insuficiente. Puede que el diseño represente su estilo audaz, pero Nadal y muchos otros deportistas de su generación han demostrado que España es mucho más que un toro. Que hay fuerza en la inteligencia emocional y en la paciencia. Que siempre hay que respetar a los demás y respetarse a uno mismo.

Ese perfil que instaló con tanta fuerza el tenista español fue derramado en otros deportistas, incluso en otras figuras de la vida pública española. Nadal fue bueno para el tenis, qué duda cabe. Pero lo suyo va más allá de este deporte. España le debe mucho.

23

La hierba

Rafael Nadal aceleró, como siempre. Mientras Roger Federer ingresaba a paso firme, pero lento, a la pista central del All England Lawn Tennis and Croquet Club, el mallorquín casi corría. Iba un segundo por delante del suizo, tranco agitado, mirada ansiosa. Llevaba dos finales consecutivas perdidas ante Federer sobre el césped sagrado de Londres, 2006 y 2007, y esta vez había decidido que no sumaría una tercera.

Sí, en 2006 estaba fascinado por el hecho de haber llegado a la final de Wimbledon... ¡y ante Federer! Fue un extraño momento de Nadal sin ser Nadal, de las poquísimas veces (¿la única?) en que la admiración se impuso a su deseo ganador y lo convirtió en un conformista. En 2007 ya jugó la final con otra actitud y llevó al suizo a cinco sets. Pero el Federer de ese año era demasiado bueno sobre la grama verde.

Suficiente. *Enough*. Esta vez, en 2008, había que ganar. Aunque, claro, nadie le había dicho que sería tan dramático hacerlo.

¿Dramatismo? Claro que sí. Se huele, se siente, se sufre en esta crónica de Sergio Heredia en *La Vanguardia*:

> Son las ocho de la tarde en Wimbledon. Las ocho de la tarde

de un 6 de julio. Estamos en 2008. Es verano y ha estado lloviendo: el chirimiri londinense.

Ahora la lluvia ha cesado y Roger Federer y Rafael Nadal han vuelto a la pista. Se están dejando la vida por el título.

He ido a refugiarme en la caverna, en la magnífica sala de prensa del All England Lawn Tennis Club. Seguiré el resto de la final desde los monitores. Todos estamos metidos en un buen lío. Todos, los jugadores, los organizadores, el público y también los periodistas. Se nos va el tiempo. Se nos va la vida.

Esas finales de Wimbledon demostrarían muchas cosas. Una de ellas, la clara superioridad del servicio de Federer sobre el de Nadal. Y, también, que esa diferencia no garantiza la victoria, aunque ayuda mucho.

Un vistazo a las estadísticas: en las finales de 2006, 2007 y 2008 se jugaron seis *tie breaks*, cinco de ellos los ganó el suizo. Hubo otro más años después, en las semifinales de 2019, que también ganó Federer. No lo sabían, sin duda imaginaban que la historia continuaría, pero aquel fue el que sería el último enfrentamiento de sus vidas.

Esa superioridad de Federer con su servicio ayudó al suizo a mantenerse con vida en la final de 2008 tras haber perdido 6-4 y 6-4 los dos primeros sets. En el tercero, ya en el juego de desempate, su saque fue la clave.

Más claro fue aún en el cuarto set. Otra vez un *tie break*, esta vez con Nadal en ventaja de 5-2 y su servicio. El tío Toni se agarraba la cabeza, incapaz ya de controlar la emoción ante lo que casi estaba ya acariciando: su sobrino, el gran proyecto deportivo de su vida, a dos puntos de consagrarse en un escenario que convierte en inmortal al que lo logra.

¡Qué nervios!

Doble falta de Nadal. El primer servicio, demasiado largo. El segundo, estrellado en la red. 5-3.

Sirve Nadal nuevamente, Federer lo presiona desde el mismo resto y gana el punto un par de tiros después. 5-4.

Saque de Federer muy abierto desde el sector izquierdo, devolución muy apurada de Nadal y derechazo cruzado del suizo para ganar el punto. 5-5.

Saque ganador de Federer. 6-5.

Gran intercambio, error de Federer con la derecha. 6-6.

Saque de Nadal, error de Federer con la derecha. 7-6 Nadal.

Match point a favor del mallorquín. Federer lo salva con un gran servicio esquinado. 7-7.

Federer tiene casi ganado el punto, pero Nadal cambia todo con un *passing shot* paralelo con su zurda. 8-7.

Otra bola de partido para abrirle a Nadal las puertas de la inmortalidad deportiva. Enorme *passing shot* de revés paralelo de Federer.

«Los dos mejores *passings* del torneo se han producido en estos dos últimos puntos, sin duda», certificó el comentarista de la transmisión oficial de televisión de Wimbledon. 8-8.

Sirve Nadal, dos derechas alucinantes de Federer, una cruzada, la otra invertida. *Set point* para el suizo. 9-8.

Gran segundo servicio de Federer. 10-8, *tie-break* y cuarto parcial en su bolsillo, y la final de Wimbledon 2008 que se define, al igual que un año antes y con los dos mismos protagonistas, en un quinto set.

Sólo en eso habría similitudes, porque el set final, ese quinto set, fue tenis y fue drama de otro planeta, nada que ver con el 6-2 para el suizo de doce meses antes.

En el espacio en las gradas dedicado a los familiares se veía a los padres de Nadal. Sebastián, con gafas negras aerodinámicas y sin rastro del cabello completamente canoso que mostraría años más tarde.

En la primera fila del palco de Federer estaba Mirka Vavrinec, su entonces novia, con la que se casaría un año más tarde. A la izquierda de Mirka (Miroslava es su nombre real) se sentaba Gavin Rossdale, líder en su momento de la banda de rock británica Bush, esposo de Gwen Stefani (luego se separarían), gran tenista e íntimo amigo de Federer. Meses después de aquella final en la que se le vio sufrir en la primera fila del palco, la revista *Tennis* entrevistó a Rossdale.

«¿Tenemos que hablar de eso? Muy emotivo, muy doloroso, pero un acontecimiento increíble. Fue una pena que estuviéramos en el lado equivocado», dijo Rossdale cuando se le pidió que recordara la final de Wimbledon.

Del lado equivocado, sí. Porque ya sin luz en la pista central, y con los organizadores decididos a continuar la final el lunes si en ese juego seguía sin resolverse el partido, Nadal colocó un gran servicio abierto cortado que Federer no pudo controlar con su derecha, para situarse *match point*. Y en el punto siguiente, el suizo estrellaría una derecha en la red para que Nadal cayera de espaldas sobre el césped, ojos cerrados, felicidad desbordante.

Al minuto estaba trepando hacia el palco, como lo había hecho Pat Cash veintiún años antes, para abrazarse con sus padres, su tío y su equipo. Y luego caminaría sobre un tejado metálico para ir a saludar a los príncipes Felipe y Letizia.

Rossdale tiene bien presentes aquellos momentos: «Fue demasiado oscuro al final. Entiendo el drama, pero era demasiado oscuro. No se podía ver nada. Ni siquiera podías ver el otro lado, mucho menos intentar devolver una pelota. El primer punto de partido que tuvo Rafa, Roger golpeó un revés cruzado. Y creo que servir con esa luz no es problema porque es muy instintivo. Pero devolver a ciento veinte millas por hora en hierba fue duro, y Roger golpeó un claro *winner* —de revés— y luego se fue por el lado equivocado».

¿La mejor final de todos los tiempos? Es probable, pero, como tantas cosas en el deporte, es discutible. Pero lo que no es discutible es que aquel 6 de julio de 2008 era el día perfecto: campeón de un Grand Slam en Wimbledon, por primera vez tras cuatro trofeos consecutivos en Roland Garros. Y, sobre todo, un título ganado sobre Roger Federer, el hombre que venía de ganar cinco finales seguidas en ese mismo estadio.

Nadal acababa de dar el salto a una dimensión superior. Y en la ceremonia de entrega de premios, brazo afectuoso sobre la espalda de Federer y sonrisas de ambos en el rostro, todo indicaba que esa amistosa rivalidad era perfecta, que nada ni nadie la iba a romper.

El tenis, sin embargo, de tanto en tanto sorprende.

24

La pelea

La tradición estuvo vigente durante años: días antes de que se iniciara el Abierto de Australia, Rafael Nadal y Roger Federer compartían, relajados y de buen humor, un desayuno con el director del torneo y otros altos responsables. En el inicio de una nueva temporada siempre hay suficientes temas para conversar y difícilmente alguna cuenta pendiente. Craig Tiley, el director del torneo australiano, es además un hombre jovial, quizá el más popular entre los jugadores de todos aquellos que tienen un cargo similar en el circuito. Cualquiera disfruta de una charla con él. También Nadal y Federer.

Sin embargo, en 2012 fue diferente, no hubo desayuno, no hubo encuentro. Había, en cambio, cuentas pendientes. Roger y Rafa no querían verse, porque la tensión entre ambos venía creciendo desde hacía meses y estaba a punto de estallar en público.

Estalló por error, como tantas otras cosas en la vida. Era domingo, verano, bien entrada la tarde en Melbourne, y Rafael Nadal venía rumiando su enojo con Federer. Tan enojado estaba que durante cinco minutos y ante un puñado de periodistas ignoró el nombre de su amigo y rival, algo que nadie recordaba que hubiera sucedido alguna vez en público.

Federer dejó de ser Federer, y tampoco fue Roger. Nadal se refirió sistemáticamente a este como «él». Y todo a raíz de una pregunta del incisivo Christopher Clarey, por entonces periodista del *New York Times*.

Clarey vivió durante varios años en Andalucía y habla muy bien castellano. Pero alguna palabra fuera del contexto correcto, alguna pronunciación levemente fallida y, sobre todo, el gran enojo de Nadal con Federer, contribuyeron a que se supiera lo que el español realmente pensaba del suizo.

«Amigos, ¿puedo preguntar algo?», dijo con amabilidad Clarey a los colegas de medios en español que hablaban con Nadal tras la rueda de prensa en inglés. La luz verde para Clarey era una obviedad y el estadounidense se lanzó. Este es el diálogo que tuvo lugar:

—Clarey: *Rafa, hablé con Roger en el mes de diciembre acerca del tema del circuito y todo eso y me dijo que a él no le gusta que los jugadores de alto nivel hablen en negativo del circuito.*

—Nadal: ¿Que los jugadores...?

—C.: *Hablan en forma pesimista.*

—N.: ¿Quién? ¿Quiénes son los jugadores? Que nosotros hablamos en forma negativa...

—C.: *Gente como Murray...*

—N.: O como yo.

—C.: *De alto nivel, que hablan negativamente. ¿Tú estás de acuerdo?*

En ese punto, Nadal estaba desbocado. El «O como yo» demostraba que creía que Federer lo había atacado. Y entonces, sin pensarlo demasiado, atacó él.

«No. Para nada. Estoy totalmente en desacuerdo —dijo antes de lanzar una breve risa amarga—. También... La suya es muy fácil: "Yo no digo nada, todo positivo, yo quedo como un *gentleman*, que se quemen los demás". Esto tampoco es así».

La frase era brutal e inesperada, aunque Nadal sólo estaba haciendo lo que tantas veces había hecho a lo largo de su carrera: hablar de más. Ya dijimos que el «yo no te voy a mentir» es una muletilla habitual del español, pero lo cierto es que más de una vez se lamentó de ser tan sincero o se lo hicieron lamentar en su entorno. En ese sentido, el sobrino Rafa y el tío Toni son muy parecidos: creen en algo, salen al ataque y justo después miden las consecuencias. Si es que lo hacen.

«Cada uno tenemos nuestra opinión de las cosas, cada uno es libre de tener una visión diferente de lo que son las cosas. A lo mejor a él le gusta el circuito... A mí también me gusta el circuito, me parece que tenemos un circuito fantástico y mucho mejor que la mayoría de los deportes, así que sólo puedo hablar en positivo del tenis. Eso no quita que hay cosas que se pueden mejorar. ¿El circuito está bien? Sí, pero hay cosas malas en el circuito, y las cosas que son malas se tienen que intentar cambiar».

Lo de Nadal era una catarsis: decía por fin en público lo que tantas veces había hablado con gente de confianza. Aunque el asunto no terminaría allí, y Nadal seguiría hablando secamente utilizando el «él» para referirse a Federer. Del cálido y respetuoso «Roger» que suele emplear, ni noticias aquella tarde.

«Eso es todo lo que nosotros decimos, y la gran mayoría de los jugadores opinamos esto. Si él tiene una opinión diferente, pues... Si la mayoría piensa una cosa y muy poquitos piensan otra, a lo mejor los que están equivocados son ellos».

Fueron trescientos segundos en los que el español escupió su verdad, su visión del circuito y su enojo con Federer por no acompañarlo en ese camino.

Cinco minutos, en definitiva, que devolvieron al tenis a su estado habitual, porque lo anormal era lo que venía sucediendo: el número uno y el número dos del mundo trabajando codo con codo en el consejo de jugadores.

Sólo bajo efectos lisérgicos podía imaginarse a John McEnroe, Jimmy Connors, Boris Becker, Ivan Lendl, Pete Sampras o

Andre Agassi viviendo una situación similar, compartiendo horas y horas de debates y decisiones con sus más duros rivales. Lo admitió el propio Sampras en una entrevista en septiembre de 2012 al *New York Times* al justificar por qué en su época jugadores como él y Agassi no actuaron como Federer y Nadal: «Es complicado reunir a los *top ten* en una misma sala y hablar de ponerlos a todos de acuerdo. No es la NBA, no es un sindicato, son individualidades. Había muchas opiniones diferentes y, para ser honesto contigo, no tenía la energía para involucrarme».

No sólo estaban las dos «R»; el liderazgo de las estrellas fue total durante los dos años en que Djokovic se sumó al dúo para dar forma a un tridente sin precedentes.

Un alto responsable de la ATP con acceso a las reuniones lo explicó con sencillez: «¿Te imaginas a Messi y a Cristiano Ronaldo reunidos para discutir durante horas sobre los problemas de sus colegas y lo que afecta a jugadores de la segunda división?».

Otro responsable del circuito también presente en las reuniones amplió la explicación: «Ver a Rafa, Federer o Djokovic hablar con pasión de quién tiene derecho a jugar la fase de clasificación, de si la inscripción del dobles debe cerrarse el viernes o el sábado por la mañana... Es simplemente increíble».

Y añadió: «Ves a Federer, a un día de empezar el US Open, encerrado en un salón de un hotel a las diez y cuarto de la noche. Come un sándwich o *snacks* y debate sobre el control de calidad de la fase previa de un torneo 250 o sobre si el *challenger* de Sunrise debe jugarse en la misma semana que el Masters 1000 de Indian Wells y cuánto dinero debe repartir».

El Abierto de Australia 2012 fue escenario de una turbulenta reunión de jugadores en la que Nikolái Davydenko fue especialmente cáustico con Federer, del que tampoco habló bien el ucraniano Sergiy Stakhovsky.

«A mí me parecieron muy injustos los comentarios de Stakhovsky y Davydenko, cuando dicen que Federer no representa a los jugadores. Yo asisto a las reuniones del consejo de tenistas y te aseguro que lo de Federer es increíble», insiste una de las fuentes con acceso a las reuniones.

«Cuando se analiza una decisión que afecta al grupo de jugadores entre el puesto 50 y el 200, Federer siempre pregunta: "¿Es esto bueno para ustedes, están de acuerdo?". Incluso en una reunión en 2011 se planteó un tema muy árido acerca de las condiciones de ingreso al cuadro principal de las parejas de dobles, uno de esos asuntos ante los que cualquiera bostezaría y pondría la mente en blanco. Pero Federer, no. "Muchachos, aquí vamos a hacer lo que ustedes digan, respaldaremos la posición que ustedes tengan", le dijo a un doblista».

El australiano Peter Luczak compartió el consejo de jugadores con Federer y Nadal, y su admiración por ambos es evidente: «Creo que es increíble el modo en que respetan el tenis y la manera en que buscan lo mejor para todos los jugadores. Tenemos mucha suerte de contar con estos dos tipos al frente de este deporte».

¿Por qué es importante el consejo de jugadores? Básicamente porque en esas reuniones se le da forma al circuito, se toman decisiones que pueden beneficiar o perjudicar a muchos tenistas. El consejo está compuesto por once jugadores de diferentes niveles y especializaciones —dobles e individuales— que debaten temas que, en última instancia, serán decididos por el consejo de la ATP. A esas reuniones de los tenistas asisten tres personas que, a su vez, son quienes los representan en ese consejo, que integra a tres representantes de los torneos y al presidente de la ATP.

Brad Drewett, un extenista que llegó a ser 34 del ranking en individuales y 18 en dobles, acababa de estrenarse como director ejecutivo de la ATP y se encontró así en su primer gran torneo y en su país, Australia, con la bomba de la frase de Nadal sobre Federer. Todo el circuito sabía que Nadal había respaldado al holandés Richard Krajicek —campeón de Wimbledon 1996— como jefe de la ATP, pero que Federer había visto como se imponía su candidato: Drewett.

El australiano moriría menos de un año y medio después de asumir el cargo debido a una enfermedad incurable, la esclerosis lateral amiotrófica. La tragedia no se esperaba en aquel enero de 2012. Drewett, amable y conciliador, no era un hombre de gestos o palabras fuertes. En Melbourne, en la que fue su primera rueda de prensa en el cargo, nadie le preguntó por las diferencias entre Nadal y Federer, aunque el departamento de comunicación de la ATP le había preparado una respuesta: «Eh, gente, yo jugué en una época en la que los jugadores se decían de todo, vi incluso peleas a puñetazos en los vestuarios de los años ochenta. Comparado con aquello, todo esto es extremadamente educado y suave».

Así era: otros tiempos, otros jugadores, algo bien sintetizado por Jimmy Connors en una tórrida tarde de septiembre de 2012 en Flushing Meadows: «En mis tiempos no había abrazos y sonrisas».

Nueve meses antes, en Melbourne, Nadal tampoco sonreía mientras desgranaba las razones de su desacuerdo con Federer.

«Yo ya hablo mucho positivo del tenis [*sic*]. No me puedo quejar del tenis, que me ha dado la oportunidad de vivir experiencias que quizá jamás habría podido soñar. Ahora bien, ¿terminar tu carrera con dolor en todos los sitios del cuerpo es positivo? No, no es positivo. A lo mejor él tiene un superfísico y termina la carrera como una rosa. Ni yo, ni Murray, ni Djokovic vamos a terminar la carrera como una rosa, vamos a terminar físicamente tocados. El tenis es un periodo importante de nuestra vida, sí, pero así como está enfocado el tenis y de la forma en que está hecho el calendario... ¿A qué edad terminamos de jugar al tenis? A no ser que seas un superprivilegiado como él, que tiene una facilidad —no dudo de su esfuerzo, pero tiene una facilidad enorme para jugar al tenis—, todos los demás nos tenemos que esforzar un pelín más que él y nos desgastamos físicamente más que él. ¿Y a qué edad quieres terminar tu carrera tenística si empiezas joven? ¿A los veintiocho, treinta, treinta y uno? Te queda mucha vida por delante. Es importante también cómo acabas tu carrera, porque cuando me retire quiero poder ir a jugar un partido de fútbol con mis amigos, quiero poder ir a esquiar si quiero hacerlo. Tengo miedo de no poder hacerlo. ¿Es lógico quejarse de eso o no?».

Nadal era una máquina en ese momento. Desmenuzó los problemas que generan en el físico de los jugadores las superficies duras, el calendario y el ranking anual, que él pretendía que fuese bienal. Pero al final de sus cinco minutos de furia australiana volvió a dirigirse al objeto de su enojo: «A lo mejor él alguna vez también nos podría apoyar...».

El asombro en Australia era enorme. En los primeros momentos, nadie podía creer que Nadal, coprotagonista de la rivalidad más amistosa de la historia del tenis, hubiera dicho algo así. La incredulidad se justificaba también por el formato con que habitualmente funciona la relación entre los jugadores y los periodistas: una conferencia de prensa en inglés, primero, y una posterior en el idioma natal del tenista, a no ser que este sea el inglés. Los jugadores suelen explayarse más y ser más precisos cuando hablan en su idioma, pero en general no sueltan «bombas» de la potencia lanzada por Nadal. Y aquel domingo el español no había dicho una palabra crítica sobre Federer en inglés. Es más: minutos antes de atacar al suizo, Nadal había dicho que para ese año tenía el propósito de no irse de la boca.

«Voy a tener más cuidado con lo que diga en las conferencias de prensa», aseguró, molesto aún por las consecuencias de otro exceso de sinceridad, el de dos meses antes en el Masters de Londres, donde dijo que había perdido «un poco la pasión».

La noche anterior casi una centena de jugadores había mantenido una reunión bastante agitada, en la que incluso se habló de una huelga. Ya había trascendido que Nadal, vicepresidente del consejo de jugadores, había sido uno de los más vehementes. Federer, el presidente, no había abierto la boca. La prensa quería saber más, pero el español, bien instruido, no precisó: «Yo estoy aquí para apoyar lo que la mayoría de los jugadores piensen, pero no voy a ser el que hable de estas cosas, en especial porque siempre soy el que habla, y estoy cansado».

Poco después de su dura crítica a Federer en español, Nadal se cruzó con el suizo en la zona de jugadores. «Lo vi después de que hiciera esos comentarios, en la tarde del domingo —relató el propio Federer—. Le pregunté cómo había ido la rueda de prensa, no sabía qué había hablado con la prensa. Él dijo: "Sí, estuvo bien". Mencionó unas pocas cosas y yo dije: "OK". Luego leí lo que había dicho».

Federer, con un nivel de autocontrol envidiable y en un tono relajado, le quitó importancia al asunto. «Las cosas están bien entre nosotros, no tengo malos sentimientos hacia él».

Meses después, durante una entrevista con el diario *El País*, sería más certero: «Lo que dijo Nadal no me dolió ni un poquito».

Tanto Nadal como Federer coincidieron desde siempre en que las rivalidades no tienen por qué incluir palabras duras, miradas fieras y la descalificación del contrario. Por eso el suizo, aunque tenía servido en bandeja devolver el golpe, optó por bajar los decibelios.

Pese a ello, el asunto sería una de las noticias de la temporada en el tenis, porque tras años de «paz y amor» algo estaba cambiando.

Nadal no tenía esta vez la excusa de las limitaciones de su inglés, que más de una vez pueden llevarlo a elegir la palabra inadecuada o no del todo precisa. No, esta vez había sido en español.

Los nervios se habían apoderado del «clan Nadal», a tal punto que el jugador volvió a meter la pata: cuando al día siguiente, tras ganar en la primera ronda, los periodistas le preguntaron si había visto a Federer después de sus declaraciones, dijo que no. El suizo, minutos después y con aquel relato de su encuentro con el español, dejaría en claro que sí se habían visto.

«No le deis forma a historias locas», pidió Nadal, aunque él mismo daría a entender de inmediato que no se trataba de «darle forma» a nada. «Lo que dije, lo dije. Siento haber dicho eso, en especial a vosotros. Porque cuando digo eso, se lo tengo que decir a él personalmente», reconoció, culminando así un «control de daños» que se había iniciado muchas horas antes con contactos entre ambas partes, básicamente entre Tony Godsick, agente de Federer, y Carlos Costa, representante del español.

Para entender las razones del desayuno frustrado en Melbourne y la explosión verbal de Nadal había que retroceder dos meses y volar más de quince mil kilómetros. ¿Adónde? A Londres, al filo de la medianoche del viernes 25 de noviembre de 2011, lugar y hora del último intento de acuerdo entre Roger y Rafa. Intento fallido, como demostraría Australia.

Nadal se movía con el entrecejo fruncido por Londres. Que el 02 Arena sea quizá el estadio cubierto más extraordinario en que se haya jugado al tenis le importaba poco en esos días. Que ese mismo escenario haya vibrado con lo mejor del pop y el rock británico y mundial tampoco lo conmovía. No andan por ahí los gustos musicales del español. Y que sus días en Londres transcurrieran en una suite de lujo en un hotel, el Marriot County Hall, que es de lo mejor que hay en la capital británica, mucho menos era importante para él. Abrir la ventana y ver el Támesis, el Big Ben o Westminster agrada a cualquiera, pero a Nadal, que disfruta de las grandes ciudades y de sus rincones históricos, le importa poco el lujo. Más bien lo avergüenza.

Nadal ni siquiera estaba enojado por el 6-3 y 6-0 que le había asestado Federer en la fase de grupos de aquel Masters que cerraba la temporada 2011, aunque ese resultado le sirviera para confirmar que todos sus argumentos eran válidos.

El español apenas lo dice en público, pero cree que el circuito sería más justo si el Masters de fin de año, un torneo que nunca pudo ganar, rotara su superficie. ¿Por qué no tierra batida y al aire libre alguna vez? O al menos cemento al aire libre, como en 2003 y 2004 en Houston. ¿Por qué siempre superficies entre veloces y muy veloces? ¿Por qué siempre un torneo cubierto, lo que favorece a jugadores como Federer, Djokovic, Juan Martín del Potro o Jo-Wilfried Tsonga? Fue precisamente el francés quien lo eliminó de aquel Masters. Al día siguiente, un Nadal de rostro adormilado y voz ronca contó al autor de este libro, durante una entrevista en un reservado de su hotel, qué le pasaba por la cabeza. Dos días después Federer conquistaría su sexto Masters, un récord sin igual.

Nadal estaba enfadado, y era un enfado novedoso, al fin y al cabo, en noviembre de 2006 él y Federer habían compartido horas de charla volando en el avión privado del suizo entre Shanghái y Seúl. Al fin y al cabo, un año antes su madre y su hermana habían felicitado a Federer con efusivos besos tras la victoria del suizo sobre el español en la final del Masters 2010. Un par de semanas más tarde, Federer esperaba a Nadal a pie de pista en el aeropuerto de Zúrich para llevarlo en persona a la ciudad y oficiar de guía turístico en las horas previas a la exhibición a beneficio de África que ambos jugaron en España y Suiza en esos días prenavideños.

«Es bueno que hablemos, es bueno que discutamos los problemas del circuito», se había entusiasmado Federer a principios de 2007. Cinco años más tarde, ya no jugaban el mismo partido. Ya no había dupla, no estaban del mismo lado de la red.

Federer, el gran aliado de Nadal para echar al sudafricano Etienne de Villiers de la jefatura de la ATP, ya no pensaba como él. Aquel «golpe de Estado» de 2007-2008 contra De Villiers reflejó quién mandaba de verdad. Como dijo alguien de la ATP de estrecho vínculo con ambos: «Roger y Rafa decidieron liberarse de De Villiers y liderar el deporte».

Lo lograron e impusieron al sucesor, pero una vez conseguido el objetivo, una vez superado el interregno de Adam Helfant al frente de la ATP, Nadal y Federer pensaban ya de forma muy diferente.

Si Nadal proponía un ranking bienal, Federer insistía con el anual. Si el español apostaba por reducir aún más el calendario, el suizo decía que todo tiene un límite. Si el zurdo quería promover a Krajicek como nuevo jefe de la ATP, el diestro sacaba el nombre de Drewett. Si Nadal jugaba en público con la idea de una huelga de tenistas, Federer lo desautorizaba.

«Todo ese asunto de un boicot surgió hace unos meses, pero no tiene sentido», dijo el suizo durante una rueda de prensa en Londres al recordar el turbulento US Open de 2011.

Más allá de lo bien que habían logrado llevarse durante años, Federer y Nadal habían desarrollado perfiles con diferencias importantes en su imagen pública.

Mercedes fue uno de los patrocinadores de Federer; también en eso se diferenciaba de Nadal, ligado a Kia, un fabricante surcoreano de utilitarios muy lejos del sólido lujo alemán. En aquellos días de noviembre de 2011 en Londres, con las dos «R» distanciadas, Federer fue claro durante una rueda de prensa en la que ni siquiera se le preguntó directamente por el tema: no respaldaría ningún boicot, ningún cambio en el sistema de elaboración del ranking mundial, tampoco reclamaba una reducción de la duración de la temporada. Nadal respondería días después durante una entrevista: «Él tiene sus ideas como presidente del consejo, yo como vicepresidente tengo otras, evidentemente».

Entre esos mensajes cruzados hubo un SMS que Nadal envió a Federer y que el suizo tardó dos días en responder pese a que estaban en el mismo torneo. El español quería hablar con su aún socio, pero el suizo lo hizo esperar. Mientras Federer se clasificaba para las semifinales de un Masters con final el lunes, Nadal cenaba en Londres con su por entonces novia, Xisca Perelló. Resueltas ambas citas, en la medianoche de aquel sábado 25 de noviembre, Nadal se subió a un coche y fue a ver a Federer. Quería acercar posiciones, pero sobre todo convencerlo de aceptar un ranking mundial que rigiera por dos temporadas, en vez del histórico sistema anual. Llevaba una carta firmada por la abrumadora mayoría de los *top* 20 respaldando esa idea. Era un intento más por ganar a Federer para la causa. Ya había hablado largo rato con él sobre el asunto durante una cena de homenaje a Tim Phillips, exdirector de Wimbledon. Fue el enésimo intento, y sería el último.

«Era sólo cuestión de escucharlo a él y de que él me escuchara a mí en cuanto a qué pienso», diría Federer pocos días más tarde al *New York Times*. No hubo mucho más que eso, fue un encuentro para decirse a la cara las posiciones sin que ninguno cambiara la propia. Por eso el sábado 14 de enero, sin acuerdo entre los dos líderes del circuito, las cosas se desbocaron durante aquella reunión de jugadores en Melbourne, dos días antes del inicio del Abierto de Australia. En un ambiente caldeado, Nadal tomó el micrófono y dijo que los jugadores estaban «unidos», «listos» y que buscarían «lo que merecen». Ya habían hablado otros tenistas, algunos de ellos críticos con el reparto de dinero, en particular con la cantidad que llega a aquellos que no son estrellas. Federer no abrió la boca, se limitó a escuchar. Así y todo, se llegó a votar en medio de cierto caos acerca de si debía irse a la huelga. Jugadores presentes recuerdan que Tiley, el director del torneo, bromeó un tanto nervioso diciendo que en todo caso no la hicieran en su torneo.

La abrumadora mayoría votó a favor y unas pocas manos quedaron sin alzar, entre ellas la de Federer. No habría huelga alguna. Un par de días después el croata Ivan Ljubičić, expresidente del consejo de jugadores y buen amigo de Federer, recordaba la tormentosa reunión: «En mi opinión, eso fue un sinsentido completo. Los muchachos estaban calientes, excitados, pero afortunadamente había algunas cabezas frías allí que calmaron a los demás. Es como un circo, no puedes tomarte algo así en serio, una vergüenza —añadió—. Así no se logra nada, yo ya pasé una guerra, prefiero hablar a luchar». En la misma sintonía se movía Novak Djokovic que, pese a coincidir en las preocupaciones de muchos jugadores, se diferenció claramente de Nadal: «Yo prefiero hablar sobre este asunto en detalle a puerta cerrada». Tony Godsick, el agente de Federer, sabía en esas horas lo que le preguntaría cada periodista que se le acercaba. Su respuesta, siempre con una sonrisa, equivalía a la nada: «Ambos son dos muchachos fantásticos. Y el circuito está en un gran momento». Ya con más franqueza y sin dejar de reír le lanzaba una pequeña pulla al periodista: «¡Buen intento!».

Mejor que hablara Federer. Con elegancia, el suizo cerró la caja de Pandora abierta horas antes por Nadal: «No podemos estar de acuerdo siempre en todo. Antes [Nadal] solía decir que lo que dijera Roger estaba bien para él. Hoy es mucho más adulto, tiene opiniones fuertes, algo que creo que es grandioso. Es lo que necesitamos».

Nadal desvió la atención del asunto a su manera. Un clásico. Tras su victoria en primera ronda dejó boquiabiertos a los periodistas con una extraña revelación: el día anterior su rodilla había hecho clac. Se vio, dijo, fuera del torneo. «Es lo más raro que me ha pasado en mi vida. Noté un clac en la rodilla. Así, sentado, no me había pasado casi nunca. Traté de doblar dos veces la pierna, pero a la tercera ya ni pude doblarla. Un dolor increíble, tuve que subir a mi habitación con ayuda. Pasé una tarde muy dura. Sobre las seis y algo de la tarde de ayer no podía doblar la rodilla, y hoy estuve jugando. Estoy feliz por seguir en el torneo».

A esas alturas nadie recordaba sus críticas a Federer. Esta vez, la rodilla le había hecho en cierta forma un favor a Nadal. La misma rodilla que meses después lo dejaría sin competir a partir de Wimbledon y hasta 2013. Pero pese al clac, el español derrotaría a Federer en las semifinales de aquel Abierto de Australia en un partido en el que el suizo desperdició demasiadas oportunidades. Luego llegaría la histórica final ganada por Djokovic en cinco horas y cincuenta y tres minutos de batalla cerrada en la madrugada. La rodilla aguantaba y el deporte estaba en primer plano, aunque pronto se conocerían nuevos coletazos del «divorcio» entre los protagonistas de un «romance» que durante tanto tiempo había asombrado a todo el mundo.

«Creo que los jueces podrían ser un poco más duros con el tiempo». Era marzo en el desierto californiano y Federer le lanzaba un dardo a Nadal semanas después de aquel cruce en Australia. No sin razón: el suizo juega al tenis a un ritmo rápido si se lo compara con sus rivales. La lista de «culpables» la encabeza Nadal, número dos del ranking mundial, seguido muy de cerca por Djokovic, que puede hacer rebotar la pelota hasta veinte o treinta veces antes de sacar, una costumbre que desquicia a veces a rivales y espectadores, un tic que aflora también en momentos clave de partidos. «Una falta de respeto a los espectadores», según el entonces presidente de la Federación Internacional de Tenis (ITF), Francesco Ricci Bitti, que no entiende que los tenistas necesiten que se les alcance la toalla tras cada punto que juegan. El italiano, que con lo de «falta de respeto» no se refiere a ningún jugador en particular, sino al tenis en general, tiene una receta para agilizar el tenis: quitar el segundo saque y acortar los sets. Otra cosa es que pueda sacar adelante semejantes cambios en un deporte profundamente conservador. De hecho, no pudo.

Nadal es conocido como, probablemente, el jugador más lento del circuito entre punto y punto debido a sus numerosos tics. El español también comienza el partido haciendo esperar a sus contrincantes en la red, algo a lo que sus rivales ya se han resignado. Según Federer, el tiempo que discurre entre puntos es mucho mayor en la práctica que lo que contempla el reglamento de la ATP: «No entiendo cómo a lo largo de un partido de cuatro horas con Rafa, él nunca recibe una amonestación por pérdida de tiempo —destacó el suizo—. Lo natural es que hasta yo me exceda, pero nunca nos lo recuerdan. Hay momentos en los que [los jueces] podrían ser un poco más firmes. Porque al final del día no sé si los aficionados se sienten frustrados de ver cinco puntos que van a durar cinco minutos. No se puede perder aficionados por culpa de esto».

Dos meses después de la explosión de Australia, la tensión entre las dos «R» seguía ahí. Miami pretendió, alguna vez, ser el «quinto Grand Slam». En esa etiqueta había mucho de buen marketing, aunque también bastante verdad, porque el torneo que se jugó por más de tres décadas en el Crandon Park de la isla de Cayo Vizcaíno no sólo reunía a los mejores tenistas del mundo, sino que era una pequeña joya del circuito. Su estadio central rozaba la perfección, tanto para los jugadores y los espectadores como para los periodistas, que trabajaban en una de las pocas salas de prensa del mundo que permitían ver partidos en directo con sólo dar dos pasos y acercarse a un amplio ventanal que da acceso a la tribuna. Una playa de arenas blancas a cinco minutos de caminata, frondosas palmeras que moderan el despiadado sol a las puertas del Caribe y una vida nocturna incansable hacían de Miami un torneo al que todos querían ir.

Con el tiempo Miami fue perdiendo peso en el circuito. Que Butch Buchholz, su fundador, vendiera el torneo, fue un golpe para su internacionalidad, porque el torneo, controlado por la agencia IMG, comenzó a pensar cada vez más en términos locales. Hoy pocos recuerdan aquella etiqueta de «quinto Grand Slam», aunque Miami sigue siendo un certamen importante y codiciado, pero ya no tan agradable y diferente desde que dejó Cayo Vizcaíno y se instaló al costado de una autopista. Es, también, uno de los pocos grandes torneos que Nadal nunca ganó, aunque no deja de ser un sitio que al español le trae buenos recuerdos: allí, en 2004, le asestó un 6-3 y 6-3 a Federer en la tercera ronda en el primer choque de la extensa serie entre ambos.

No hubo Nadal-Federer en 2012 en Miami, pero sí la oficialización de una separación. Este torneo es, junto con Wimbledon, el US Open y el Masters de cierre de temporada, una de las cuatro ocasiones en las que el consejo de jugadores de la ATP se reúne de forma oficial año tras año. Puede haber alguna reunión en otra ciudad, pero esas cuatro citas están aseguradas. Todo parecía ir por el camino habitual en aquel encuentro de Miami. Los integrantes del consejo hablaban y Federer, en su función de presidente, organizaba los turnos. Pero Nadal tenía preparada una sorpresa. En una rueda de prensa posterior explicaría que dejaba el puesto porque ya no se sentía una persona adecuada para trabajar en el consejo. Lo dijo con diplomacia, aunque no se privó de lanzar un último mensaje a Federer: «Creo que hicimos algunas cosas buenas por el deporte, pero no es suficiente. No soy el indicado para seguir trabajando allí. Otra persona puede hacerlo mejor que yo hoy en día. Creo que podemos hacer muchas más cosas de las que hemos hecho».

Poco antes, durante el encuentro del consejo, el adiós había sido limpio y veloz. «Quiero agradecerles a todos por estos años trabajando juntos», dijo el español, que casi no les dio oportunidad de reaccionar a sus colegas. «Rafa se puso de pie, les dio la mano a todos y se fue —describió uno de los presentes en aquel encuentro de Miami—. Roger estaba muy sorprendido».

Dos años y medio después, el estadounidense Eric Butorac reconstruyó al Nadal de las a veces efervescentes reuniones del consejo. Además de extenista, psicólogo, el doblista tenía bien estudiadas las diferencias entre el español y el suizo. Según Butorac, Nadal era volcánico: «Sí... Y así como su tenis es muy pasional, en algunos asuntos se ponía muy apasionado, mientras que en otros no mostraba tanto interés. En algunas reuniones iba muy fuerte, pero queríamos tenerlo todo el tiempo que pudiera estar con nosotros, era grandioso que estuviera».

Las «obsesiones» de Nadal eran la de reducir la obligatoriedad de torneos en el calendario y la propuesta de un ranking de dos años. Ninguna prosperó. «Creo que al final estaba un poco frustrado, quizá tampoco tenía tanto tiempo, volvieron algunas lesiones... —aventuró Butorac, que recuerda perfectamente el día en el que Nadal les dijo que se iba—. Nos dio una muy buena explicación: "Muchachos, estoy muy frustrado con algunas cosas que están pasando. Y esa frustración que tengo se está trasladando a conversaciones agresivas con algunos jugadores, o aquí en el grupo. En vez de seguir volcando mi frustración aquí, prefiero renunciar"». Dos años después de aquella renuncia, Federer, ya padre de cuatro hijos, también dejaría el consejo. Fue el fin para los insólitos años del «paz y amor» provocados por el cuasi *bromance* de Nadal y Federer: el tenis volvía a la normalidad.

25

La foto eterna

¿La foto más bella de la historia del deporte? Es, como tantas otras cosas, materia opinable. Pero esa mano de Roger Federer posada sobre la de Rafael Nadal, sacudidos ambos y bañados en lágrimas sus rostros, es, eso sí, una de las fotos que más cosas cuenta en la historia del deporte.

Una foto que oculta o borra algunos reveses y recuerdos menos amables, como aquella pelea que estalló en 2012 en Australia.

Una foto en la que, sin estar, aparece difuminado Novak Djokovic.

Una foto que dice «Somos dos, no tres».

La foto fue tomada el 23 de septiembre de 2022 en el 02 Arena de Londres. La autora es Ella Ling, una experimentada fotógrafa *freelance* que recorre desde hace años el circuito del tenis.

En esa imagen se ve a Federer y Nadal sentados, hombro con hombro, tras el dobles que jugaron juntos en la Copa Laver, el último partido en la carrera profesional del suizo, que dejaba ese día el tenis a los cuarenta y un años por problemas físicos. Atrás, de pie, hay otros jugadores, entre ellos Djokovic, pero la foto que dio la vuelta al mundo es la que enmarca a esos dos jóvenes hombres llorando desconsoladamente y tomándose de la mano.

«Rafa no podía mirar a Roger, estaba desesperadamente intentando no llorar. Llegó un momento en el que Roger necesitaba a su amigo —explicó Ling a CNN—. Creo que al principio él puso su mano sobre la pierna de Rafa, y se la apretó. Y después le tomó la mano. Creo que me perdí ese apretón a la pierna de Rafa, pero pude captar el de la mano».

Ling reconoce algo con lo que a veces bromean aquellos que se dedican al periodismo escrito: no hay nada más mentiroso que una foto. Es ironía, claro, pero se refiere a que un instante, una fracción, puede ser tomado erróneamente por el todo.

«En la imagen parece que están tomados de la mano durante minutos, cuando en realidad fue, probablemente, medio segundo. Y esa es la belleza de la fotografía, captas el momento».

¿Qué cuenta la foto? Antes que nada, algo muy importante: Federer y Nadal se han hecho amigos de verdad. Nadie lo hubiera creído once años antes, cuando el español, que se pasó toda su carrera insistiendo en que sus amigos estaban en Mallorca, hizo una serie de comentarios notablemente críticos sobre el suizo, frases que dejaron al mundo del tenis con la boca abierta. Pero once años son muchos años en la vida de un hombre joven, tiempo de sobra para entender qué es importante y qué es accesorio.

Es lo que se vio en Londres. El momento es hipnótico: el brazo izquierdo de Federer se posa sobre el brazo derecho de Nadal hasta que le toma la mano. Los dos lloran. Y un detalle: son los brazos débiles de ambos, los que sirven para lanzar la pelota en el servicio, no los que llevan la raqueta. No son los brazos con los que se ganaron un lugar en la historia más grande del deporte, son los brazos del descanso, del reposo, del apoyo.

«Creo que esa foto representa la amistad —destaca Ling—. Fuera de la cancha los dos tienen valores muy similares. Valoran mucho la familia, el respeto, los dos tienen mucha clase. Siempre ganan premios a la deportividad. No me había dado cuenta hasta ese momento de lo cercanos que eran. Los hombres masculinos y deportistas no muestran normalmente sus emociones.

Haber estado sentados ahí llorando descontroladamente y tomándose de la mano frente a diecisiete mil personas y millones en la televisión es increíble. Le dice mucho a la sociedad».

Federer, que quedó fascinado con la foto de Ling y pidió que le enviaran todas las que hubieran tomado otros fotógrafos desde diferentes ángulos, coincidió con la fotógrafa en que su mano apretando la de Nadal fue «un momento corto».

«Creo que en un momento dado estaba sollozando, y no sé, todo pasaba por mi cabeza sobre lo feliz que soy de vivir este momento con todo el mundo. Y creo que eso es lo bonito de estar allí sentado, asimilándolo todo mientras sonaba la música y la atención se centraba más en ella [la cantante Ellie Goulding]. Casi te olvidas de que te están haciendo fotos. —Y añadió el suizo—: Supongo que en un momento dado, porque obviamente no podía hablar y la música estaba allí, le toqué, y supongo que tal vez fue un agradecimiento secreto».

Como todos, él también buscaba una explicación a ese momento tan extraordinario de la historia del tenis.

Fracasó en la búsqueda: «No sé lo que fue».

La foto dice también que el mentado «Big Three» existe y no existe a la vez. Sí, Djokovic cerró 2023 con veinticuatro títulos de Grand Slam contra los veintidós de Nadal y los veinte de Federer, pero eso es sólo una parte de la historia.

«Nunca he sido amigo de Federer y Nadal, entre rivales no es posible. Siempre he tenido respeto por Federer, es uno de los más grandes de todos los tiempos. Ha tenido un impacto extraordinario, pero nunca he estado cerca de él», admitió el serbio en 2023.

«Lo mismo con Nadal. Fuimos a cenar juntos dos veces, pero incluso con él la amistad es imposible. Siempre le he admirado y respetado. Gracias a ellos he llegado a ser quien soy. Esto nos unirá para siempre. Nadal forma parte de mi vida: en los últimos quince años le he visto más que a mi madre».

El serbio seguramente sabe que su éxito deportivo contribuyó, tras las peleas de 2011 y 2012, a unir a Federer y Nadal, que habían encontrado algo que les molestaba a los dos. Un problema compartido.

Djokovic es uno de los jugadores psicológicamente más complejos del circuito. Lo suyo puede sintetizarse en que necesita que lo quieran, busca por momentos, casi con desesperación, ser aceptado y querido.

Busca, también, estar a la altura de Nadal y Federer. No sólo en éxitos, no sólo en títulos de Grand Slam, donde su palmarés es extraordinario y ya superior a los del suizo y el español.

Djokovic buscó durante años algo que, al final, entendió que era imposible.

Hay un *feeling* acerca de cómo se debe ser y estar, una cualidad intangible, que comparten el español y el suizo. Consiste en una combinación de conducta y estilo que creen que no tiene el serbio.

Y con sutileza, pero con persistencia, se lo han hecho notar a lo largo de toda su carrera.

Es por eso por lo que Djokovic podrá haber ganado más, pero para Nadal y para Federer está un escalón por debajo.

En las viralizadas y asombrosas fotos de esa noche en Londres, Djokovic es una presencia ausente. Se lo ve atento y contenido cuando el ángulo se abre, cuando las cámaras toman a todo el equipo. Pero no está en la foto íntima, la de los dos compañeros de dobles.

Y era lógico: en ese banco sólo se sientan los que juegan. Es eso precisamente lo que eligió Federer, cerrar su carrera sentado junto a Nadal. Una imagen de enorme simbolismo: cuando todo terminó, todo fue como empezó. Federer, Nadal y nadie más haciendo sombra. No sorprende que lloraran juntos.

Para ellos, jamás fueron tres. Son sólo ellos dos.

26

Una nueva era

«¡Es que no, tío! ¿Tú sabes el privilegio que es estar viendo en primera fila la historia más grande del tenis? Yo eso no me lo pierdo por nada del mundo».

Nicolás Pereira, un talentoso extenista venezolano, reconvertido hoy en agudo comentarista del deporte en el Tennis Channel, le había hecho la pregunta a Carlos Moyá. ¿Tiene sentido que vuelvas a viajar, a ir de avión en avión y de hotel en hotel? ¿Tiene sentido cuando has tenido una carrera maravillosa, tienes una familia aún mejor y toda la tranquilidad económica?

¿Tiene sentido que te conviertas en el entrenador de Rafael Nadal?

Sí, tiene sentido, le dijo Moyá. Mucho.

Lo de «ver» la historia es muy cierto, aunque es sólo una parte. Desde que Toni Nadal dejó abruptamente de dirigir la carrera de su sobrino, Moyá se hizo cargo de continuar impulsando a Nadal. Es decir, la historia que escribe Nadal la escribe en parte él también.

Pereira terminó entendiendo a Moyá, porque él también tuvo su proceso particular con Nadal. «A mí no me llegaba el juego de Nadal, no me gustaba. Pero lo fui conociendo, lo fui entrevistando y terminé haciéndome fan».

Lo de rendirse a Nadal les pasó a muchos, incluso a Roger Federer fuera de las pistas.

En 2023, un aficionado se le acercó al suizo durante un Gran Premio de Fórmula 1. El diálogo discurrió así:

—Señor Nadal, ¿puedo tomarme una foto con usted?

—Puedes, pero no soy el señor Nadal.

—Oh, ¡disculpe!

El aficionado se fue sin foto.

También se rindió a Nadal el otro Federer, el búlgaro Grigor Dimitrov, por años apodado «Baby Federer»: hay pocos jugadores tan elegantes y con tenis más espectacular. No llegó a ganar un Grand Slam, pero fue *top ten* y es uno de los hombres más queridos en el circuito.

¿Qué es lo que más te impacta de Nadal?, le preguntó el autor de este libro en una húmeda tarde de agosto de 2023 en Nueva York. Dimitrov lo tenía claro: «El hecho de que sea tan capaz de revertir situaciones de forma espectacular, de ganar lo que es casi imposible de ganar. Eso, en nuestro deporte, es extremadamente difícil».

A Dimitrov le gustó la pregunta, porque siguió reflexionando sobre el asunto... hasta que se dio cuenta de que estaba teorizando cuando en realidad tenía a mano un ejemplo muy personal.

«Es algo que ha hecho en instancias decisorias. ¡La final de Australia 2022 con Medvedev! Y, de hecho, lo hizo conmigo en ese torneo, en las semifinales de 2017».

En ese momento, Dimitrov hizo una brevísima pausa y esbozó una pequeña risa irónica: «Cuando veo ese partido, y creo que es el partido que más veces he visto en mi vida, sigo sin poder creer que lo ganara, que yo lo perdiera. Él es capaz de modificar la realidad. Eso es lo que hacen los magos. Y como persona es maravilloso».

Un par de días después, David Ferrer es sometido a la misma pregunta.

¿Qué es Nadal?

El rostro del ex número tres del mundo adquiere seriedad. Está pensando, busca la palabra.

«Ejemplo. Ejemplo y resiliencia. Resiliencia ante las adversidades. ¿Y qué representa? Integridad. En todos los aspectos. Por la seriedad de su trabajo, la seriedad con sus compañeros, la humildad. Y, siendo tan grande, esa mirada de niño que tiene, esa chispa».

Lo de Nadal con mirada de niño es una novedad. Y como tal, Ferrer intenta explicar qué quiere decir: «Si tú le ves cuando jugaba de niño, de mayor sigue teniendo esa mirada. Cuando lo veo y hablo con él sigue teniendo esa mirada. Y eso dice mucho de él como persona. Al final nos hacemos mayores y el jugador se come al personaje. No es su caso».

¿No? No, dice Ferrer. «Lo notas sobre todo cuando hablas con él, no en la pista o en la rueda de prensa, donde está muy expuesto y dice lo que toca decir. En cambio, cuando hablas con él y te explica, hablas de cosas personales, ahí sí es él. Lo que ves ahí es su calidad humana, su cercanía. El tenis es un deporte muy egoísta y narcisista, vives en una burbuja. Rafa, aparte, reunió a un entorno familiar muy bueno en ese aspecto, muy natural y respetuoso».

Lo que Ferrer describe de Nadal es muy diferente a lo que se vio en una serie que se esperaba con gran interés y terminó siendo un fiasco: *Break Point*.

Cuando en 2021 comenzó a circular la noticia de que el tenis sería retratado a fondo en Netflix, muchos se frotaron las manos. El antecedente de *Drive to Survive*, una atractiva inmersión en el mundo de la Fórmula 1, permitía el entusiasmo. En 2023, cuando los primeros cinco capítulos de *Break Point* llegaron a las pantallas, la decepción alcanzó a muchos. La serie ofrece imágenes atractivas y descansa sobre un indudable y privilegiado acceso a varias estrellas del circuito, pero es un producto con un enorme problema: no sabe realmente qué quiere contar.

En ella podemos ver algunos momentos atractivos dentro de

un circuito de tenis que parece un quirófano, sin emoción. Toda la serie está atravesada por una pátina de irrealidad.

Hay una entrevista al italiano Matteo Berrettini en la que deja una frase interesante por su profundidad: «Me siento nervioso, pero trato de estar nervioso. Es algo bueno. Siempre se trata del balance entre la voluntad y el miedo. Si no hay miedo, no hay voluntad».

En el contexto de ese miedo, Berrettini habla de lo que implica para él enfrentarse a Rafael Nadal, ante el que cayó en las semifinales del Abierto de Australia 2022: «No tengo la actitud correcta, estoy demasiado feliz de estar ahí».

Berrettini, al igual que el noruego Casper Ruud, tenía pósteres de Nadal en su habitación. Nick Kyrgios, sin duda, no, pero eso no le impide al australiano reconocer la dimensión del español: «Nadal es como un dios».

Nadal es, en efecto, un dios no sólo para muchos espectadores, sino también para numerosos de sus compañeros de circuito. Y que el español sea educado no quiere decir, y eso está visto, que no sea ambicioso.

Se ha mencionado ya el latiguillo de «yo no te voy a mentir», aunque lo novedoso es que alguna vez en Roland Garros admitió que sí puede y sabe hacerlo: «Sólo os voy a mentir un poquito».

Esa capacidad para mentir «un poquito» es notoria ante preguntas que implican situarlo en una posición de superioridad. Podría conquistar Roland Garros cincuenta y siete veces y dirá que no es necesariamente el favorito y que hay siete partidos por ganar.

Fue también muy evidente ante la pregunta, recurrente en los últimos años, acerca de si lo suyo no era ya una competencia con y por la historia, más que por ganar torneos. Siempre respondía que no, qué él no es así, que él no piensa así.

Hasta que un día dejó de «mentir un poquito».

«La historia: siempre digo que no me importa, pero claro que me importa —le confesó a Juan José Mateo, del diario *El*

País, poco después de conquistar su décimo título de Grand Slam—. Lo que pasa es que tampoco tengo tiempo para explicarlo, porque al día siguiente estoy jugando otra competición. Claro que me importa la historia. Claro que me importa tener los mismos títulos de Grand Slam que Borg. Claro que me importa ser de los que tienen más Grand Slam. Claro que me importa. Yo amo el deporte y lo que hace al deporte es la historia. Hay que ser humilde, pero no hay que tener tontería encima. Con diez títulos, ¿estás entre los grandes de la historia? Pues sí. Es una gran satisfacción personal».

¿Y con veintidós títulos de Grand Slam? ¿Dónde sitúa eso a Nadal?

Lo sitúa en la necesidad de seguir compitiendo, dice Ferrer. De volver a acercarse a Djokovic, de no dejar que se quede en soledad con la primacía de la historia.

«Sin duda es una motivación. Ambos se han alimentado el uno al otro. Si Rafa se ve competitivo, va a querer al menos igualar a Djokovic».

¡La historia! Enorme concepto siempre, pero también una idea de la que se abusa. Tantas cosas son históricas que al final ninguna lo es. Por eso es mejor hablar con algunos de los más grandes, para que ellos mismos le den forma a un partido histórico, al partido del fin de los tiempos.

Se acaba el mundo, pero tienes la oportunidad aún de ver —o jugar— un último gran partido. ¿Cuál eliges?

Moyá no necesita pensar demasiado. «Me gustaría ver al mejor Kuerten con Nadal. Por curiosidad. Kuerten, antes de la aparición de Nadal, fue el mejor en tierra de estos diez o quince años. Creo que ganaría Rafa, pero me gustaría ver cómo salva Kuerten esas bolas altas. Tenía uno de los mejores reveses a una mano en tierra batida».

Alex Corretja dijo casi exactamente lo mismo que Moyá, el amigo que lo privó del título en la final de Roland Garros 1998 y al que batió en la última ronda del Masters de Hannover ese mismo año.

«Me encantaría saber qué habría pasado con Kuerten y Rafa, los dos en su plenitud en una final de Roland Garros. Sería algo muy dramático. Si bien creo que Rafa está por encima por lo que ha conseguido, porque su movilidad de piernas es más explosiva y lo habría arrinconado, Guga, en su plenitud, tenía muchos tiros».

El croata Goran Ivanisevic lanza un pequeño bufido: «¡Uuufff!». No le es fácil decidirse, por eso dice que elegirá dos partidos, aunque menciona tres. «Querría ver un Djokovic-Sampras, me gustaría ver cómo juega Sampras contra él, sin ritmo. Y luego un Agassi-Nadal, un Sampras-Nadal. —Y añade el campeón de Wimbledon 2001—: En tierra batida, Agassi no tendría posibilidad alguna. Pongamos césped entonces, pero el césped de los noventa, no el actual. Mi césped».

El Nadal-Federer fascina a Rod Laver, pero ante el partido del fin del mundo opta por un duelo de enorme potencial y con sólo un capítulo en la vida real: un Sampras *versus* Federer.

«Sería un gran desafío —dice con mirada soñadora Laver, que, como todos, sólo una vez vio un choque entre los dos grandes: el 7-6 (9-7), 5-7, 6-4, 6-7 (2-7) y 7-5 con que el suizo eliminó al estadounidense en los octavos de final de Wimbledon 2001. Aquel fue el partido del despegue de Federer, su gran carta de presentación a nivel mundial—. Con los dos en su mejor momento, con Sampras con ese servicio y esa derecha y Federer con su juego tan completo, uno se pregunta: ¿qué pasaría en ese partido?, ¿quién ganaría?, ¿podría Federer dominar ese servicio, devolverlo?, ¿podría desafiar esa derecha? Creo que ganaría Sampras. Simplemente por su gran servicio».

Pete Sampras recuerda los Borg-McEnroe, e incluso sus choques con Andre Agassi. Pero al final se decide por el que muchos consideran el partido de todos los tiempos: «El partido de Rafa y Roger en Wimbledon, cuando estaba oscureciendo. Fue apasionante».

Novak Djokovic se ríe sorprendido y divertido ante la pregunta. «¿Sólo para mirarlo o también para jugarlo? Si puedo elegir las dos opciones, me encanta la idea de un partido con la cancha mitad de tierra batida y mitad de césped, como ya jugaron una vez Roger y Rafa. Haría mitad tierra batida y mitad césped y me mediría con Rafa».

¿Y si sólo fuera espectador? «Querría ver un Nadal-Borg. Eso sería divertido».

La pregunta le llega a Federer en un París otoñal. Su opción es diferente a la de Djokovic y Nadal: prefiere ver a su entrenador en una final que nunca existió. «Sería Edberg contra alguien... probablemente contra Sampras en Wimbledon, sencillamente porque era mi ídolo cuando yo estaba creciendo y me encantaría volver a verlos jugar en la pista central de Wimbledon».

Nadal recibe la pregunta en Montecarlo. Es la última de la entrevista, y la primera reacción del español es de cierta incomodidad. «Ufff... No tengo ni idea, tío». Pero un segundo después demuestra que sí, que por supuesto que tiene idea. «Yo elegiría jugar, no ver, porque al final me encanta jugar y la sensación de partidos complicados. Hay muchos grandes campeones, pero por todo lo que he vivido con él, yo jugaría contra Federer».

Cuando David Ferrer dice que la ambición de al menos igualar a Djokovic impulsa a Nadal, hay que ir a la temporada 2022 y ver lo que hizo el español en el Abierto de Australia, al que llegó tras una lesión y con muy pocos partidos previos.

El mallorquín estaba desahuciado en la final con el ruso Daniil Medvedev. No se trataba sólo de la enorme ventaja de 6-2, 7-6 (7-5) y 3-2 con 0-40 sobre el servicio de Nadal de que dispuso el ruso. Este, en aquella final, fue una máquina durante más de dos horas, manejó a su rival casi como un títere, lo hizo parecer impotente en la pista. Débil. Menor.

Hasta que Nadal recordó que es Nadal y, en cinco horas y veinticuatro minutos, se llevó el partido por 2-6, 6-7 (5-7), 6-4, 6-4 y 7-5.

La derrota hundió a Medvedev de tal manera que necesitó

prácticamente toda la temporada 2022 para volver a sentir su tenis y perdonarse por la final perdida.

Luego vendría el título de Roland Garros, el decimocuarto en París. Y, de no haber sufrido la lesión en las costillas ante Taylor Fritz en los cuartos de final de Wimbledon, partido que ganó antes de caer por no presentación en semifinales, Nadal, a sus treinta y seis años, podría haber aspirado en aquel 2022 al Grand Slam.

La lesión lo frenó, y mientras él se frenaba, otro español surgía con fuerza: Carlos Alcaraz. Ese año que se abrió con Nadal campeón en el Abierto de Australia se cerró con Alcaraz conquistando el US Open y el número uno del mundo.

En el fondo no sorprende. Nadal estuvo dieciocho temporadas consecutivas entre los diez mejores de la ATP. Si Alcaraz quiere emularlo, deberá ser *top ten* hasta 2039. Suena lejanísimo, pero también perfectamente posible, tal es la dimensión tenística de Alcaraz.

Se entiende mejor así que España y su tenis conquisten cumbres que para cualquier país son, sencillamente, una locura.

Un 2022 de locura, en el que Nadal, hasta el final de la temporada, tuvo posibilidades de cerrar el año como número uno.

El premio fue para Alcaraz.

Y un 2023 en el que el mallorquín jugó cuatro partidos, dos en la United Cup en Australia y dos en el Abierto de Australia: ganó uno y perdió tres.

Y, con perdón para la jerarquía tenística del estadounidense Mackenzie McDonald, que el último partido de la carrera de Nadal sea una derrota de 6-4, 6-4 y 7-5 ante el número 65 del mundo ofende a la historia.

No lo dijo, pero Nadal lo piensa: su adiós al tenis no puede ser el del 18 de enero de 2023 con lesión en el psoas ilíaco de su pierna izquierda.

No puede ser, porque horas después de la lesión, desde su equipo se habló de un «tiempo normal de recuperación de seis a ocho semanas».

La realidad era otra. Nadal, que en marzo había hablado de una «avería grande grande» en su cuerpo, no sabía lo que tenía en realidad. Había una segunda lesión. Oculta y mucho más grave.

Echó luz sobre el asunto Vicente de la Varga, traumatólogo y experto en cirugía ortopédica, durante una entrevista en la cadena COPE: «La explicación está en que la segunda forma de lesionarse el tendón del psoas ilíaco es mediante una peritendinitis, una distensión y rotura parcial de la porción tendinosa correspondiente al músculo psoas. Es una lesión mucho más difícil de detectar en la resonancia magnética, y que además suele estar enmascarada, cubierta por el edema, la inflamación de la parte muscular del tendón, mucho más llamativa. Las dos lesiones estaban desde el principio. La lesión muscular curó en su plazo, en seis a ocho semanas, pero la lesión de la parte tendinosa fue subestimada, pues el plazo medio de curación de las lesiones tendinosas del psoas es de veinticuatro semanas, de seis meses».

Así, durante semanas, Nadal había buscado algo que era inviable: jugar Montecarlo, Barcelona, Madrid, Roma y Roland Garros, los cinco torneos sobre los que históricamente construyó el éxito en sus temporadas. Soñaba con que el psoas ya no molestara y concentrarse en la hazaña de ganar un decimoquinto título en el Abierto de Francia. Era inviable.

«Nunca iba a haber llegado, pues aún está en periodo de recuperación. Ahora toca aceptarlo y cumplir los plazos. Es una lesión que curará sin dejar secuelas», aseguró De la Varga.

El foco de Nadal apuntó a 2024. A no retirarse en una rueda de prensa como la muy dramática del 18 de mayo de 2023 en Manacor —«no me lo merezco»— y a volver, si le fuera posible, en el mejor estado físico de su vida.

Es lo que quiere Novak Djokovic, nada menos.

«Todos queremos que vuelva, por lo menos por una última vez. Que así se den esos enfrentamientos que hubo durante tantos años. Esperemos que su salud se lo permita», dijo el español Carlos Gómez Herrera, *sparring* de Djokovic, al sitio *CLAY* minutos después de que el serbio conquistara en Flushing Meadows su título de Grand Slam número veinticuatro.

Lo mismo dice Ivanisevic, entrenador de Djokovic: «La vuelta de Nadal sería grandiosa para el tenis, yo estoy motivado, realmente espero que vuelva». Con un asterisco: «Lo que queremos es que vuelva sano, porque a nadie le gusta ver a una leyenda del tenis volver de una lesión sin la plenitud física que merece».

Juan Mónaco, el jugador argentino que llegó a estar por unas semanas en el *top ten*, es uno de los mejores amigos de Nadal en el circuito. Él no veía la posibilidad de un Nadal que regrese sin estar en condiciones, de un Nadal que regrese para dar pena. Y eso implica mirar más allá de 2024, dijo Mónaco al autor de este libro.

—*Nadal dijo que se despedirá en 2024, pero si lo hace es para competir y ganar, ¿o no?*

—Yo creo que si él decide volver a entrenarse a fondo para volver al circuito es para ganar. Si no, no vuelve.

—*Y si gana, ¿se despide?*

—¡No lo creo!

—*Sigue entonces jugando en 2025...*

—No creo, sinceramente no creo que se despida. El límite se lo va a poner él. Yo lo conozco mucho, y creo que si él se prepara para volver, él se prepara para ganar, no se prepara para hacer cuartos de final. Tiene la vara altísima. Yo creo que no ha jugado Roland Garros en 2023 porque ha visto en los entrenamientos que no estaba para ganar Roland Garros, aunque sí podía jugarlo.

La ambición de Nadal no se refleja solamente en esa decisión de cara al torneo que más ama. Fue también muy evidente el 18 de septiembre de 2023, cuando España y el mundo del tenis vieron y escucharon al mallorquín en una sorprendente entrevista de Movistar Plus+.

El zurdo llevaba un tiempo largo sin hablar, y fue evidente que echaba de menos dar a conocer su opinión y, también, abrir su corazón.

Lo abrió con una frase que fue la ratificación de lo que ya había dado a entender en Manacor, también un 18, pero de mayo de ese año: había optado por el dique seco en todo 2023, con la expectativa de despedirse en un buen nivel en 2024.

Sí, claro, aunque con un pero enorme, ese al que se refirió Mónaco: si las cosas van bien, ¿por qué no seguir, por qué habría de retirarme en 2024?

«¿Por qué te voy a decir ahora que este es mi último año y lo tengo planificado así y así y asá? ¿Y si no es así? Y si de repente por arte de magia pues..., no creo en la magia, pero ¿si de repente el cuerpo se recupera después de un parón largo como el que he tenido y me siento con fuerza y energía para continuar? ¿Por qué voy a decir una cosa y después hacer otra? Soy cauto, cuando sepa la respuesta la voy a decir y vivo el día a día con la ilusión de darme la oportunidad de tener la opción de decidir».

Ese era un Nadal auténtico, el claro reflejo del hombre incapaz de vivir sin competir. Tan poco capaz es de vivir sin medirse a los demás, que en otro tramo de la entrevista lanzó un comentario que incendió los foros de tenis en las redes sociales de todo el mundo. Lo hizo con un asombroso comentario sobre Novak Djokovic, una reflexión que fue mucho más allá del tenis y apuntó a la personalidad del serbio, que ocho días antes había ganado en Nueva York el Grand Slam número 24 de su carrera. Dos más que Nadal, cuatro más que Federer, los mismos que la australiana Margaret Court, la mayor ganadora hasta entonces.

«¿Si me hubiera gustado ser el tenista con más Grand Slam de la historia? Sin ninguna duda, de esto se trata el deporte, de ser lo mejor posible», se responde a sí mismo. «¿Que ha sido una obsesión para mí? No. ¿Que me frustra? Tampoco. Uno no puede estar siempre frustrado por una cosa o por la otra. La vida es como es y cada uno hace lo que puede».

Juanma Castaño, el entrevistador, le preguntó si de alguna

manera se sentía frustrado al no haber podido competir en 2023. Nadal, como tantas otras veces, respondió que no.

«No estoy frustrado por una simple razón, porque yo creo que dentro de mis posibilidades he hecho todo lo posible para que las cosas me fueran lo mejor posible».

«Bueno, tú no puedes sentirte frustrado», dejó caer Castaño sin saber que estaba dando pie al gran titular mundial de la entrevista: «¡Rafa, con 22 Grand Slam no se puede vivir frustrado!».

Fue la señal para que se activaran todos los tics nadalianos: encogimiento de hombros, cejas voladoras, labios apretados, ojos bien abiertos y respuesta veloz.

«Sí que se puede, sí que se puede. Yo creo que Novak, en ese sentido, lo vive de una manera más intensa de lo que lo he vivido yo. Para él, yo creo que hubiera sido una frustración más grande no conseguirlo... Y a lo mejor por eso lo ha conseguido. Creo que ha tenido la capacidad de llevar la ambición al máximo. Yo he sido una persona ambiciosa, pero con una ambición sana que me ha permitido ver las cosas con perspectiva y sin estar frustrado. Es mi forma de vivirlo y de sentirlo».

A esas alturas de su carrera, de su vida, la cifra estaba clara: entre 2003 y 2023 había acumulado cinco años completos sin jugar, sin poder competir debido a lesiones. En un total de veintiuna temporadas, cinco en blanco, casi una cuarta parte. Ni a Federer ni a Djokovic les sucedió eso, pero no tiene sentido ya lamentarse por esa diferencia, dio a entender el mallorquín.

«Pero de eso [cinco años de baja] también va el deporte. Él ha tenido un físico o un estilo que le ha permitido jugar más que yo. Yo he hecho lo que he podido, no me puedo reprochar nada. Cuando me he equivocado, lo he hecho pensando que en ese momento hacía lo mejor para mi carrera».

Las reflexiones de Nadal dieron la vuelta al mundo en un lunes muy particular: Djokovic descansaba en su casa tras el esfuerzo del US Open y la Copa Davis, mientras Federer hablaba en las Naciones Unidas, en Nueva York, para promover una iniciativa relacionada con la educación. A su izquierda, un pequeño letrero: secretario general adjunto. No sería un futuro sorprendente, tampoco lo sería para Djokovic. A ambos les gusta la política, aunque tengan ideas diferentes.

Nadal estaba en Madrid, en los estudios de Movistar Plus+. Relajado y sonriente, con una respuesta de veinte segundos volvía a ponerle límites al serbio.

Era, una vez más, un «tú no eres como nosotros».

Las redes sociales no son la vida real, pero tienen un impacto importante en ella. La visceralidad, inmediatez, desmesura y, también hay que decirlo, ingenio que hay en las redes hace que sea difícil ignorarlas. Los fans del serbio, conocidos por su tenacidad y persistencia en el mundo virtual, a imagen y semejanza de su ídolo en las pistas, estaban entre ofendidos y furiosos. No le perdonaban a Nadal aquello de «ambición sana», porque ponía a Djokovic en un lugar desfavorable. ¿Acaso la de Nole era una ambición enfermiza?

«¿Habla de ambición sana alguien que se inyecta el pie para ganar Roland Garros?», se preguntó retóricamente un «Nole fan» uruguayo.

Otro, en Macedonia, iba más allá: «¿Puede seguir siendo uno de los más grandes del tenis después de haber dicho esto?».

«¡Este es el mismo que era diestro, pero eligió jugar con la zurda para tener una ventaja sobre sus adversarios!», apuntó un tercero. «¡Se lo ve tan enfadado y frustrado!», añadió otro.

Ni enfadado, ni frustrado: sólo Nadal ejerciendo de Nadal, sólo un hombre joven exhibiendo esas opiniones fuertes que en los primeros años de carrera fluían a borbotones y que en la década final fueron cada vez más inusuales, a medida que le fueron pasteurizando el discurso. Con un añadido: ocho días después del título, Nadal admitía que aún no había enviado un wasap de felicitación a Djokovic.

El futuro cercano de Nadal estaba abierto a la hora de imprimir este libro. Lo que no está abierto, de lo que no hay dudas, es de que una era ha tocado a su fin. Nadal podrá volver, y volver a ganar. Uno, dos, tres o cinco torneos de Grand Slam, nada es impensable cuando se trata de él. Pero el circuito en el que estará jugando ya no será el suyo, ya no es aquel al que le dio forma junto a Federer.

Hoy es el de Djokovic, liberado para ser más Djokovic que nunca, y el de una serie de jóvenes que miran con distancia, como cosa superada, aquella deportividad de tono clásico que impulsaron Federer y Nadal.

Alcanza con ver las semifinales del US Open 2023, ganado por Djokovic. Alcanza con ver al propio Djokovic, pero también al ruso Daniil Medvedev, al estadounidense Ben Shelton, y también al español Carlos Alcaraz. Y al padre de Shelton atacando a Djokovic en una entrevista días después de terminado el torneo.

Los jugadores de hoy son diferentes. Ni mejores ni peores. Diferentes. Es otra época, crecieron con paradigmas distintos y crecieron, sobre todo, viendo a Federer y a Nadal. ¿Por qué habrían de hacer lo mismo? Ser joven es también marcar la propia impronta, ser joven es cambiar las cosas, ser joven es ser rebelde.

En el caso de Djokovic no se trata de juventud, pero es lo mismo: siempre dejó su impronta. siempre quiso cambiar las cosas, siempre asumió el papel de rebelde. Hoy, sin las presencias contrastantes de Federer y Nadal, sus frenos inhibitorios se diluyen.

Cuando Shelton, zurdo como el mallorquín, simula atender un teléfono al ganar un gran punto o un partido, está haciendo algo que Nadal jamás hizo ni hará. Le enseñaron que el respeto al rival es sagrado.

Cuando Medvedev, jugador de golpes por momentos inclasificables, se enfrenta a los espectadores, está haciendo algo que Nadal jamás hizo ni hará. Si había problemas con el público, el que se encargaba era el tío Toni. Que les pregunten a los asistentes de Roland Garros lo que dijo de ellos en los primeros años de la saga nadaliana.

Cuando Djokovic derrota a Shelton en las semifinales del US Open y su primera reacción es simular que atiende un teléfono, está haciendo algo que Nadal jamás hizo ni hará. Burlarse de un rival lo hubiera enviado, como en la antigua democracia ateniense, al ostracismo. Con el aval entusiasta de su familia al completo.

Cuando Alcaraz gana un gran punto, uno de esos espectaculares de los que sólo él es capaz, e infla el pecho orgulloso haciendo señal de que está esperando la ovación, hace algo que Nadal nunca hizo ni hará. Lo suyo no fue nunca el *show* de reminiscencias estadounidenses. Lo suyo era el «¡Vamos!», casi salvaje en sus primeros años, y el festejo feroz concentrado en ese bíceps izquierdo, pero nunca arengando al público. El festejo es consigo mismo y con su gente en la grada. Al público, agradecimiento. Nunca arenga.

Hay muchas explicaciones para eso, pero la más importante es que arengar al público y convertirse en el eje de un *show* le daba —le da— pudor.

Cuando Alcaraz gana Wimbledon maravillosamente a los veinte años, en sus redes sociales resume el éxito en «cabeza, corazón y cojones», y eleva la trilogía a emblema en sus zapatillas, lo que viene a la cabeza es que Nadal jamás de los jamases podría presentarse de esa manera.

Como tampoco pondría a su equipo de trabajo —entrenador, preparador físico, fisioterapeuta, *sparring*, etc.— a hacer veinticuatro flexiones de brazos en el estadio Arthur Ashe por haber ganado veinticuatro títulos de Grand Slam. Que es lo que hizo Djokovic el 10 de septiembre de 2023.

Es la era del *show* y el impacto, la era de la euforia con cierto tono arrogante, ingredientes ideales para las redes sociales, ese mundo en el que Nadal siempre hizo lo justo y siempre careció de un lenguaje propio. Nunca las abrazó con la naturalidad, alegría y desparpajo con que lógicamente las abraza Alcaraz, que está redefiniendo el tenis con una sonrisa de oreja a oreja y golpes que no se creía que existieran. Lo hace con un despliegue físico de otro mundo, tan asombroso como el de Nadal en 2005, pero aun así diferente.

Los índices de audiencias de los partidos completos en televisión bajan, sin embargo los *highlights* en las redes sociales crecen año tras año.

Todo es más potente, todo es menos sutil. Porque el mundo de hoy no pide sutilezas, y en general tampoco elegancia. El mundo de hoy exige emociones fuertes, intensas y breves. Emociones viralizables.

Ya no es la era de Nadal.

Él mismo lo admite: no le quedan demasiados amigos compitiendo, su generación ya está retirada casi al completo. El circuito es hoy de otros.

En el US Open 2023, el autor de este libro le preguntó a Alcaraz por lo que significaba para él la temporada 2022. El año en el que ganó el Grand Slam estadounidense y terminó como número uno, pero también el año en el que Nadal ganó el Abierto de Australia y Roland Garros, con la posibilidad real, hasta las semanas finales, de cerrar la temporada como el mejor.

Eso no es normal, no hay países que puedan decir eso. ¿Hay algún momento en que te detengas a pensar en qué significa eso para España y para ti el compartirlo con Nadal?

«A mí particularmente me agrada muchísimo saber que estoy en ese libro de la historia del deporte español compartiendo con grandes leyendas de nuestro país. Grandes momentos y brindándole a España grandes títulos. Para mí es una alegría, y es lo que intentamos, hacer grandes resultados y estar en lo más alto. Me siento orgulloso de ser español e intentamos hacerlo lo mejor posible para que los españoles también estén orgullosos y España también esté orgullosa de mí».

Está claro. Alcaraz ejerce su reinado con todo el poder y la confianza de un joven que a los veinte años está en la cima del mundo. El rey es él, y no le genera un gramo de pudor sentirse el mejor, decir que es el mejor, disfrutar de ser el mejor y mostrarlo.

Es la era de Alcaraz.

El de hoy ya no es el circuito y el mundo de Nadal, la cosmovisión del tenis que encarnó junto a Federer ya no está.

Y no importa realmente el adiós, que sucederá antes o después, ni tampoco cuánto más pueda llegar a ganar. Importa saber que cuando llegue el adiós de Rafael Nadal, el tenis, con una sola palabra, le dirá mucho, le dirá todo: gracias.

Agradecimientos

Madrid, Nueva York, Santiago de Chile, Buenos Aires. En el tramo final, este libro se escribió en esas cuatro ciudades, aunque en realidad fue creciendo en cada viaje, en cada cobertura, en cada torneo en el que seguí a Rafael Nadal.

Y comenzó a escribirse, como debe ser, en Mallorca, en una maravillosa casa en medio del campo y no demasiado lejos de una playa soñada en esa isla: Es Trenc.

Le debo mucho a los cafés en diferentes ciudades del mundo, sitios en los que me pude concentrar para avanzar en contar esta historia. Porque a veces necesito salir de casa para encontrar la inspiración, la concentración y el ritmo, tres condiciones que fluyen notablemente bien en bares y cafés.

Sitios como el Coffee Project de Hell´s Kitchen, en Nueva York, el Von Berry, el Kira y el Selina en Buenos Aires, el Adorado y el Bucólico en Madrid o el Rita Roux en Santiago de Chile.

Un agradecimiento especial a mi amigo y socio en el sitio *CLAY*, Sebastián Varela Nahmías, por las ideas aportadas. También a mi editor en Penguin Random House España, Gonzalo Eltesch, a Berta Noy y a Miguel Aguilar, por la confianza. A Miguel Ángel López Millán y Raquel Muñoz, notables correctores de este texto.

Gracias a mi amigo Antoine Couvercelle, uno de los grandes fotógrafos del tenis y autor de la foto de portada de este libro.

Gracias a tanta gente del mundo del tenis —jugadores, exjugadores, entrenadores, agentes, colegas del periodismo— que se sentó a hablar conmigo de Rafael Nadal y me ayudó a entender mejor al jugador y a la persona.

Gracias a los organizadores del Abierto de Australia, Roland Garros, Wimbledon y el US Open, así como a la ATP y la ITF, que me facilitaron el acceso a muchas personas y situaciones durante decenas de torneos. Y a muchos otros torneos en los que también me abrieron las puertas para ir dando forma a este libro.

Gracias a mi familia, en especial a mi madre, Margarita, lectora siempre atenta y fiel. Gracias a mis amigos y parejas en estos años.

Y gracias, por supuesto, al protagonista y a su familia, en especial a Toni Nadal por las siempre estimulantes conversaciones que mantuvimos a través de los años. A Benito Pérez Barbadillo, su jefe de comunicaciones, por tantas horas hablando de Nadal y no sólo de Nadal.

Gracias a Rafael Nadal, que por años y años respondió con sinceridad y respetando siempre el trabajo del periodista, incluso cuando no le gustaba alguna pregunta o lo que se hubiera escrito o dicho. Gracias, también, por la educación que mostró siempre en el trato con la prensa. Y por ese buen humor que surgía de tanto en tanto.

Seguir a uno de los mejores deportistas de la historia durante dos décadas por todo el mundo fue una gran aventura, un privilegio. Escribir este libro, también.

Espero, queridos lectores, sus comentarios, sus elogios y críticas.

Buenos Aires, septiembre de 2023

Índice